KB272335

이웃집 극우

이웃집 미래 UP
기 획 | 노회찬재단 비전포럼
공저자 | 권수정 김민하 김윤철 김현준 박석경 손희정 장석준 진숙기획
Redian
레디앙

목차

목차

12.3 내란이 성공시킨 것들

극우 정치 세력의 귀환과 급성장 & 이웃집 극우의 등장

2024년 12월 3일 윤석열이 일으킨 친위쿠데타는 일단 진압됐다. 윤석열 일당은 현재 수감된 상태로 재판을 받는 중이며, 그 죄의 무거움에 상응하는 단죄를 받을 게 분명하다. 그러나 윤석열이 풀어놓은 위험천만한 흐름은 진정되지 않았다. 아니, 한국 사회 안팎을 짓누르는 여러 위기가 어떻게 전개되느냐에 따라 언제든 다시 들고 일어나 민주공화국을 뒤흔들 수 있는 세력으로 살아 꿈틀댄다. 바로 극우 정치의 광풍이다.

내란 정국에서 가장 충격적인 순간이 언제였냐고 물으면 12월 3일 밤이라는 답이 제일 많겠지만, 1월 19일 새벽이라 답하는 이들도 적지 않을 것이다. 윤석열에 대한 구속영장 발부에 반발해 서울서부지방법원을 파괴한 극우 폭도의 모습은 가히 충격적이었다. 폭력으로 얼룩진 대한민국 역사에서도 사법부 청사 습격은 처음 있는 일이었고, 최근 세계인을 놀라게 한 극우파 난동 사건들(2021년 1월 6일 미국 트럼프 지지자들의 의사당 점거, 2023년 1월 브라질 보우소나루 지지자들의 대통령궁·의회·대법원 침탈)의 한국판이었다. 윤석열의 비상계엄은 친위쿠데타로서는 실패작이었지만, 극우 정치를 급성장시킨 계기로서는 유례없이 성공적이었다.

그러나 내란 정국에서 극우화 흐름은 이런 극적인 장면을 통해서만 모습을 드러낸 게 아니었다. 직장에서 무심코 나눈 대화 중에 오래 함께 일한 동료의 입에서 "비상계엄을 할 만한 이유가 있었다."는 말이 아무렇지도 않게 흘러나올 때, 설날 연휴 중에 오랜만에 만난 가족이나 친척이 별다른 의심 없이 '부정선거론'과 '중국간첩론'을 쏟아낼 때, 우리는 예기치 않은 '극우'의 얼굴과 마주해야 했다. 그것은 화면에 나오는 태극기 시위대나 법원 난입 폭도처럼 '별난' '극소수'로만 치부할 수는 없는 얼굴, 우리에게 너무도 낯익은 얼굴이었다. '극우'는 다름 아니라 우리 곁의 이웃들이었다.

사실 '극우'를 둘러싸고 숱한 이견이 있고, 사회과학계에서도 논쟁이 완결됐다고 할 수는 없다. 그럼에도 누가 극우이고, 누가 아닌지 가릴 수 있을 만큼은 핵심적 의미가 정리돼 있다. "극우의 정체는 … 민주공화제를 거부하고 위협하고 파괴하는 위험 인자다. 그 위험 인자를 극우라고 부른다고 표현하는 것이 더 정확하다. 개념 이전에 문제적 현실이 자리 잡고 있기 때문이다. 그래서 극우는 개념이기 이전에 문제 상황을 가리키는 지시어다."(2장 "극우의 귀환과 시민 지성") "정치적 목표가 이민자 축출이든, 순수한 민족국가 건설이든, 그것을 달성하기 위해 폭력을 사용해서라도 민주주의 체제를 다 뒤엎을 수도 있다고 생각하는 게 극단 우파"이다(5장 좌담 중 박선경 발언).

말하자면 '극우'란 통상적인 우파적 신념(가령, 국가에 대한 충성이나 시장의 자유에 대한 강조 등)과 많은 부분을 공유하지만 한 가지 근본 특징을 통해 일반적 '우파'와 뚜렷이 구별되는 흐름이나 현상을 지칭한다. 그 특징이란, 민주공화국 질서를 가벼이 여기거나 부정하며 이를 훼손하거나 타파하려 한다는 점이다. 역사 속 파시즘 정당-운동은 집권 후 예외 없이 의회를 빈껍데기로 만들거나 폐지했으며, 12.3 이후 한국 사회에서는 '부정선거론'에 대한 동조가 현 국회를 무시하거나 파괴해도 좋다는 정치적 태도로 비화하곤 했다. 출발은 다양해도 결론은 하나다. 즉, 민주공화국의 기본 제도들에 대한 부정과 파괴다. 그렇기에 '극우'는 단순히 우파의 여러 스펙트럼 가운데 가장 오른쪽에 자리한 이념이나 운동을 가리키는 용어가 아니다. 그런 여러 이념'들'의 스펙트럼이 존재할 수 있게 해주는 토대인 민주주의를 부인하고 파괴하려 한다는 점에서 극우 이념-운동은 정확히 이 스펙트럼의 '바깥'에 자리하는 문제적-위협적 요소다(물론 이 스펙트럼의 왼쪽과 많은 부분을 공유하면서 극우와 마찬가지로 민주주의를 부정하거나 파괴하려 하는 '극좌'도 존재한다).

하지만 현실은 좀 더 복잡하다. 극우가 민주주의를 파괴하려 하는 문제적-위협적 요소라 하여, 그저 민주주의의 '타자'로만 여길 수는 없다. 민주주의를 위협하는 요소인 극우는 바로 그 민주주의의 일상 속에서 존재 가능성과 의의를 확보하며 성장 동력을 흡수한다. 즉, 극우의 거처는 현존 민주주의의 일상, 나와 이웃들이 살아가는 일상이다. 윤석열 정권은 어쨌든 그동안 선거에서 늘 함께 한 표씩을 행사하며 제6공화국 정치라는 드라마를 만들어 온 나와 동료 시민들이 빚어낸 결과다.

그리고 그 정권이 친위쿠데타를 일으키며 폭발하자 동료 시민 중 적지 않은 수가 내란범들의 세계관과 서사에 동조하기 위해 제6공화국 질서 쯤은 과감히 희생시킬 수 있다는 입장을 선택했다. 우리는 내란에 맞서 민주주의를 지켜냈지만, 내란도, 극우파도 이 민주주의의 일상에서 자라났던 것이다.

도대체 왜 이런 일이 벌어지는가? 시야를 세계로, 한두 세기 전까지로 확장하면, 민주주의 자체에 내장된 약점, 민주주의를 끊임없이 고뇌에 빠뜨리는 민주주의만의 특징이 눈에 들어온다. 근대 민주주의에 대해 여러 심오한 정의가 있지만, 가장 깔끔한 정리는 역시 '1인 1표의 평등-보통선거' 원리에 따라 권력의 정당성이 확보되는 체제라는 것이다. 그런데 이 원리가 통하려면, 함께 살아가는 이웃이 서로를 '나와 동등하게 한 표씩을 행사할 자격을 갖춘 한 사람'으로 인정해야만 한다. 이것을 인정하지 못하면, 이웃들 사이에 경계선이 등장하게 되고 경계선 안쪽에 속한 이들이 바깥쪽에 속한 이들을 배제해야만 한다. 이런 배제는 일상적 폭력을 수반하지 않고는 작동할 수 없으며, 정권 교체를 걱정하지 않는 독재적(최소한 권위주의적인) 정치 체제가 아니고는 그런 폭력을 행사하기 어렵다. 그래서 결국 경계선 안쪽에 속한 이들은 민주적 절차를 통해 스스로 비민주적 정치 체제를 선택하기에 이른다.

애초에 이런 이유 때문에 '1인 1표의 보통선거' 원리의 실현이 그토록 어려웠던 것이다. 초기 민주주의 혁명을 통해 다른 계급, 계층보다 먼저 선거권을 확보한 집단(남성 지주 혹은 부르주아지)은 일정 액수 이상의 재산세를 납부하는 성인 남성에게만 선거권을 부여하는 제도 등을 통해 평등-보통선거 실현을 한사코 가로막았다. 이들은 가난한 남성이나 여성 전체를 '나처럼 한 표씩 결정권을 행사할 자격이 있는 사람'으로 인정하고 싶어 하지 않았다. 하지만 20세기에 들어서면서 이 질서는 더 이상 버틸 수 없게 되었고, 마침내 평등-보통선거가 현실이 되기 시작했다.

극우 정치의 위력은 바로 이때부터 발휘되었다. 일단 평등-보통선거가 돌이킬 수 없는 현실이 된 사회에서 극우파는 그런 현실을 '안에서부터 파괴(내파)'하는 가장 효과적인 무기가 무엇인지 보여주었다. 극우파는 '내 곁에 함께 살아가는 이웃' 가운데에서 '나와 같은 한 표씩의 권리를 행사할 자격이 없는 사람'을 찾아내는 새로운 논리를 퍼뜨리고, 이를 뒷받침하는 정서(가령 혐오감)를 자극했다. 여기에서 가장 좋은 재료는 '인종'이었다. 남북전쟁 이후, 과거 노예였던 흑인들이 선거권을 획득한 미국 남부에서 처음으로 인종주의가 '1인 1표의 평등-보통선거' 원리의 실현을 왜곡하고 무력화시키는 강력한 무기임을 입증했다.

유럽에서는 '흑인'의 자리에 '유대인'을 놓는 또 다른 인종주의를 통해 역사상 가장 극악한 극우 체제(독일 나치 정권)가 민주주의를 안에서부터 무너뜨리며 수립됐다. 물론 이 체제는 세계대전을 통해 진압됐다. 하지만 인종주의의 불씨는 여전히 살아 있었고, 이를 바탕으로 20세기 말~21세기 초에 걸쳐 극우 정치가 힘차게 부활했다. 이번에는 인종주의의 타깃으로 '구 식민지 출신 이주 노동자', '무슬림 이주민' 등이 지목됐지만, 특정한 이웃을 민주주의에서 배제시켜야 한다는 강박을 자극함으로써 또 다른 이웃이 비민주적 정치를 자발적으로 지지하게 만든다는 기본 역학은 과거와 크게 다르지 않다(1장 "극우 빙하기가 왔다").

이 대목에서 의문이 떠오를 수 있다. 다른 나라 극우 정치가 주로 인종주의와 결합해 발전했다면, 이런 식의 극우 정치는 한국 사회와 좀 거리가 있지 않은가? 좁은 의미의 인종주의만을 염두에 둔다면, 충분히 제기될 수 있는 물음이다. 한국에서는 아직 인종주의가 핵심적 정치 자원으로 동원된 적이 없기 때문이다. 그러나 중요한 것은 꼭 '인종' 범주가 아니더라도 어쨌든 함께 살아가는 이웃 가운데 상당 부분을 '나와 동등하게 한 표씩을 행사할 자격을 갖추지 못한 존재'로 규정하는 논리와 정서의 작동이다. 한국 사회에서 오랜 세월 동안 그런 존재로 규정된 집단은 '노동자'다. "한국의 민주주의는 노동을 배제하고 평등과 자유를 제한하고 왜곡했다는 의미에서 불평등 민주주의다." 인종주의를 내장한 서구 민주주의의 사례들과 마찬가지로 한국의 '불평등 민주주의' 역시 극우 정치의 좋은 토양이다. "불평등 민주주의는 극우가 자신들의 차별적 세계관과 인간관이 전혀 이상하게 느껴지지 않을 그런 민주주의다. 자신이 민주주의자가 아님을 자각하기 어려운 민주주의다. … 한마디로 극우의 존립 기반과 가치체계의 유지를 허용하는 민주주의다."(2장 "극우의 귀환과 시민 지성")

오늘날 대한민국 시민의 일상을 구성하는 낯익은 여러 요소들이 이런 '불평등 민주주의'를 시대에 맞게 변형하며 강화시키는 재료가 되고 있다. 이런 요소 가운데 내란 정국에서 특히 부각된 것은 극우-보수 개신교다. 사실 기독교는 '이웃 사랑'을 부르짖는 종교로 유명하고, '이방인'을 '이웃'으로 환대해야 한다는 윤리적 충동과 각성을 통해 널리 확산됐다고 알려져 있다. 그러나 한국 사회에 정착해 큰 흐름을 이룬 기독교의 특정 교파들은 오히려 차별금지법 반대 운동을 계기로 이웃들 사이에 사랑과 증오의 경계선을 가르고 이웃의 범위를 점점 더 좁히는 데 앞장서고 있다. "보수 개신교는 차별금지법 제정을 좌초시키면서 자신들의 종교적 신념이 정치·사회적으로도 옳고 정당하다는 믿음과, 그것을 사회와 국가에 그대로 관철시킬 수 있다는 자신감을 갖게 됐다. 개신교와 정치권의 보수 동맹은 서로 영향을 주고받으면서 평등과 보편적 공공성보다 차별과 특수한 종교 교리를 민주적 공론장과 대의제 정치에서 지배적 규칙으로 인정하게 만든 것이다. 결국 차별 금지라는 평등할 권리는 차별할 수 있는 권리로 뒤집어졌다"(4장 "반공, 반동성애 거쳐 신정 국가로").

급격한 기술 발전을 통해 등장한 일상 속의 새로운 요소들 또한 '불평등 민주주의'를 완화하기보다는 그 수명을 연장시키는 역할을 하곤 한다. 한때 전에 없던 다양한 공론장을 열어줄 것으로 기대되던 온라인 네트워크는 배제와 혐오의 담론이 이전보다 훨씬 더 빠르고 설득력 높게 유포되는 토양이 되었다. 이 토양 위에서, 과거에 '빨갱이'나 '노동'이 차지하던 자리에 이제는 더 다양한 대상이 대입됐고, 이웃의 범주에서 추방되어야 할 대상들의 긴 사슬이 등장했다. "'문재인=권위주의=전체주의=북한=중국'이라는 식으로 개념을 연결해 나가는 시도가 빠르게 이루어질 수 있었던 것에는 SNS라는 매체의 특성도 작용했다." 젊은 세대를 중심으로 강한 영향을 끼치는 게임과 게임 담론 또한 이런 대상들의 사슬이 더욱 길어지는 데 기여했다. "게임과 게임 담론으로 이어지는 연결 고리는 보수 정치가 파고들기 좋은 틈이다. 보수 정치가 반대의 정치와 구도 해킹을 통해 형성한 반대할 대상, '중국=북한=공산주의=전체주의(권위주의)=더불어민주당=문재인=진보=페미니즘=차별금지법'의 사슬에 끼워 넣기 딱 알맞기 때문이다." 한 마디로, "한국 정치는 최신의 방식으로 극우 포퓰리즘화 되었다. 우리는 이미 최첨단에서 있다."(3장 "일상은 어떻게 극우를 탄생시켰나?")

이 책은 '이웃집 극우'라는 말이 딱 알맞은 오늘날 극우 정치의 이러한 '일상적' 실체를 탐색하는 데 주력한다. 물론 이런 작업은 극우 정치가 우리 곁의 이웃들에 널리 퍼져 있으므로 윤석열 일당 같은 엘리트층을 단죄해 봤자 소용이 없다거나, 극우의 확산에 맞서기에는 이미 때를 놓쳤다고 시사하기 위한 것이 아니다. 언제라도 12.3이나 1.19 같은 광경을 재연시킬 수 있는 '불평등 민주주의'를 극복하려면 경쟁과 혐오가 지배하는 우리의 일상을 '혁명'해 나가야 함을 촉구하기 위한 것이다.

여기에서, 한국 사회가 직면한 여러 위기에 대처하기 위해 제기되는 '돌봄'이라는 대안적 가치·생활 규범에 주목하게 된다. "지금의 자본주의는 누군가의 노동을 위해 다른 누구의 돌봄이 필요합니다. 모든 생명은 생존하기 위해 필연적으로 돌봄을 요합니다. 내가 성공하기 위해 너의 희생이 필요한 것이 아니라, 너와 내가 함께 성장할 수 있다는 구조를 만드는 것이 바로 돌봄의 확대입니다. 이를 인정하고 확대할 때 사회적 불안감과 배타성을 줄여갈 수 있다고 확신합니다. 돌봄의 확대는 극우의 준동을 약화시키는 토양을 조성하는 일입니다."(5장 좌담 중 권수정 발언)

요점은 나와 이웃들, 이웃과 이웃의 관계를 다시 짜나가야 한다는 것이다. '이웃'의 얼굴로 다가오는 극우에 맞서기 위해 우리는 '이웃들'의 얼굴 그대로 함께 사는 길이 '민주주의'임을 받아들이고 정확히 그러한 의미의 민주주의를 성숙시켜야 한다. 너무나 확연히 드러난 적을 막는 데에만 능숙한 '마지노선 민주주의'를 넘어, 이웃들을 이웃답게 만나는 민주주의로 나가야 한다. 이 책이 부디, 이 길에 나서도록 격려하고 안내하는 소박하지만 결연한 '내 곁의 이웃'의 한목소리로 독자들께 다가가길 바라본다.

_공저자를 대신하여
장석준 노회찬재단 비전포럼 운영위원장

1장

극우 빙하기가 왔다
전 세계 극우 정치 흐름과 한국의 극우

장 석 준_ 노회찬재단 비전포럼 운영위원장

신자유주의는 각 사회에 깊은 상처를 남겼지만, 마땅히 이러한 상처의 치유자로 나서야 할 반자본주의–탈자본주의 좌파는 지금 자본주의 역사상 가장 허약한 상태에 있다. 이런 특유한 세계사적 세력 균형 속에서 각국의 극우 세력이 상처 입은 대중을 가장 먼저 격동시키며 대의민주주의가 허용한 선거 정치에서 놀라운 성공을 거두고 있는 것이다.

들어가며

극우 정치의 동시 세계화

2024년 12월 3일 밤 윤석열 대통령이 느닷없이 TV에 나와 비상계엄을 선포하자 너나없이 다 충격에 빠졌다. 계엄 선포의 법적 요건인 '전시·사변 또는 이에 준하는 국가비상사태'(헌법 제77조) 가운데 어느 하나라도 해당하는 조짐이 있었다면 그 정도로 놀라지는 않았을 것이다. 그러나 그런 기미라고는 아무리 되새겨 봐도 없었으니, 대통령이 놀라운 말들을 토해내는 화면을 바라보면서도 저게 도대체 무슨 광경인지 혼란스럽기만 했다.

하지만 혼란은 오래 가지 않았다. 특히 나이 많은 세대일수록 그랬다. 50대 이상 세대에게는 비상계엄이 선포되는 광경을 해석하는 데 곧바로 동원할 만한 자원이 있었다. 그것은 대한민국 역사에서 민주공화국의 기본 질서가 단절된 시기였던 제4공화국, 제5공화국을 낳은 과거 비상계엄에 대한 기억이었다. 이들은 이 기억에 빗대 즉각적으로 비상계엄에 대한 입장(비상계엄=친위쿠데타 시도)을 세웠고 행동에까지 돌입할 수 있었다. 상대적 차이는 있을지언정 젊은 세대도 크게 다르지는 않았다. 비상계엄을 직접 경험해본 적은 없지만 다양한 문화적 접촉과 경로를 통해 간접 경험과 이해를 다져왔기에 12월 3일 밤 이후 발 빠르게 친위쿠데타 시도에 맞서나갈 수 있었다. 2024년 노벨문학상을 수상한 한강 작가의 작품들은 그런 집단적 학습 통로의 단지 한 사례였을 뿐이다.

현재를 죽인 과거, 현재를 살린 과거

이렇게 보면, 12월 3일과 이후 사건들은 확실히 대한민국의 역사가 낳은 산물이다. 유신 시대를 연 1972년 10월 17일 박정희의 비상계엄 선포라는 전례가 없었다면, 과연 12월 3일 밤과 같은 도발이 돌출할 수 있었겠는가. 심지어는 비상계엄 포고령의 기본 형식과 내용까지 과거 사례들을 참고해 작성됐다지 않는가. 2025년 1월 19일 윤석열에게 구속영장이 발부되자 내란 세력을 지지하는 무리가 서울서부지방법원을 습격한 사건 또한 마찬가지다. 법원 습격 자체는 역사상 초유의 사태라지만, 일군의 대중이 독재정권 편에서 폭동에 동원된 사례는 전에도 있었다. 한국전쟁 중이던 1952년 임시 수도 부산에서는 이승만이 추진한 대통령 직선제 개헌안을 둘러싸고 이승만 정권과 제2대 국회가 첨예하게 대립한, 이른바 '부산 정치파동'이 벌어졌다. 정확히 말하면, 이는 12.3의 선조 격인 친위쿠데타였다. 이때 정권이 동원한 군중이 임시 국회의사당을 포위하고 국회의원들을 감금한 적이 있다. 윤석열 탄핵 반대 집회에서 이승만과 박정희의 이름이 윤석열만큼이나 자주 울려 퍼진 데에는 나름대로 선명한 역사적 맥락이 있었던 것이다. 12.3 내란은 확실히 이승만, 박정희의 유산을 정신적으로 계승한 결과다.

하지만 대한민국 역사만으로는 설명할 수 없는 광경이나 대목도 많았다. 가령 탄핵 반대 집회에서는 이승만과 박정희만 호출된 게 아니었다. 2020년 대선 직후 미국에서 도널드 트럼프 지지자들이 내건 구호인 "Stop the Steal" 또한 자주 볼 수 있었다. 직역하면 "도둑질을 멈춰라."이지만, 뜻을 풀면 "부정선거를 중단하라."다. 탄핵 반대 집회 참석자들은 윤석열이 비상계엄을 선포한 이유로 둘러댄 '선거관리위원회의 부정선거 의혹'에 동조하면서, 미국의 트럼프 지지자들이 사용한 구호를 그대로 따라 외쳤다. 미국에서 트럼프 세력이 대선 결과에 불복하며 퍼뜨린 '부정선거' 음모론을 내란 주동자들, 지지자들 모두 적극적으로 수용했던 것이다. 이것은 12.3 친위쿠데타와 이후 사건들이 대한민국 역사 외에도, 현재 전 세계를 흔드는 극우 정치 물결과 밀접하게 연관된다는 사실을 보여준다. 1.19 폭동 역시 마찬가지다. 이는 제1공화국의 정치 깡패를 연상시킬 뿐만 아니라, 트럼프의 대선 패배 직후인 2021년 1월 6일 트럼프 지지자들이 총기로 무장한 채 하원 의사당에 난입했던 사건과도 유사했다. 미국과 달리 한국에서는 개인이 총기를 소지하지 못하는 탓에 둔기를 휘두르며 난장판을 만들었다는 정도의 차이가 있을 뿐이었다.

더구나 최근 트럼프 정부의 행태나 이를 둘러싼 미국 사회의 첨예한 대결을 보면, 12.3 이후 두드러진 한국 사회의 극우 흐름이 다른 나라들의 극우 정치 물결과 긴밀히 연관된 현상이라는 주장이 더욱 설득력 있게 다가온다. 트럼프 대통령은 비록 윤석열처럼 갑자기 군대를 동원해 국회의사당을 포위하려 하지는 않았지만, 이민 단속에 저항하는 시위를 진압한다는 명분으로 캘리포니아주에 주 방위군을 투입해 사실상 일상적인 계엄 상태를 만들고 있다. 이에 맞서 거리에 나선 미국 시민들은 트럼프 정부의 행태를 한국의 실패한 친위쿠데타에 빗대기도 하고, 윤석열을 결국 파면시키는 데 성공한 한국 시민들의 저항운동에 연대감을 표하기도 한다. 역으로, 이런 뉴스를 접한 한국 시민들은 트럼프를 '미국판 윤석열'이라 부른다.

이런 여러 양상은 단순한 우연의 일치라고만 볼 수 없다. 분명히 의미심장한 상호 작용이 전개되고 있다. 더 나아가, 전 지구적 공조라고 할 만한 현상까지 나타난다. 이는 오늘날 극우세력이든, 그에 맞서는 세력이든 모두 국경을 넘어 공통의 조건과 과제에 직면해 있기 때문일 것이다. 12.3 친위쿠데타와 탄핵 반대 시위도 한국 사회만의 고유한 질병이 아니고, 이에 맞선 광장의 응원봉 시위('빛의 혁명')도 한반도 남쪽에 고립된 별난 경험이 아니다. 한국 극우 정치의 독특한 기원이 된 분단, 전쟁, 친미 반공주의, 군부독재가 지구 정치경제에 의해 규정된 사건들이었던 것과 꼭 마찬가지로, 지금 우리가 겪고 있는 극우 정치 열병 역시 세계사적 물결의 한 부분이다.

세계 극우 정치의 계보 ①

극우파 출현에서 히틀러까지

근대가 태동한 이래 극우파는 늘 존재했고, 그 가닥도 다양했다. 하지만 극우파가 세계 정치의 주류로까지 부상한 지는 얼마 되지 않았다. 제2차 세계대전이 파시즘 진영의 패배로 끝난 뒤에 적어도 자본주의 중심부 국가들에서는 한동안 극우파는 '존재할 수는 있지만', '절대로 집권은 할 수 없는(해서는 안 되는)' 정치 조류였다. 물론 이 역시 논쟁적인 명제이기는 하다. 강경한 반공주의나 신자유주의 내부의 (대의민주주의를 원천적으로 불신하는 F. 하이에크의 정치관을 따르는) 초자유주의 분파

따위를 극우파의 중요한 가닥들로 본다면, 이야기가 달라진다. 요즘 들어 유별나게 극우 정치가 창궐한다고 호들갑을 떨 일은 아니게 된다.

세계 금융위기와 극우의 급성장

하지만 논의의 편의를 위해 이런 번잡한 논쟁은 일단 건너뛰도록 하자. 극우 정치에 관한 한 어느 모로 보더라도 2008년 세계 금융위기가 중대한 전환점임은 분명하기 때문이다. 그전까지 극우파는 많은 나라에서 주변적 정치 세력에 불과했고 서유럽 일부 국가에서만 예외적 성장세를 기록하는 정도였지만, 2010년대에는 거의 모든 유럽 국가에서 급성장했다. 그리고 2016년에는 지구자본주의의 유일 패권국 미합중국에서 극우 포퓰리스트 트럼프가 대통령에 당선되기에 이르렀다.

이런 극우 정치 물결은 글로벌 팬데믹을 겪으며 잠시 주춤하기도 했다. 온갖 음모론에 휘둘리는 바람에 극우 성향 정부들은 하나같이 코비드-19 대유행에 효과적으로 대처하지 못했고, 그래서 트럼프를 비롯해 대다수가 선거에서 심판을 받았다. 그러나 팬데믹이 남긴 상처, 특히 인플레이션이 극우세력 재기의 발판이 되어주었다. 극우파를 물리치고 등장한 중도 좌우파 성향 정부들이 러시아-우크라이나 전쟁, 미-중 대립 격화 등의 여파 속에서 좀처럼 경기를 회복시키지 못하자 곳곳에서 극우파가 다시 승기를 잡았다. 이번에도 트럼프의 (재)집권이 전 세계 극우 정치 전반의 재도약을 알리는 신호탄이 되고 있다.

이러한 최근 극우 정치 동향을 알리는 외신에는 유독 서유럽 여러 나라들과 미국이 빈번히 등장한다. 대서양을 사이에 둔 두 지역이 극우파의 본고장인 것 같은 인상을 주고, 그래서 극우 정치란 일종의 '대서 양적' 현상이 아닌가 하는 생각이 들게 만든다. 극우 정치의 계보학을 훑어보면, 그럴 수밖에 없겠다 싶은 역사적 곡절이 있다. 지구자본주의 와 대의민주주의를 탄생시킨 대서양 양안 세계는 또한, '극우'라 불리는 근대 정치 조류의 고향이기도 하다. 지금으로부터 두 세기 전부터 대서 양 양쪽에 자리한 국가들에서 근대 극우파를 이루는 중요한 구성 요소 들이 출현하기 시작했다. 그리고 지난 세기 초에 이런 요소들이 대서양 을 건너 하나로 결합하면서 극우 정치의 정점과도 같았던 이념-운동인 파시즘으로 폭발했다. 따라서 한 세기 뒤에 극우 정치가 르네상스를 맞 이하면서 이 지역이 다시 그 중심 무대로 떠오르는 것은 그다지 이상하 지 않다.

극우 정치의 출발점을 찾는다면, 다른 모든 근대 정치 이념(자유주 의, 사회주의, 보수주의, 민족주의 등)과 마찬가지로 1789년 프랑스대혁 명을 필두로 하는 민주주의 혁명들로 거슬러 올라가야 한다. 유럽 곳곳 에서 민주주의 혁명이 발발하고 새로운 정치 질서가 뿌리내릴수록 이에 저항하는 흐름도 강력하게 성장했다. 이는 대체로 귀족-지주계급과 교 회(주로 가톨릭)에 바탕을 두고 구질서의 온존을 고집하며 변화를 거부 하는 '보수주의'로 나타났다. 그러나 보수주의 안에는, 가령 변화의 속 도를 조절하는 수준에서 타협할 용의가 있었던 영국 토리당식 보수주 의도 있었는가 하면 이와는 확연히 구별되는 흐름도 있었다. 이미 거대 한 혁명을 겪은 나라인 프랑스에 등장한 왕정복고파가 이런 특징을 보 였다. 다른 나라 보수파와 달리 이들의 목표는 민주주의 혁명의 전진을 막는 게 아니었다. 이미 상당히 전진한 민주주의를 '뒤로 돌리는' 것,

즉 기존 민주주의 질서를 전복, 해체하는 것이 목표였다. 19세기 프랑스 왕당파의 이런 특징은 현대 극우파를 규정할 때도 꽤 요긴하게 써먹을 수 있는 잣대다. 우파의 나머지 부분과 극우파를 나누는 설득력 있는 기준 중 하나는, 전자가 어쨌든 기존 민주주의 질서를 수호하려 하거나 최소한 존중하는 데 반해 후자는 이를 결정적으로 퇴행시키거나 아예 파괴하려 한다는 점이다. 극우파의 이런 정체성은 유럽에서 민주주의 혁명에 맞서며 등장한 왕정복고파로부터 물려받은 것이다.

계급연대를 압도한 인종연대

그러나 민주주의의 전진에 대한 적대감만으로는 극우 정치의 정체성을 다 설명할 수 없다. 극우파 DNA의 또 다른 중요한 부분은 19세기에 대서양 반대쪽, 북아메리카에서 꾸준히 발전했다. 신생 독립국 미합중국은 북부 자유주와 남부 노예주의 긴장과 대립을 짊어진 채 출범했다. 소수 백인이 다수 흑인을 수탈하는 노예제에 의존하던 남부에서는 피부색에 따라 인간과 비인간, 시민과 비시민을 나누는 인종주의 이데올로기가 발전했다. 그러다 남북전쟁으로 노예제가 폐지됐고, 더 나아가 전후 재건 기간에 남부 흑인들도 참정권을 획득했다. 그러자 전부터 남부에 만연해 있던 인종주의가 강력한 정치 이념으로 거듭나기에 이르렀다. 남부 각 주에서는 백인 비밀결사 '쿠 클럭스 클랜KKK'이 조직돼 흑인 시민의 참정권 행사를 폭력으로 가로막았고, 짐 크로우 법을 제정(1876년)하여 인종 차별-격리를 제도화했다. 이 시기에 미국 남부는 인종주의 요소를 정치에 도입함으로써 새로운 방식으로 민주주의의 전진을 차단할 수 있음을 보여주는 실험장과도 같았다.

여기에서 우리가 주목해야 할 것은, 남북전쟁 패전과 노예제 폐지로 과거에 비해 지위가 불안정해진 남부 백인들이 자신들과는 반대로 지위가 상승한 듯 보이는 흑인들을 적으로 돌리는 정치에 적극적으로 호응했다는 사실이다. 사실 백인 중 상당수는 해방 노예들과 별반 다를 것 없는 소작농 신세였다. 하지만 백인 지주와 백인 소작농 사이의 강력한 인종연대가 흑인 소작농과 백인 소작농의 계급연대를 압도한 덕분에 남부에서는 오랫동안 불평등한 지주–소작농 관계가 지속됐다.

대서양 건너편에서 이런 실험이 펼쳐질 동안, 유럽에서도 비슷한 방향의 모색이 시작됐다. 미국에서 남북전쟁의 상처를 딛고 제2차 산업혁명이 시작될 무렵, 프랑스에서는 제3공화국이 출범했다. 처음에는 얼마 못 갈 것처럼 보이던 제3공화국의 의회제(내각제) 정부가 점차 안정되면서 왕당파는 정체성 위기에 직면했다. 그간 이들의 두 기둥은 왕정복고의 신념과 가톨릭 신앙이었다. 그러나 군주정으로 돌아가자는 외침은 이제 아무런 매력을 발휘하지 못했고, 가톨릭교회 역시 교육 등의 전선에서 세속주의에 밀리기 시작했다.

이때 마침 드레퓌스 사건이 터졌다(1894년). 프랑스 군부에 의해 독일 간첩이라는 억울한 누명을 쓴 앙리 드레퓌스 대위는 유대인이었고, 유대계 지식인들은 일부 좌파와 함께 드레퓌스의 무죄를 주장하고 나섰다. 군부를 옹호하며 드레퓌스를 유죄로 몰던 극우세력은 여기에서 미래의 새 깃발을 발견했다. 그것은 반유대주의였다. 이들은 유대인을 프랑스 국가를 안으로부터 위협하는 '내부의 적'으로 규정했다. 그리고 자신들이 그간 반대해 온 근대적 질서 일체, 그러니까 자유주의, 민주주의, 세계시민주의 등이 모두 유대인의 국제적 음모의 산물이라 몰아 갔다. 미국에서 흑인을 대상으로 성장한 인종주의 정치가 프랑스에서는 유대인을 적으로 지목하며 발전하기 시작했다.

사실 프랑스는 유대인 박해의 본고장은 아니었다. 당시에 유대인 학살(포그롬)이 벌어질 정도로 박해가 만연한 곳은 유대인 인구가 밀집해 있던 러시아제국 치하의 동유럽이었다. 프랑스는 오히려 대혁명의 여파로 유럽에서 유대인이 가장 먼저 시민의 지위를 확보하기 시작한 곳이었다. 그래서 금융계, 상류사회 사교계, 대학 등에도 유대인이 다수 진출해 있었다. 한데 바로 이 점이 반유대주의의 기반이 되었다. 흑인의 지위 상승을 두고 미국 남부 백인 사이에서 나타난 것과 유사한 역학이 프랑스 사회에서는 유대인을 둘러싸고 전개됐다. 유대계 시민의 지위 상승이 자주 눈에 띌수록 이를 자신들의 지위에 대한 위협 혹은 이미 자신들의 지위를 짓밟고 얻어낸 결과로 바라보는 이들이 늘었다. 전부터도 왕당파 지지층의 다수를 이뤄왔던 구중간계급, 즉 농민과 소상점주 사이에서 특히 이런 정서가 팽배했다. 이들은 제3공화국에서 산업자본주의가 발전할수록 소득이나 위신의 추락을 걱정해야 하는 처지였고, 이런 그들에게 극우파의 '국제 유대인 음모'론은 점점 더 불안정해지는 삶에 대한 그럴듯한 설명으로 다가왔다.

민주주의를 먹고, 민주주의를 파괴하고

그러나 극우 정치가 꽃을 피우려면 시간이 더 필요했다. 이 시기(19세기 말~20세기 벽두)에 극우파가 더 성장하지 못한 근본 원인은 보통선거 제도에 바탕을 둔 민주주의가 아직 자리 잡지 못한 데 있었다. 앞에서 말했듯이, 제1세대 극우파인 왕정복고파로부터 극우파가 물려받은 핵심 이념은 민주주의의 성취를 되돌리거나 민주주의 자체를 파괴한다는 것이었다. 역설적이지만, 현실에서 이 이념을 추구하자면 일단 민주주의가 상당한 정도로 실현돼 있어야 했다. 하지만 제1차 세계대전 직전까지 유럽 대륙의 대다수 국가는 보통선거 제도를 거부했다. 재산세 납부 정도에 따라 참정권을 부여하는 재산 제한 선거제도가 여전히 남아있었고, 보통선거 제도를 도입하더라도 여성은 모조리 배제됐다.

이 상황은 제1차 세계대전을 겪으며 급격히 변화했다. 우선 전쟁 발발 직전까지 노동자와 여성의 참정권 쟁취 운동이 치열하게 펼쳐졌던 데다, 인류 역사상 최초로 겪은 총력전에 국민 전체를 동원해야 했기에 민중계급에 대한 정치적 보상이 필요했고, 또한 1917년 러시아에서 성공한 사회주의 혁명이 던진 충격파에 선제적으로 대응해야 했다. 그래서 전쟁이 끝나자마자 거의 모든 유럽 국가에서 잇달아 보통선거 제도가 도입됐고, 최초로 성인 인구 전체에게 개방된 채 실시한 선거에서는 대체로 좌파 정당들이 1위를 차지했다. 이것은 민주주의의 결정적 전진이었지만, 동시에 극우파가 성장할 절호의 기회이기도 했다. 전 국민이 참여하는 대의민주주의라는 낯선 경험은 각국 지배계급에게 커다란 시험이 되었다. 아니나 다를까 노동조합운동과 결합한 좌파 세력이 이 제도의 첫 번째 수혜자로 부상하자 자본가, 지주 세력은 불안과 공포에 휩싸였다.

승전국이면서도 전쟁이 남긴 경제적 충격에 허덕이던 이탈리아는 그 대표적 사례였다. 1919년 총선에서 사회당이 32.28%를 득표하며 제

1당으로 떠올랐고, 1920년까지 이른바 '붉은 2년' 동안 이탈리아 전역에서는 노동자, 농민의 치열한 투쟁이 계속됐다. 전통적 정치 세력들은 모두 속수무책이었다. 이때 구원자가 나타났다. 19세기식 왕당파 이미지를 벗지 못한 구세대 극우파와 달리 최신 이념과 조직 체계, 활동 방식으로 무장한 새로운 극우파, 파시스트당이 출현한 것이다. 이들은 좌파 정당의 대중정치 양식을 흡수하여 선거에서 득표 역량을 발휘할 수 있는 극우 정치를 창안했다. 이들의 우두머리 베니토 무솔리니부터가 사회당(그것도 당내 좌파)에서 전향한 인물이었다. 파시스트당은 놀랍게도 창당 1년 만인 1922년에 집권에 성공했으며, 집권 3년 만인 1925년에 다당제를 사실상 폐지하고 일당 독재를 구축함으로써 대의민주주의를 무너뜨렸다. 이는 민주주의를 통해 집권한 극우파가 집권 뒤에 민주주의를 파괴해 버린 첫 번째 사례였고, 유럽 극우파가 오랫동안 꿈만 꿔왔던 대의민주주의의 폐기를 마침내 실현한 최초의 사례이기도 했다.

극우 제거 비용은 세계대전

그러나 20세기 극우 정치의 혁명적 변신은 이것으로 끝이 아니었다. 진화의 대단원은 이탈리아 파시즘이 아니라 독일 파시즘, 즉 민족사회주의였다. 아돌프 히틀러의 나치당은 무솔리니의 파시스트당이 열어놓은 길을 충실히 따랐다. 이탈리아 파시즘이 적대자들의 대중정치를 따라 배운 극우 이념−운동이었던 것처럼, 나치당의 본래 이름인 '민족사회주의 독일노동자당' 역시 독일 사회민주당의 옛 이름 '사회주의 노동자당'을 의식한 작명이었다. 나치당은 다수 대중을 열광시키고 지지를 모을 수 있는 극우파가 되기 위해 좌파로부터 '사회주의'라는 표어, 과격한 선동, 인상적인 상징, 효율적 조직 체계 등을 빌려왔다. 그리고 이탈리아 선배들처럼 나치당 역시 집권 이후 대의민주주의가 아닌 새로운 질서를 수립하겠다고 공언했다. 그러나 독일에서는 좌파(사회민주당, 공산당, 노동조합)가 이탈리아에 비해 더 강력했고, 보수파 안에도 유서 깊은 경쟁 세력이 많았다. 따라서 이탈리아 파시스트당이 감행한 것과 같은 극우 이념 현대화만으로는 극우세력이 권력을 차지하기에 여전히 부족했다. 결정적인 요소가 더 필요했다. 나치당이 초기부터 열렬히 주창한 반유대주의가 바로 이런 역할을 해주었다.

따지고 보면 이탈리아 파시스트당에게도 '내부의 적'이라는 관념은 중요한 무기 중 하나였다. 이들은 사회주의-노동운동 세력과 자유주의 세력을 '내부의 적'이라 규정하고 박멸 대상으로 삼았다. 나치당이 타도해야 할 적들의 목록에서도 사회주의나 자유주의는 앞 순위를 차지했다. 한데 민족사회주의자들은 이런 타도 대상들을 하나로 꿰는 배후 세력을 '발견'해냈다. 그것은 유대인이었다. 나치당은 제1차 세계대전 이전에 프랑스, 오스트리아-헝가리제국 등에서 싹을 틔운 반유대주의를 전폭적으로 수용했고, 미국 남부의 인종 차별-격리 체제로부터도 많은 영감을 받았다.

이러한 나치당의 인종주의 이데올로기는 특히 1929년 세계 대공황의 격랑 속에서 위력을 발휘했다. 다양한 계급, 계층이 경제위기로 생존을 위협받았지만, 이에 대한 반응은 저마다 달랐다. 좌파 정당, 노동조합 등으로 조직돼 있던 노동계급은 위기 상황을 자기 입장에서 해석할 수 있는 사회주의 이념이라는 자원이 있었다. 반면에 농민, 소상

점주 등의 구중간계급이나 당시 막 늘어나고 있던 사무직 같은 신중간계급은 자신들의 지위 하락이나 불안정을 유대인의 부당한 권력 조작이나 이익 착복으로 설명하는 나치당의 주장에 귀를 기울이는 경향을 보였다. 나치당은 이들의 지지 덕분에 기존 대의민주주의 규칙을 준수하며 집권할 수 있었고, 집권 이후에는 이탈리아 선배들처럼 민주주의 질서를 철저히 파괴했다. 인종주의와 결합한 극우 이념-운동은 이렇게 강력한 것이었다. 그것은 마침내 1945년에 격퇴됐지만, 불행히도 이들의 패배는 정치적 투쟁의 결과가 아니었다. 수천만 명이 희생된 두 번째 세계 전쟁을 통해서야 가까스로 이들의 시대는 일단락됐다.

세계 극우 정치의 계보 ②

대서양 세계를 넘어 전 지구로

사실 제2차 세계대전과 함께 극우 파시즘의 역사가 끝났다는 역사 서술은 어느 정도는 '신화'다. 무솔리니는 총살당했고 히틀러는 자살했지만, 유럽에서 극우파는 여전히 무시할 수 없는 현실 정치세력으로 남았다. 전쟁이 끝나고 불과 1년 만인 1946년 말에 골수 파시스트들이 네오파시즘 정당인 '이탈리아 사회운동[MSI]'(이하 '사회운동당')을 창당했다. 사회운동당은 전후 이탈리아 사회에서 꾸준히 성장했고, 이 당을 인적으로나 이념적으로나 계승한 것이 조르자 멜로니 현 이탈리아 총리가 이끄는 '이탈리아 형제들Fdl'(이하 '형제당')이다. 사회운동당의 로고였던 세 가지 색깔(이탈리아 삼색기)의 횃불은 그대로 현재 형제당의 로고이며, 프랑스 극우 정당 국민연합RN은 그 전신인 국민전선FN 시절부터 색깔만 프랑스 삼색기에 맞춰 바꾼 사회운동당과 동일한 횃불 모양을 로고로 사용해 왔다. 이탈리아 파시스트만이 아니었다. 서독에서도 1949년에 창당한 나치 후계 정당 사회주의제국당SRP이 1950년대 초에 몇몇 주 의회에서 10석 넘는 의석을 차지하고 연방의원까지 배출할 정도로 성장했다. 이 당의 전진이 중단된 것은 선거 정치에서 실패했기 때문이 아니었다. 1952년 서독 헌법재판소가 위헌 정당 해산 결정을 내렸기 때문이었다.

독일과 이탈리아만 거론하면 잘못된 인상을 줄 수 있다. 극우 파시즘이 마치 두 나라의 '민족적' 고질병인 것처럼 여겨질 수 있다. 그러나 이것은 사실과 전혀 다르다. 제2차 세계대전 승전국들에서도 20세기 중후반 내내 극우 정치는 지속적으로 성장했다. 1968년 영국 버밍엄시에서 보수당 정치인 에녹 파월은 유명한 '피의 강' 연설을 했다. 파월은 "테베레 강이 피로 넘친다."는 로마 시대 시인 베르길리우스의 섬뜩한 시구를 굳이 인용하면서, 영연방 내의 구 식민지들로부터 건너온 이민자들이 영국 사회를 위협한다고 경고했다. 영국 제국주의가 남긴 상처이면서 동시에 전후 자본주의의 필요에 따라 수용된 이민 인구가 '내부의 적'으로 지목되는 역사적 순간이었다.

또 다른 승전국 프랑스에서는 극우 정치가 훨씬 더 폭력적인 형태로 제국주의, 인종주의와 결합하며 발전했다. 1950년대에 알제리 독립 투쟁이 치열하게 전개되자 프랑스에서는 친독 파시즘 성향의 비시정부가 단죄받은 이후 숨죽이고 있던 극우파가 다시 활개를 치기 시작했다. 이들은 식민지 해방에 반대하며 백색 테러까지 감행하는 동시에 무슬림 이민자 공격을 통해 선거에서 지지를 모으기 시작했다. 이런 분위기 속에 알제리 주둔군 장교 출신 장 마리 르펜이 불과 28살의 나이에 의원에 당선됐고, 1972년에는 본격적으로 반이민-반무슬림을 내걸며 프랑스 극우파의 구심인 국민전선을 창당하기에 이른다.

히틀러의 고국에서 무너진 마지노선

그럼에도 오랫동안 서유럽에서 극우파는 집권과는 거리가 멀었다. 극우 정당이 대의기구에 진출하더라도 늘 주변적 세력에 머무는 한, 양차 대전 사이 시기와 같은 정치적 격동을 걱정할 필요는 없어 보였다. 그러나 1999년에 이 마지노선이 처음으로 무너지기 시작했다. 불길하게도 이런 일이 벌어진 곳은 히틀러의 고국, 오스트리아였다. 이 해 총선에서 오스트리아 자유당FPÖ이 사회민주당 다음으로 득표율 2위 (26.9%)를 기록했다. 사회민주당과 함께 양당 구도를 이루던 전통적 기독교 우파 정당인 국민당ÖVP보다 몇백 표 더 많이 득표한 결과였다. 자유당은 비록 창당 주역 상당수가 나치 동조자이긴 했지만, 그렇다고 처음부터 극우적이지는 않았다. 하지만 1950년생인 젊은 외르크 하이더가 당 대표가 되면서 극우 색깔을 분명히 했고, 그러자 선거에서 바람을 일으키기 시작했다.

하이더는 오늘날 '극우 포퓰리즘'이라 불리는 흐름의 기본 공식을 다진 정치인이라 해도 과언이 아니다. 하이더는 기존 양대 정당을 낡은 기득권 엘리트라 싸잡아 비판했고, 무슬림 이민자로부터 서구의 가치를 지켜야 한다고 외쳤다. 반엘리트 담론과 젊은 세대에 대한 호소, 민족주의와 인종주의가 교묘히 결합된 정치적 주장이었다. 하이더가 불러일으킨 돌풍은 자유당의 공격 대상 중 하나였던 국민당과 우파 연정을 결성하기로 한 이후 수그러들었지만, 이 사례는 각국 극우파에게 훌륭한 격려와 영감의 원천이 되었다. 그리고 이를 신호탄 삼아 프랑스, 이탈리아 등 여러 나라에서 극우파 성장에 대한 대중의 거부감이라는 장벽이 서서히 무너지기 시작했다.

이 대목에서 쉽게 지나쳐 버리면 안 되는 또 다른 중요한 역사적 변화가 있다. 그것은 서유럽에서 극우파가 급성장하기 전에 좌파의 거대한 패퇴가 전개됐다는 사실이다. 1989~1991년에 소련-동유럽 현실사회주의권이 붕괴하면서 자본주의 국가들의 좌파 정당, 노동운동도 크게 후퇴했다. 실제로 프랑스 공산당처럼 소련식 마르크스-레닌주의를 충실히 따랐던 세력이 몰락했을 뿐만 아니라, 유로코뮤니즘을 내세우며 독자 노선을 걷던 이탈리아 공산당 등도 타격을 입었다. 오래전부터 현실사회주의권과 분명히 선을 그었던 사회민주주의 정당들은 오히려 더 번성하리라는 예측도 있었지만, 현실은 정반대였다. 사회민주주의 정당이나 노동운동은 '제3의 길' 등을 내세우며 신자유주의에 휩쓸리는 모습을 보였고, 이후 끝없는 정체성 위기에 빠져들었다.

그러나 이것은 지나치게 피상적인 설명일 수 있다. 이렇게 눈에 확 띄게 대후퇴가 시작되기 훨씬 전부터 서구 좌파의 지지 기반이던 노동계급 생활세계는 대량소비, 대중문화의 격랑 속에 흔들리고 있었다. 노동계급 대중과 좌파 정치인, 지식인을 하나로 잇던 역사적 구축물들

(노동조합, 정당, 매체 등)은 점점 와해되어 갔고, 이런 배경 속에서 사회민주주의 정당의 우경화나 공산주의 정당의 해체가 진행되자 노동계급의 오랜 정치적 구심력이 무너져 내렸다. 프랑스나 영국 등에서는 이 빈틈을 극우 세력이 집요하게 파고들었다. 프랑스에서는 국민전선이, 영국에서는 현 영국개혁당^{Reform UK}의 전신이 되는 흐름들이 노동 대중이 마주한 곤경의 모든 원인을 이주노동자에게 돌리며 전통적인 블루칼라 노동자들 사이에서 뿌리를 내렸다. 이로써 자본주의 역사상 처음 보는 정치-사회 지형이 등장했다. 한 세기 전에 파시즘 확산을 막는 강력한 방파제 역할을 했던 노동계급-좌파 블록이 해체된 대신 노동계급의 상당 부분이 극우파 약진의 토대가 되는 지형이 대두한 것이다.

노동계급, 극우 약진 토대가 되다

한편 대서양 건너편에서는 20세기 중후반에 극우 정치의 또 다른 유형이 발전했다. 전후 미국 민주주의의 최대 약점은 인종 차별-격리 체제였다. 세계 민주주의의 본부라 자임하는 나라인데도 남부 백인 지배 체제 탓에 미국 안에서는 사실상 보통선거가 실시되지 못하고 있었다. 이에 맞서 1950년대부터 흑인 민권운동이 치열하게 전개됐고, 1960년대에 이르러 마침내 남부 흑인도 참정권을 온전히 행사할 수 있게 됐다. 이는 돌이킬 수 없는 변화의 시작이었다. 흑인 민권운동의 승리를 신호탄으로 미국 사회 안에서는 다양성이 유례없이 강조되기 시작했다. 아프리카계뿐만 아니라 선주민, 라틴계, 아시아계 등도 더는 차별을 고분고분 받아들이지 않게 됐고, 1960년대 말에 새로운 세대의 여

성운동이 대두한 뒤에는 과거에 인정받지 못했던 정체성, 가령 성소수
자 정체성에 바탕을 둔 권리 보장 요구가 분출했다.

그러자 100여 년 전에 남북전쟁 패전 이후 남부 주들에서 나타났
던 것과 같은 역학이 더욱 확대된 형태로 다시 출현했다. 그간 미국 사
회에서 부동의 주류라 자부해 온 백인 시민 가운데 상당수는 다양성 증
대를 자신들의 기득권에 대한 위협으로 받아들였다. 그런 위협이란 대
개 상상의 산물에 불과했지만, 신자유주의 지구화-금융화로 기존 백
인 중간계급(미국의 경우에는 여기에 조직 노동자도 포함된다)의 지위가
불안정해지고 실추될수록 상상의 강도는 증폭되기만 했다. 이들은 자
신들의 다수자 지위가 상실되는 것과 사회경제적 처지가 약화되는 것
을 동일시했고, 백인의 위상이 도전받지 않던 과거 미국 사회로 돌아
가길 희구했다.

미국 사회에서 이런 노스탤지어를 가장 자연스럽게 대변할 수 있
는 이데올로기는 기독교 근본주의였다. 정교분리와 세속화가 굳건히 뿌
리 내린 서유럽 국가들이라면 극우 정치가 교회와 직접 결합해 봐야 별
효과가 없을 것이다. 그래서 극우 세력도 무슬림 이주민에 맞서 막연하
게 '기독교 문명의 가치'를 떠들지언정 종파적 태도를 취하는 경우는 별
로 없으며, 성소수자가 극우 정당을 이끌기까지 한다(예를 들어, '독일을
위한 대안AfD'의 알리체 바이델). 그러나 미국 사회는 다르다. 아직도 교회
가 상당한 선전력과 조직력을 발휘하는 지역들이 많고, 기독교 근본주
의는 다양성의 증대에 맞서 '문화전쟁'을 수행하는 데 탁월한 역량을 발
휘한다. 여성의 임신중지권이나 동성혼 합법화를 둘러싼 투쟁에서 늘
보수 복음주의 개신교회가 한쪽 진영의 구심 역할을 한다.

   이웃집 극우

특히 공화당이 이들과 손잡은 덕택에 그 영향력은 더욱 확고해졌다. 미국의 양대 정당 가운데 민주당은 다양성 증가 추세에 호응하며 이를 제도적으로 뒷받침하는 정당으로 진화한 반면, 공화당은 이런 추세에 불안과 반감을 품은 백인 시민들 사이에서 안정적 지지 기반을 발견했다. 이 백인 인구를 공화당의 무조건적 지지층으로 만들기 위해 공화당은 점점 더 기독교 근본주의에 의존했고, 트럼프 시대에 이런 흐름은 정점에 이르렀다.

물론 극우 정치는 오래전부터 종교와 일정한 관계를 맺어왔다. 19세기에 라틴 유럽 국가들에서는 극우파가 가톨릭교회를 우군으로 여겼고, 20세기 초 나치당 안에는 근대 문명에 대한 '미심쩍은' 비판으로서 각종 비교秘敎 신앙을 추종하는 이들이 있었다. 그러나 20세기 중반 이후 미국에서는 극우 정치와 종교 사이에 전에 없던 특징들이 나타났다. 보통선거에 바탕을 둔 민주주의 체제에서 유권자 전체 내 비중이 계속 줄어드는 구주류 집단이 영향력을 유지하기 위한 수단으로 특정 종파의 근본주의 운동을 활용하기 시작한 것이다. 이런 극우 정치의 충격을 통해 어느덧 영성spirituality이 민주주의의 첨예한 대립 지점 중 하나로 부상하기에 이르렀다.

21세기 극우 르네상스의 배경과 특징

여기까지 짚어봤으니, 이제는 2008년 금융위기 이후 위풍당당하게 등장한 극우 정치의 르네상스를 다룰 차례다. 그러나 이 글을 읽는 독자들이 이미 지난 20여 년간 숱하게 접했을 이 정치 현상에 관해서는 굳이 장황하게 설명하지 않겠다. 다만 우리가 확인해야 할 것은, 이 시기에 '극우 포퓰리즘' 또는 '포스트 파시즘' 등등으로 불리며 삽시간에 주요국 정치의 중심 무대로 진입한 다양한 극우 흐름이 앞에 설명한, 제2차 세계대전 이후 대서양 양안 국가들에서 꾸준히 발전해 온 극우 정치의 특징들을 총망라하고 있다는 사실이다.

제국주의의 기억과 인종주의의 끈덕진 지속에 바탕을 둔 반이민 정서 및 선동, 자본주의적 경쟁에 대한 찬양과 신자유주의에 대한 모호한 비판(특히 유럽의 경우는 유럽연합 비판)의 모순적 결합, 주류 좌우파 정당을 비롯한 기존 엘리트층에 대한 공격과 새로운 권위주의 통치의 옹호(반엘리트적 엘리트 통치?), 종교 근본주의를 동원한 '문화전쟁' 등등. 이 모든 요소들은 2010년대에 갑자기 땅에서 솟아난 게 아니다. 그전부터 착실히 배양되던 요소들이 신자유주의의 위기와 함께 등장한 궐위기 interregnum에, 전에 없던 왕성한 교잡, 혼융, 합체에 착수한 것뿐이다.

무엇보다도 기존 지배 정당들의 헤게모니가 흔들리는 틈을 타 국가권력을 향해 돌진하려 하는 신진 정치 세력들(미국 공화당 내 초기 트럼프주의 흐름이나 영국 보수당 내 유럽연합 탈퇴파처럼 기존 주류 정당 안의 주변적 세력들도 포함된다)이 극우 정치 요소들의 이러한 어지러운 조합 과정을 가속화하고 있다. 신생 정치 세력들의 주동적 역할이라는 변수가 없었다면, 현대 자본주의의 조건이나 구조 변동, 시민사회 내 상황과 지형 같은 요소들만으로 극우 정치가 지금처럼 부흥할 수는 없었을 것이다. 이 모든 요소를 접합해 극우 정치라는 실체로 만들어 낸 결정적 변수는 지구자본주의의 혼란기에 개입해 권력을 확보하고자 하는 정치적 도전 세력들의 기획과 행동이었다.

한데 이런 여러 내용적 '혁신'에도 불구하고 21세기 극우 정치가 과거와 근본적으로 구별되는 점은 다른 데 있다. 그것은 극우 정치의 공간적 확산 혹은 전 세계를 관통하는 극우 정치의 보편적 양상이다. 앞부분에서 극우파가 서유럽과 북아메리카라는 대서양 양안 세계를 배경으로 등장하고 성장했다고 지적했다. 그러나 오늘날 극우 정치는 결코 '대서양적' 현상에 그치지 않는다. 우선 서유럽뿐만 아니라 동유럽의 포스트-사회주의 국가들에서도 극우파가 정치의 중심에 진출했다. 대표적으로 헝가리에서 2010년부터 장기 집권 중인 빅토르 오르반 총리는 기독교 문명과 민족 전통의 수호자를 자처하면서 권위주의적 통치를 이어가고 있다.

다른 한편 아메리카 대륙의 남쪽에서도 2010년대에 극우파가 잇달아 선거를 통해 좌파를 물리치고 집권했다. 라틴아메리카에서는 워낙에 이념의 좌우를 떠나 모든 정치세력이 포퓰리즘이라는 공통의 정치 지형 안에서 움직여 왔다. 따라서 '좌파 포퓰리즘'과 '극우 포퓰리즘'의 대결이 그다지 새로울 게 없어 보일 수도 있다. 그러나 브라질에서 2010년대 중후반에 룰라의 노동자당에 맞설만한 유일한 대항마로 부상해 실제로 2018년 대선에서 승리한 자유당[PL]의 자이르 보우소나루가 보여준 극우 정치는 동시대 미국의 극우 정치와 무척 닮아 있었다. 보수 복음주의 개신교를 발판 삼아 좌파나 사회운동, 자유주의에 맞서 '문화 전쟁'을 벌인다거나 기존 좌우파를 싸잡아 기득권 엘리트라 비판하면서도 스스로는 권위주의적 행태를 보인다는 점 등이 그렇다. 보우소나루 같은 중남미 극우파는 과거 군부 파시스트 체제의 유산을 계승하면서 동시에 21세기 세계 극우 정치의 여러 요소들을 자국 환경에 맞게 적극적으로 구현한다. 이 점에서 한국 내 극우 전통과 다른 나라의 현대적 극우 현상의 교차점에 서 있었던 윤석열 일파와 닮은 점이 많다.

하지만 대서양 세계의 중심부 말고 다른 지역에서 나타나는 가장 전형적인 극우 정치로는 단연 나렌드라 모디 총리가 이끄는 인도 인민당BJP을 들어야 한다. 힌두교 근본주의에 바탕을 둔 유서 깊은 정당인 인민당은 인도 독립 이후 장기 집권하던 인도국민회의INC가 실정을 거듭하는 바람에 20세기 말에 급성장했다. 이 과정에서 인민당은 '내부의 적'을 축출함으로써 민족 공동체를 지키고 갱신시킨다는 극우 정치의 익숙한 논리를 적나라하게 실행했다. 그들에게 그 '내부의 적'이란 이미 1천여 년 가깝게 인도 아대륙에서 힌두교도와 공존해 온 무슬림이었다. 인민당은 한편으로는 모디의 뛰어난 정치력에 힘입어 강력한 집권당이 됐지만, 다른 한편으로는 무슬림에 대한 힌두교 군중의 테러를 조장하며 지지 기반을 다졌다. 지금도 인도 곳곳에서는 14억 인구 중 거의 2억 명에 가까운 무슬림 시민을 대상으로 현대판 '포그롬'이라고나 할 폭행, 학살이 자행되곤 한다. 그리고 그 배후에는 늘 인민당 정치인들과 그 지지자들이 있다. 누가 보더라도 나치당이 보인 행태의 판박이이며, 따라서 '힌두 파시즘'이라는 비난이 결코 과하지 않다.

오늘날 극우 정치가 이렇게 지구 전체에 보편적으로 확산된 근본 원인은 무엇인가? 단순히 서유럽이나 미국의 극우 정치가 최첨단 매체를 통해 별다른 시간 격차 없이 모방되거나 학습된 탓인가? 이런 측면이 분명히 있지만, 가장 중요한 원인은 구조적인 차원에서 찾아야 한다. 앞에서 대의민주주의의 발전이야말로 이러한 대의민주주의에 의지해 성장하면서도 이를 퇴행, 전복시키려 하는 극우 세력의 성장에 필요한 역설적 전제 조건이라고 지적했다. 그런데 20세기 말, 보통선거제에 바탕을 둔 대의민주주의가 지구 전역으로 유례없이 확산됐다. 소련, 동유럽의 일당 지배 체제들이 붕괴했고, 남반구의 군부독재 정권들이 잇달아 무너졌다. 1980년대 말에 시작된 대한민국의 민주화도 이러한 커다란 시대 변화의 일부였다.

비극적인 것은 이러한 대의민주주의의 확산이 신자유주의적 지구 자본주의 질서를 배경으로 전개됐다는 사실이다. 신자유주의는 각 사회에 깊은 상처를 남겼지만, 마땅히 이러한 상처의 치유자로 나서야 할 반자본주의–탈자본주의 좌파는 지금 자본주의 역사상 가장 허약한 상태에 있다. 이런 특유한 세계사적 세력균형 속에서 각국의 극우 세력이 상처 입은 대중을 가장 먼저 격동시키며 대의민주주의가 허용한 선거 정치에서 놀라운 성공을 거두고 있는 것이다.

21세기 극우파의 보편적 특징과 한국의 극우

지금까지 검토한 극우파의 역사적 특징을 바탕으로 12.3 이후 문제가 되고 있는 한국의 정치적 흐름들을 간략하게나마 살펴보자. 눈에 훤히 드러난 몇 가지 양상만 놓고 봐도, 내란에 동조하거나 탄핵에 반대한 흐름은 다른 나라 극우파와 유사한 구석이 많다. 우선 온라인이든 오프라인이든 윤석열 지지 성향 공론장에서 주로 접하게 되는 것은 '혐오' 담론이다. 혐오의 대상은 단일하지 않다. 중국이나 북한을 향하기도 하고, 윤석열이 '공산전체주의'라 이름 붙인 이른바 '빨갱이'를 대상으로 삼는가 하면, 오랜 지역 차별의 피해 지역인 호남을 들먹이기도 한다. 이렇게 윤석열 편에 선 온라인, 오프라인 공간에서는 평소에도 페미니스트, 성소수자, 장애인 등이 자주 멸시나 비하 대상이 된다. 이런 일상적 혐오 담론의 경우는 정치적으로 윤석열 정부나 국민의힘보다는 개혁신당의 제21대 대선 후보 이준석 의원과 더 밀접히 관련된다. 이준석 의원은 여성운동, 장애인운동 등을 공격하여 청년 남성들 사이에 페미니즘이나 사회적 약자에 대한 반감을 조장했고, 이를 자신의 가장 중요한 정치적 자산으로 활용해 왔다. 이 모든 정황을 감안하면, 특정 사회 집단에 대한 강력한 혐오 정서를 활용해 급성장하는 극우 정치가 한국 사회에서도 이제 남의 나라 이야기만은 아니라는 결론에 도달하게 된다.

혐오를 먹고 자라는 위험한 이준석

그럼 이런 여러 혐오 대상 가운데 과연 어떤 집단이 가장 집중적인 공격을 받는가? 내란 전이나 대통령 파면 후와 같은 일상 국면에서는 주로 온라인을 통해 반페미니즘 담론이 활발히 유통된다. 그러나 내란 직후로부터 대통령 파면 결정에 이르는 비상 국면에 가장 많이 입에 오르내린 혐오 대상은 '중국인' 혹은 '중국공산당'이다. 탄핵 반대 집회에 참석한 이들은 윤석열이 '빨갱이'에 맞서 싸우다가 이들의 음모에 걸려들어 고난을 겪고 있다고 생각하곤 했다. 그리고 이 '빨갱이' 안에는, 단지 국내 민중운동이나 북한 정권처럼 보수파가 상투적으로 적대시한 대상들만 포함되지는 않았다. 중국공산당이 거대한 전 지구적 배후 세력으로 부상했다. 이 점에서 반중 정서는 대한민국의 역사와 함께 해온 반공주의의 현대적 변형에 가까운 듯하다.

그러나 이것만으로는 다 설명되지 않는 대목도 있다. '중국공산당'에 대한 의심, 반감은 너무 쉽게 한국 내 '중국인' 전반에 대한 혐오로 확대되곤 한다. 이는 전통적인 반공주의보다는, 그간 우리 사회 곳곳에서 흔히 접할 수 있었던 중국인(조선족) 이주노동자나 유학생에 대한 반감을 더 연상시킨다. 이는 이주민이나 유색인을 경제-사회 위기의 원흉으로 지목하는 유럽 극우파의 인종주의와 무척 닮았는가 하면, 한국의 추격 성장에 신경질적으로 반응했던 2010년대 일본 사회의 혐한 정서가 중국의 추격 성장을 놓고 한국 사회에서 반복되는 현상처럼 보이기도 한다.

하지만 한국 사회에서 인종주의의 정치적 동원력이 과연 서유럽 국가들이나 미국 수준으로까지 무르익어 있는지는 더 따져봐야 한다. 윤석열 지지 세력의 입에서는 '중국 간첩'이라는 말이 떠나지 않지만, 이준석과 그 핵심 지지자들이 평소 자주 구사하는 혐오 담론에는 예상 외로 이주민이나 외국인이 별로 등장하지 않는다. 오히려 압도적으로 자주 언급되는 것은 한국인 여성이다. 인구 절벽 탓에 미구에 반드시 닥칠 노동력 부족 사태에도 불구하고 한국 사회가 아직까지는 서유럽이나 미국만큼 이주 노동력에 의존하지 않아서 그럴 수도 있고, 이준석 핵심 지지층이 노동시장에서 이주노동자와 직접 경쟁하는 처지가 아니어서 그럴 수도 있다. 아무튼 한국 사회에도 인종주의가 만연해 있는 것은 분명한 사실이지만, 그 정치적 파괴력이 서유럽 국가들이나 미국 수준으로 발현되

고 있지는 않다. 그 때문인지 한국 사회에서는 '아직은' 인종주의적 혐오
보다는 반페미니즘이나 반소수자 정서가 더 심각하게 나타난다.

다른 나라 극우 정치와 닮았다는 점에서 우리의 눈길을 끄는 또
다른 대목은 개신교 일부 세력의 적극적인 역할이다. 윤석열 탄핵 반대
집회의 주된 동원 통로는 일부 개신교회였다. 이는 이미 10여 년 전 박
근혜 탄핵 반대 집회에서도 나타난 특징이다. 물론 개신교 내 보수파와
국민의힘 계열 정당은 이전부터, 가령 이명박 정부 등에서도 밀접한 관
계를 맺곤 했다. 그러나 우리가 눈여겨봐야 할 것은 어느 시점부터 개
신교 보수파 안에서 좀 더 극단적인 흐름이 나타나기 시작했다는 사실
이다. 특히 이 흐름은 앞에 소개한 20세기 후반 미국 기독교 근본주의
의 정치-사회 전략으로부터 커다란 영향을 받았다. 그래서 전통적인
반공주의에 더해, 동성애 혐오와 차별을 중심으로 '한국판 문화전쟁'을
펼쳤다. 간혹 논란이 불거질 때마다 여성의 임신중지권 반대나 무슬림
난민 반대가 전면에 부각되기도 하지만, 일상적으로 꾸준히 중심 담론
이 된 것은 동성애 '반대'다. 마치 동성애가 '반대'를 통해 '제거'될 수 있
는 현상이기라도 한 것처럼 말이다.

진보 진영이 성소수자 차별 금지가 포함된 차별금지법의 입법을
추진하자 '동성애 반대'는 그에 맞춰 '차별금지법 반대'로 확대, 변주되
었다. '차별금지법 반대'론이 중요한 이유는 이를 매개로 소수 기독교
극우파가 보다 광범위한 기독교 보수파에 상당한 정치적 영향력을 행사
하기 때문이다. 황당한 음모론을 내세우며 극렬 행동을 벌이는 전광훈
일파 같은 흐름은 개신교 전체에서 극소수라고 하지만, 평소에 동성애
혐오론 따위를 통해 구축한 동질감이나 연대 의식 덕분에 친위쿠데타

직후 같은 비상 국면이 되면 주류 보수 교회까지 극단적 분파의 동원 대상이 되곤 한다. 아무튼 이 모두가 미국 극우파의 핵심 토대인 기독교 근본주의의 '문화전쟁' 전략이 최근 한국 사회에서도 전개된 결과다. 그리고 이 요소 역시 반페미니즘이나 반중국 담론만큼이나 비상 국면에서 효과적인 동원 수단이 되어주었다.

'부정선거' 음모론이 가장 위험한 이유

그런데 12.3 친위쿠데타 이후 한국의 극우 담론 가운데 가장 위험한 요소는, 지금까지 이야기한 것들이 아니라 '부정선거' 음모론이다. 이에 따르면, 윤석열 정부에 큰 타격을 준 제22대 총선 결과는 중앙선거관리위원회가 공모하거나 방조한 부정선거 공작의 산물이었다. 더 나아가 이는 중국공산당이 주도한 국제적 작전이었고, 윤석열 정부는 이러한 외세의 개입에 맞서 비상계엄을 선포하지 않을 수 없었다고 한다. '부정선거' 음모론은 12.3 이전에도 극우 유튜버들을 중심으로 퍼져나갔고, 윤석열은 자신의 행위를 정당화하기 위해 12.3 이후에 적극적으로 '부정선거 의혹'을 언급했다.

이런 '부정선거' 음모론과 유사한 다른 나라 사례로는 미국에서 2020년 대선 패배 이후 트럼프 진영이 제기한 '부정선거 의혹'을 들 수 있다. 이 음모론의 뿌리는, 트럼프 지지자들을 중심으로 그 전부터 확산됐던 '딥스테이트^{Deep State}'론(대중에게 드러나지 않은 비밀 세력이 연방정부를 좌우한다는 주장)이나 기존의 온갖 음모론을 총망라해 트럼프 지지 논리로 발전시키는 '큐어넌^{QAnon}' 흐름이다. "Stop the Steal" 같은 구호를 그대로 원용하는 데서 드러나듯이, 한국의 '부정선거' 음모론이 이러한 트럼프주의자들의 음모론으로부터 영향을 받거나, 최소한 이로부터 자신감을 얻은 것은 틀림없다. 하지만 윤석열 정부의 반대편에 서 있는 방송인 김어준 등이 2010년대 초에 이미 '부정선거' 음모론을 제기한 바 있었고, 이것이 윤석열판 '부정선거'론에 큰 영향을 끼쳤다는 점 역시 주목해야 한다. 이렇게 보면, '부정선거' 음모론은 12.3 이후 한국 극우파를 이루는 여러 요소 가운데 가장 자생적이고 독창적인 성격이 강하다고 하겠다.

동시에 이 '부정선거' 음모론이야말로 12.3 이후 한국 극우파의 가장 위험천만한 특징이기도 하다. 윤석열이 공중파에서 극우 유튜브의 '부정선거' 음모론을 그대로 반복하자, 이제껏 극우 성향이 강하다기보다는 국민의힘 계열 정당의 단순 지지자였던 많은 이들이 '부정선거 의혹'을 매개로 급속히 극우 쪽으로 쏠리기 시작했다. 그런데 일단 '부정선거' 음모론에 공감하게 되면, 이는 곧바로 사뭇 충격적인 결론에 이르게 된다. 윤석열 정부에 반대하는 정당들이 압도적 다수를 차지한 국회는 '부정선거'의 결과이니 정당성을 인정할 수 없다고 생각하게 되는 것이다. 더 나아가, '부정선거'로 불의하게 구성된 국회이므로 폭력적으로 타도해도 상관없다고, 아니 당장에 타도해야만 한다고 여기게 된다. 자신도 의식하지 못하는 사이에 '부정선거' 음모론을 통해 현존 민주주의 제도를 부정하는 입장으로 치닫고 마는 것이다.

결론만 떼놓고 보면, 이것은 역사 속 극우파 가운데에서 가장 극악했던 이탈리아 파시즘이나 독일 나치즘의 정치 강령과 동일하다. 한 세기 전의 그들이든, 지금의 '부정선거'론자든 모두 현존 대의민주주의

이웃집 극우

제도를 부정하며 이를 파괴하길 원한다. '국회와 지방의회, 정당의 활동과 정치적 결사, 집회, 시위 등 일체의 정치활동을 금한다.'는 비상계엄 포고령 1호의 첫 문장은 이런 정신을 더없이 깔끔히 정리하며, 비상계엄 실패 이후 윤석열은 '부정선거' 음모론을 수단 삼아 이런 반민주주의 정서와 논리를 한국 사회에 더욱 확산시켰다.

윤석열 세력의 기이한 특징

이 대목에서 윤석열 세력의 기이한 특징에 주목하게 된다. 앞에서 21세기 지구자본주의의 조건 속에서 아래로부터 극우화 양상들이 나타나지만, 이것이 그 자체로 극우 정치의 발전을 낳는 것은 아니라고 지적했다. 극우 정치의 발전을 위해서는 사회 저변의 극우화 흐름들을 특정하게 접합하고 하나로 응축시켜 자신의 정치적 자산이자 성장 동력으로 만들려고 시도하는 신진 정치 세력 혹은 기존 정치 세력 내 도전적 분파의 역할이 결정적이다. 윤석열과 주위 인사들만큼 이런 역할에 어울리지 않는 부류도 없었다. 검찰총장을 역임한 윤석열을 비롯해 이들 대다수는 대중정치와 괴리된 비선출직 고위 관료 엘리트 출신이다. 윤석열 세력은 문재인 정부의 개혁 실패를 배경 삼아, 양대 정당 중 하나이지만 2016~17년 촛불 항쟁 이후 쇠퇴해 가고 있던 국민의힘에 영입돼 비교적 쉽게 권력을 잡았다. 하지만 너무 쉽게 집권한 만큼 이들은 집권 이후 국정을 운영할 능력이 없었다. 이들은 이 난관을 민주정치의 뒤늦은 학습을 통해 극복하기보다는 민주정치 자체의 부정을 통해 돌파하려 했다. 그러면서 세계 역사상 전무후무하게도 (집권 전이 아닌)

'집권 후에' 극우파로 거듭났다. 그리고 친위쿠데타를 결행했다. 군대를 동원해 대의기구 일체를 파괴하려 했다는 점에서 12월 3일 밤, 이들은 '극우파'라는 범주 안에서도 '파시즘' 유형에 정확히 일치했다.

이것이 정말 놀라우면서도 황당한 대목이다. 앞에서 전 세계 극우 정치의 역사적 계보를 간략하게나마 살펴봤지만, 21세기에 르네상스를 맞이한 각국 극우파 중에서 20세기 전반의 파시즘이나 나치즘 정도로 반민주주의적 성격을 노골적으로 드러낸 세력은 '아직' 없다. 서유럽은 2010년대 이후 극우파 독무대 같은 인상을 주지만, 그럼에도 서유럽 극우 세력들은 적어도 지금까지는 의회민주주의를 존중하겠다는 입장을 보인다. 2기 트럼프 정부나 브라질의 보우소나루 전 대통령 지지자들 정도가 민주주의 제도의 돌이킬 수 없는 파괴라는 경계선 위에 아슬아슬하게 서 있는 상태다.

이 점에서 윤석열 세력의 존재와 행태는 당황스럽다. 이들은 집권하고 난 뒤에 극우파 색채를 드러냈을 뿐만 아니라 파시스트로서 돌연 국민 앞에 섰다. 실은 그랬기에 거의 아무런 준비도 없었다. 파시즘은 '철저히 민주주의 정치라는 무대에서 성장'하면서도 '집권 뒤에 그 무대를 단호히 폐지'한다. 그러나 윤석열 세력은 대중정치를 통해 자신들의 극우적 신조나 기획을 한국 사회의 여러 계급, 계층, 집단에 침투시키려는 노력을 하지 않았다. '궁정 음모'에 가까운 친위쿠데타를 통해 이를 쉽게 실현할 수 있을 것이라 몽상했다. 참으로 '조숙한' 파시즘이면서 동시에 '어리숙한' 파시즘이었다.

파시스트 대중운동은 오히려 12.3 실패 이후에 시작됐다. 반페미니즘이든, 한국식 인종주의든, 기독교 근본주의 운동이든, 그간 한국

이웃집 극우

사회 저변에서 성장해 온 극우적 요소들 덕분에 '조숙한' 파시즘은 충격적일 만큼 빠르게 성장했다. 그러나 한계가 명확한 급성장이기도 했다. 헌법재판소 판결과 조기 대선까지는 시간이 얼마 없었고, '조숙한' 파시즘의 시간은 딱 그 정도까지였다. 윤석열이 재구속된 이후 구속에 반대하며 거리에 나서는 시민은 거의 없다. 어쩌면 이것이야말로 대한민국의 커다란 행운일 것이다. 아래로부터의 극우화만 따지면 결코 유럽이나 미국보다 못하다고 할 수 없지만, 극우화의 가장 결정적인 요소인 주도적 정치 세력 측면에서 한국의 해당 세력은 너무나 '어리숙했다'. 덕분에 한국의 극우 정치는 갑자기 전 세계에서 가장 앞서(?) 나가는 듯 보이더니 몇 달 만에 쪼그라들었다.

하지만 이것이 극우 정치의 위험이 '사라졌다'는 뜻은 전혀 아니다. 단지 극우 정치에 맞서는 쪽이 시간을 좀 벌었을 뿐이다. 윤석열 세력이 삽시간에 동원했던 아래로부터의 극우화 요소들이 여전히 존재하기 때문이다. 그리고 이런 요소들이 세상을 뒤흔드는 정치적 힘으로 깨어날 수 있음을 한 차례 경험한 사회에서는 이 가능성을 어떻게든 더 강력하게 되살려내고 싶어 하는 세력이 다시 등장할 수밖에 없겠기 때문이다. 윤석열 세력과 달리 어리숙하지 않은 정치 집단이 이 요소들에 의지해 권력을 향해 나아가고자 한다면, 이야기는 전혀 달라질 것이다. 윤석열발 내란이 종식된 다음 실시된 조기 대선에서 그토록 많은 이들이 이준석 후보에게 경악하고 그 비판에 나선 이유도 여기에 있다. 윤석열 세력보다 '유능한', 그래서 훨씬 더 위험한 극우 정치 세력의 등장은 이제 대한민국에서 어느 때고 실현될 수 있는 위험이다.

복합 위기 시대, 극우 정치 창궐은 상수

사실 한국뿐만 아니라 전 세계가 점점 더, 극우 정치의 성장이 상수이고 더 나아가 그 승리가 필연인 것만 같은 상태로 나아가고 있다. 지구 자본주의가 초래한 숱한 위기의 동시 진행과 상호 결합, 중첩과 파괴적 시너지 때문이다. 간단히 말하면, 복합 위기가 시간이 지날수록 점점 더 심화할 것이기 때문이다. 불평등 심화, 기후 급변, 돌봄 결핍, 감염병의 주기적 대유행, 강대국 패권 충돌 등등이 끈질기게 이어질 것이고, 그 가운데에서도 특히 기후 급변은 대다수 인류에게 '어찌 해볼 수 없는' 파국 혹은 종말로 느껴질 것이다.

어찌 보면 극우 정치에 귀 기울이는 이들은 좌파만큼이나 이러한 복합 위기에 민감하게 반응한다고 할 수 있다. 위기를 심각하게 받아들이는 정도를 따지면, 극우파와 좌파가 오히려 같은 편에 서 있고, 주류 혹은 중도파라 불리는 리버럴이나 정통 보수파는 위기에 무감한 쪽이라 할 수 있다. 현대 극우 정치에 붙은 인상적인 명칭들 가운데 하나가 리처드 시모어Richard Seymour가 말한 '재난 민족주의disaster nationalism'인 이유가 여기에 있다. 극우파 지지자들은 좌파와 마찬가지로 복합 위기에 제대로 대처하지 못하는 기존 주류 정치를 심판하고 싶어 하며, 상황을 반전시키기 위해 과거에는 전혀 염두에 두지 않았던 선택을 결행할 준비가 되어 있다.

좌파의 구조 vs 극우의 서사

그러나 그 방향은 좌파와 전혀 다르다. 극우 정치 지지자들은 복합 위기의 원인을 자본주의 구조에서 찾는 좌파의 논리가 현학적이거나 무력하다고 느낀다. 이들을 움직이는 것은 구조의 분석이나 대안의 실험이 아니라 지나칠 정도로 단순하게 다듬어진 '서사'다. 그중에서 가장 익숙한 유형은 바로 국내외의 특정한 적이 만사를 망쳐놓았다는 서사다. 장황하게 설명할 필요도 없고, 지목되는 적도 아주 구체적이다. 이야기가 중세 동화마냥 너무 단순해 보이기는 하지만, 이것이야말로 최첨단 소셜 네트워크 시대에 가장 선호되는 메시지 형태다. 한 세기 전에 파시즘, 나치즘이 왕당파로부터 물려받은 케케묵은 극우 정치를 당시 기준으로 최신 기술, 세련된 정치 스타일과 접목시켰던 것처럼, 오늘날 극우 정치의 성장은 유치하고 퇴행적인 정치 담론이야말로 플랫폼, 알고리즘, 인공지능의 시대와 가장 잘 어울린다는 사실을 입증하고 있다.

더구나 지금 세계 곳곳에는 복합 위기 심화에 따른 재난적 상황을 무엇보다도 자기 지위의 불안정화와 추락으로 바라보고 해석하려 하는 상당수 계급, 계층, 집단이 있다. 20세기부터 최근에 이르는 기간 동안 각국의 환경 속에서 '중간'이라는 수식어가 붙을 만한 지위를 실제로 획득하거나 유지한 경험이 있는 이들일수록 이런 성향을 보인다. 이들은 자신들보다 나중에 상대적으로 지위가 개선된, 혹은 개선됐다고 여겨지는 계급, 계층, 집단이 자신들의 지위를 위협하고 강탈했다는 설명에 솔깃해 하는 경향이 있다. 20세기 벽두에 서유럽 구중간계급이 유대인을 강제로 등장시켜 만들어 낸 이런 서사가 이제는 백인 노동계급 사이에서 반이민 담론으로, 청년 남성 사이에서 반페미니즘 담론으로 반복

된다. 기후 급변 등이 더욱 심각해진 상황에서는 이런 서사의 또 다른 변종들이 등장하게 될 것이다.

이러한 현대 극우 담론을 바탕으로 지지 기반을 형성하여 집권하는 세력은 필연적으로 기존 민주주의를 후퇴시키고 권위주의를 향해 나아갈 수밖에 없다. 파시즘, 나치즘이나 윤석열 세력처럼 의회민주주의 파괴를 공공연한 정치 강령으로 삼지 않는다고 해도 권위주의로 나아가는 경향을 피할 수 없다. 복합 위기에 따른 재난을 특정 집단의 음모나 위선 탓으로 돌리는 멜로드라마식 서사로는 기후 급변이나 돌봄 결핍의 진짜 원인을 찾아내서 해결해 나갈 수 없기 때문이다. 이런 정권이 할 수 있는 일은 복합 위기가 초래하는 재난을 각 인구 집단에게 차등적으로 분배하는 것뿐이다.

복합 위기의 근본적 원인 제공자인 자본가-관리자계급은 극우 정권 아래에서도 계속 고통 분담에서 면제될 가능성이 높고, 풍부한 사적 자원을 동원해 자구책을 마련하도록 허용될 것이다. 반면에 나머지 대다수 인구는 극우 정권을 지지하는, 대체로 중간계급에 속할 집단과 그렇지 않은 집단으로 의도적으로 분할될 것이고, 전자에게는 상징적인 수준에서나마 보호 장벽이 제공되는 반면 후자는 재난의 파괴적 결과를 맨몸으로 감당하도록 방치될 것이다. 극히 형식적인 수준에서라도 작동하던 기존 민주주의 제도를 그대로 유지해서는 이런 '내전'의 분할선을 긋고 작동시킬 수 없다. 지금 2기 트럼프 정부가 하듯이 전통적인 민주주의의 안전장치들을 하나씩 해체해 나가거나, 아니면 한 세기 전 극우파들이 그랬듯이 자유주의적 민주주의의 유산들을 철저히 파괴해야 한다.

집권 전에 외치는 거창한 선동과 달리 21세기 극우파가 집권 이후 특히 경제, 사회적 측면에서 기존 질서와 과감하게 단절하는 정책을 펼치지 못한다는 것은 이미 여러 사례를 통해 드러났다. 민주주의 제도를 훼손하는 데에만 단호할 뿐, 경제-사회 정책은 신자유주의의 정책 스펙트럼에서 좀처럼 벗어나지 못한다. 2기 트럼프 정부가 그 생생한 실례다. 관세 협상을 통해 1기보다 더 강력하게 자유무역 정책으로부터 단절하는 모습을 보이기는 한다. 그러나 국내 정책을 보면, 1기와 마찬가지로 부자 감세, 공공 부문 사유화, 주식시장 부양 등으로 일관한다. 탈신자유주의라기보다는 단지 '자유무역만 뺀 신자유주의'다. 잠정적으로는 대략 '민족적/일국적 자본주의national capitalism'라는 평가를 받는다.

이 정도 정책 혁신으로는 복합 위기의 근본적 해소는커녕 복합 위기가 불러들이는 재난을 뒤처리하기에도 벅차다. 과거 독일의 민족사회주의자들이, 동시대 소련 스탈린주의 체제나 미국 뉴딜 정권과 비슷하게, 대공황에 맞서 구식 자유주의와 단절한 경제 정책(고속도로 건설 같은 대규모 공공 투자, 군수산업 중심의 경제 계획 등)을 펼침으로써 괄목할 성공을 거두었던 것과 극히 대비되는 모습이다. 오늘날은 극우파조차 '신자유주의 이후post-neoliberalism'의 극우파이기에 신자유주의 정책 혁명의 여파로부터 벗어나지 못하는 탓이다. 아무튼 이렇게 신생 극우파 역시 기존 정치 세력들보다 썩 유능하지는 않다는 점은 극우 정치에 맞서는 쪽에게는 천금 같은 기회 요소일 수 있다.

하지만 그렇다고 마치 1930년대 초 독일 공산당식의 낙관론, 즉 나치당도 다른 우파정당들처럼 대공황 대응에 실패할 게 빤하니 결국은 좌파가 승리하게 마련이라는 식의 사고에 빠져도 좋다는 뜻은 결코 아니다. 극우 정권의 실패가 잇따르더라도 극우파를 압도하는 대안적 좌파나 사회운동이 때맞춰 성장하지 못한다면, 극우 정권의 예고된 실패가 오히려 더 극단적인 악순환만 낳을 가능성이 높다. 이것은 팬데믹 대응 실패로 잠시 후퇴했다가 재부상한 극우파의 행태, 가령 1기 트럼프 정부와 2기 트럼프 정부의 차이에서 이미 충분히 짐작할 수 있다. 선거를 통해 처음 집권했다가 많은 실망을 불러일으킨 극우파는 그 실패를 다시 '내외의 적' 탓으로 돌리며 전보다 더 과격한 반민주주의적, 반사회적 이념으로 무장한 채 돌아온다. 이 악순환을 통해 극우 포퓰리즘은 어느덧 노골적인 파시즘이 되고, 말뿐인 파시즘은 행동까지 수반한 파시즘이 된다.

'세계 몰락의 판타지'를 먹고 사는 극우

특히, 우리 시대의 복합 위기에는, 한 세기 전 대공황과는 비교가 안 될 정도로 거대한 위기인 기후 급변이 포함된다는 점을 잊지 말아야 한다. 지금은 트럼프주의자들을 비롯한 대다수 극우파가 기후 위기를 부정하고 화석 에너지 사용을 고집하는 '화석 파시즘' 정도에 머물지만, 기후 재난이 더욱 심각해지는 시점이 되면 '생태 파시즘', 즉 기후 재난에 맞서겠다면서 국경을 봉쇄하고 식량 자원을 독점하거나 약탈하며 사회적 약자들에게 희생과 죽음을 강요하는 적나라한 독재 체제로 전환하고 말 것이다. 이런 국면이 되면, 가까스로 강제수용소를 피했던 사상가 테오도르 아도르노가 담담하게 고찰한 파시즘의 병적 심리, 일종의 "같이 죽자."는 종말론이 극우 정치를 떠받치는 강력한 힘이 되리라고 예상해 볼 수 있다.

저는 공포의 예견이라는 말이 지금 극우주의에 관한 통상적인 견해에서는 거의 고려되지 않는 듯 보이지만 실제로는 대단히 핵심적인 무언가를 건드린다고 생각합니다. 그것은 바로 사회적 파국의 감정과 맺는 대단히 복합적이고 까다로운 관계로서, 극우주의에서 지배적으로 나타나는 것입니다. … 한편에서는 이성적인 차원에서 이런 물음이 제기됩니다. "거대한 위기가 발생하면, 어떻게 될 것인가?" 이런 물음이 제기되면 파시즘 운동은 뒤로 물러납니다. 하지만 다른 차원에서 파시즘 운동은 제가 사회심리학적으로 대단히 중요하고 특징적인 징후로 간주하는 오늘날의 저 변형된 점성술의 일종과 공통점을 보입니다. 그것은 바로 이 운동이 어떤 면에서는 파국을 원한다는 것, 세계 몰락의 판타지를 먹고 산다는 것입니다. 이런 측면은 여러 문서 자료를 통해 드러난 것처럼, 이전 나치당 지도부에게도 전혀 낯설지 않은 것이었습니다. (테오도르 아도르노, 『신극우주의의 양상』, 이경진 옮김, 문학과지성사, 2020. 19~20쪽)

원자폭탄 개발에 실패한 나치당 지도부는 리하르트 바그너의 음악극 '신들의 황혼'을 관람하며 애써 세계의 파국을 상상해야 했지만, 우리 시대 극우파는 그런 수고를 할 필요조차 없다. 문명의 종말을 앞당길 현실적 수단이 너무나 흔하기 때문이다. 핵무기, 인공지능, 우주 개발, 기후 급변의 가속화가 초래할 식량 부족 등등.

이 모든 논의의 결론은 이것이다. 자본주의가 지구 행성에 돌이킬 수 없는 교란을 가한 뒤에도 아무 일 없는 것처럼 계속 천진하게 지속되고, 자본주의에 도전하는 세력은 효과적으로 제압돼 버린 현 상황에서,

극우 정치의 성장과 주류화, 창궐은 필연이다. 이제 민주주의란 극우의 주류화를 앞으로 전개될 역사의 상수로 놓고, 이 상수를 전복하려는 고된 노력과 동의어가 될 것이라 각오해야 한다. 그러고 보면 12월 3일의 사건과 그 여파는 우발적 막간극이 아니라 이 필연적 미래의 예고편이었다. 12.3이 미래의 예행연습이었던 만큼, 친위쿠데타에 맞섰던 '광장' 역시 끊이지 않고 확장되어야 한다. '빛의 광장'이 그랬던 것처럼, 극우 정치가 상수가 된 시대에는 오직 이에 맞서 끝내 민주주의에 기회를 주려는 노력만이 우리의 '인간됨'을 지키는 길이 될 것이다. 그리고 한 세기 전에 그랬던 것처럼, 이번에도 인간 문명의 온갖 좋은 것들은 이렇게 우리의 '인간됨'을 지키려는 필사적 노력을 통해서만 '가까스로' 구원될 수 있을 것이다.

2장

극우의 귀환과 시민 지성

대한민국 극우의 기원과 부활

김 윤 철_ 경희대 교수

한국의 극우는 독자적 정치세력화와 탈악마화 등의 경로를 거쳐 유력한 정치 세력의 지위를 얻은 유럽의 극우와 달리, 제1야당 국민의힘을 통해 아주 빠른 속도로 다시 정치적 대표자와 전투부대마저 보유한 세력이 되었다. 그래서 우리가 문제 삼아야 하는 것은 극우의 '정치적' 귀환이다.

극우의 정치적 귀환

극우의 등장이 아니라 '귀환'이다. 12.3 불법 계엄 사태(이하 12.3 사태) 이후 전 사회적 관심사로 급부상한 극우의 기승은 갑작스럽게 나타난 새로운 현상이 아니다. 원래 존재했던 것의 재등장, 지나갔다고-사라졌거나 미약하다고-여겼던 것의 귀환이며, 역습이다.

대한민국은 일제 식민 지배로부터 해방된 이후 분단과 3년 동안의 미군정 그리고 전쟁을 거치며 '극우 반공 독재 국가'로 만들어졌다. 경찰과 군과 정보 기구 등을 통한 국가 폭력에 기대고, 반공주의를 기치로 내걸어 사상, 언론, 집회·결사의 자유를 허용치 않는 억압적 통치 체제로 태어났다. 이 억압 체제에서 조선공산당의 창건자 중 한 명이자 진보당의 당수였던 조봉암마저도 1946년 1차 미소공동위원회가 실패한 직후 박헌영과 갈라지며, "조선 민중은 공산당을 원치 않는다."는 내용의 성명서를 발표하면서 공개적으로 전향을 선언했고, 진보당을 만들고 강령을 발표할 때는 "크렘린의 충실한 앞잡이 공산 역도"를 제일 먼저 비판해야 했다. 그런데도 이승만은 조봉암을 간첩으로 몰아서 사형시켰다.

대한민국은 태어날 때만 극우 반공 독재 국가였던 것이 아니다. 극우 정권은 이승만-박정희-전두환-노태우 정권으로 이어져 온 40여 년 동안 장기 지속됐다. 그리고 1987년 민주화 이후 40년이 다 되어가는데도 불구하고, 극우 반공 독재의 유산을 차용 혹은 계승하는 이들이 여전히 남아있다. 그냥 남아있는 정도가 아니라 민주적 선거를 통해 다시 집권까지 했다. 그래서 윤석열 정권을 출범시키고 12.3 계엄까지 일으킬 수 있었다. 12.3 사태는 극우 반공 독재로의 회귀 혹은 재현을 위한 내란 기도였다. 12.3 사태는 전두환 신군부의 12.12 쿠데타의 재현이라는 평가를 받았다. 계엄령 포고문이 딱 그 증거다. 계엄령 포고문은 윤석열을 위시한 내란 기도 세력의 이념적 성격과 전략 모형이 압축된 텍스트다.

한국에서 극우는 해방 후 80년의 절반 동안은 압도적 지배 세력이었고, 나머지 절반은 자유주의 개혁-중도 혹은 개혁 보수 분파 등과 우열을 겨루는 경합적 지배 세력의 한 분파로 자리해 왔다고 할 수 있다. 그래서 민주화 이후의 한국을 여전히 극우 반공 독재 국가라고 할 수는 없다. 하지만 극우 반공 독재의 복원을 지향하는, 혹은 그 시절이 지금보다 더 낫다고 여기는 집단과 개인이 사라진 것은 아니다. 12.3 사태 이후에도 윤석열을 비호하는 이들이 강하게 버티고 있는 정치·사회적 현실이 그것을 극명하게 보여주고 있다. 가진 사람과 배운 사람들인 의사, 교수들도 부정선거론을 믿고 문재인과 이재명을 악마화한다. 광화문 태극기 집회에 나가보라. 유서 깊은 명문 학교의 동문회 깃발이 곳곳에서 펄럭인다. 평범한 시민은 물론 소위 엘리트들, 그러니까 우리의 이웃들을 그곳에서 만날 수 있다. 어쩌면 가족 중 한 명을 만날지도 모른다.

지금 한국에서 극우를 문제 삼는 이유는 그들이 지지하는 박근혜, 윤석열 두 대통령과 정권의 몰락을 목도하고도 사라지기는커녕, 오히려 세력을 이루어 도시의 거리와 광장을 차지하고, 유튜브 등 뉴미디어를 누비면서 소란과 갈등 키우기 방식으로 정치·사회적 영향력을 행사하고 있기 때문이다. 특히 양대 정당 체제의 한 축인 국민의힘에 상당한 영향력을 행사하기 때문이다. 윤석열의 탄핵과 이재명 정권의

 이 웃 집 극 우

출범에도 불구하고 국민의힘 주류는 극우 껴안기를 주저하지 않는다. 한국의 극우는 그냥 세력화가 아니라, 독자 군소정당의 벽을 뛰어넘어 제1야당이라는 '패스트트랙'을 통한 정치 세력화의 양상마저 띠고 있다. 즉, 한국의 극우는 독자적 정치 세력화와 탈악마화 등의 경로를 거쳐 유력한 정치 세력의 지위를 얻은 유럽의 극우와 달리, 제1야당 국민의힘을 통해 아주 빠른 속도로 다시 정치적 대표자와 전투부대마저 보유한 세력이 되었다. 그래서 우리가 문제 삼아야 하는 것은 극우의 '정치적' 귀환이다.

현재 우리 눈앞에서 펼쳐지는 극우의 정치적 귀환 현상을 이해하고 이를 극복하기 위해서는 한국이라는 국가의 형성사적 특성에 주목해야 한다. 한국의 극우는 역사적으로도, 구조적으로도 연원이 깊어 단기간에 사라질 일시적인 일탈 현상이 아닐 뿐만 아니라, 윤석열 정권과 같은 내란 기도 세력에 대한 심판과 추방만으로 해소될 현상도 아니라는 사실을 알려주기 때문이다. 우리는 12.3 사태 이후 1년 이상이 지나도 그들에 대한 심판과 추방마저도 녹록지 않은 현실을 확인하고 있다. 그들을 이념과 실리의 차원에서 지켜야 할 이유가 있는 인구층과 세력의 존재가 만들어 낸 현실이다. 종교와 매스컴 영역에서는 물론이고, 검찰과 사법부 등 국가기구 내부에도 그들이 기댈 수 있는 '언덕들'이 존재한다. 2030세대에서도 자신들이 경험하지 못한 극우 독재에 우호적인 정향의 보유자들이 자라나고 있다(2030세대 남성들의 극우화 혹은 보수화에 대해서는 이 글의 마지막 부분에서 다룬다).

한국에서 극우의 극복은 그들의 귀환을 가능케 하는, 혹은 내란 기도의 실패에도 불구하고 그들의 입지를 유지케 해주는 취약한 민주공화제를 개선하기 위한 정치·사회경제 체제로의 전환을 통해 가능하다. 한국 현대 정치사의 궤적을 따라가다 보면, 극우를 제어하는 전환은 '민주화 운동의 길과 개혁 보수의 길'을 통해 이루어질 수 있음을 확인할 수 있다. 동시에 그 길이 닫힐 때 극우가 귀환한다는 사실 확인도 가능하다. 하여 앞으로 남은 것은 그 길을 복원하기 위해 정치의 주체이자 주권자인 시민이 정치 지성을 발현하는 것이다.

극우의 정체

극우의 정체는 명확하다. 민주공화제를 거부하고 위협하고 파괴하는 위험 인자다. 그 위험 인자를 극우라 부른다고 표현하는 것이 더 정확하다. 개념 이전에 문제적 현실이 자리 잡고 있기 때문이다. 그래서 극우는 개념이기 이전에 문제 상황을 가리키는 지시어다. 서구에서 들여온 개념에 맞춰 한국에 극우가 있느냐, 어떤 극우냐를 따지는 것은 무척 한가하고 따분한 일이다. 극우라는 말이 회자될 때는, 이미 정치·사회적 안정과 질서가 위협받는 상태이기 때문이다. 다만 왜 위험한지, 그 위험의 진상이 무엇인지를 짚고 넘어갈 필요는 있다. 진짜 위험한 상태에 놓여 있음을 느끼고 알아야 무사히 살아갈 수 있을 테니 말이다.

극우는 폭력을 동원하면서까지 정치적 경쟁자를 위시한 타자를 혐오하고, 차별하고, 배제할 뿐만 아니라, 악마와 적으로 몰아 절멸시키려는 의지와 행동이 빈번해지고, 일상화되는 경향이다. 극우 세력은 자신들의 이런 태도와 행동을 국가주의, 반공주의, 민족주의, 인종주의 등으로 정당화한다. 음모론을 생성·유포하며 지지자들을 모으고 열성적이고 전투적인 행동대원을 조직한다. 이를 통해 자신의 경쟁자들과 그들이 주도하는 민주공화제와 헌정 질서를 파괴하려 한다. 궁극적으로는 자신이 지배하고 주도하는, 경쟁자들이 사라진 질서를 만들려고 한다. 이를 위해 전쟁마저도 불사한다. 그 질서의 이름이 바로 독재다. 무솔리니의 파시즘과 히틀러의 나치즘 그리고 일본의 군국주의가 가장 대표적 사례이다. 파시즘과 나치즘이 인류 문명사에 얼마나 큰 상처를 남겼는지는 민간인만 5,000만 명의 사망자(군인 포함 전체 사망자 8,500만 명 추정)를 낸 2차세계대전과 그 와중에 650만 명이 넘게 학살당한 유대인의 고난을 통해 확인할 수 있다.

그런데 극우는 보수주의에서 나온다. 보수주의는 지배 계급과 기득권 세력과 그들을 추종하며 이득을 얻는 이들의 이념-심리-태도-정향이다. 보수주의는 프랑스 혁명을 거치며 등장한 역사적 개념이며, 프랑스 작가이자 정치가였던 샤또브리앙Chateaubriand이 1818년 『보수주의자』라는 잡지를 발간한 것을 계기로 사용되기 시작했다. 이념적으로는 근대 계몽주의에 바탕을 둔 자유주의와 자유주의에 이어 새롭게 등장한 사회주의에 대한 안티테제다. 러시아 혁명을 거치면서 사회주의 세력이 성장하자 보수주의는 자유주의와 동맹을 맺고 혁명에 대응한다. 보수주의가 기본적으로 혁명과 진보에 대한 반동인 까닭이다.

하지만 반동의 방식, 자신의 기득권을 보장하는 지배 체제를 보존하는 방식에서 보수주의는 크게 두 가지 유형으로 갈린다. 개혁 보수와 수구 보수가 바로 그것이다. 개혁 보수는 영국의 에드먼드 버크로 대표되는 보수주의다. "변하지 않으면 지킬 수 없다." 혹은 "바뀌지 않으려면 먼저 바꿔라."는 이들의 행동 강령이다. 버크는 보수당의 원조인 토리당이 아닌, 휘그당 소속이었으면서도 보수주의의 아버지로 불린다. 이런 측면에서 보면 보수의 본류는 개혁적 보수여야 한다. 개혁적 보수의 가장 대표적인 사례로는 19세기 중반에서 20세기 중반까지의 영국 보수당 소속 정치 위인들이 꼽힌다. 디즈레일리, 볼드윈, 처칠 등이 바로 그들이다.

··· 벤저민 디즈레일리(1804~1881)의 일국민주의(토리 민주주의) : 아동노동 금지법, 공중보건법, 직공 거주법, 노조 피케팅 허용법, 섬유 노동자 노동시간 제한법, 안전 항해법 등 사회개혁 법안 프로그램을 추진했다.

··· 스탠리 볼드윈(1867~1947)의 새로운 보수주의 : 파시즘과 공산주의가 기세를 올리던 극단적 이념의 시대에 중도적 입장을 취했고, 노동자와 고용주 간의 산업적 동반자 관계와 국민의 신뢰와 자신감 회복 조성에 주력했으며, 사회 연금제와 양성 동등 선거법, 낙후 지역 기업 이전 장려법 등 사회경제 개혁을 추진했다.

··· 윈스턴 처칠(1874~1965)과 버츠켈리즘 : 보수당의 지도자이기보다 국가 지도자이기를 원하며 당내 개혁파의 주장과 정책을 수용해 「산업 헌장」을 발표하고, 산업에 대한 정부의 개입과 노사 간 상호 협

이 웃 집 극 우

력을 지지하고 국민보건서비스^{NHS : National Health Service}를 설립한 노동당 정부의 정책 계승을 명문화하고 실천했다.

이들 사례는 그 자체로 노동계급을 비롯한 사회적 약자를 위한 게 아니다. 물질적 양보를 통해 동의 기반을 확보하고 헤게모니를 획득해 지배 체제를 재생산하기 위한 것이다. 하지만 사회개혁을 통해 통제할 수 없는 정치적 급진주의나 급격한 사회 변화를 피하고 질서와 안정을 이루는 데 기여했다.

수구 보수는 개혁 보수가 변화를 수용하고 주도하는 것과 달리 변화를 거부하고 낡은 지배 체제를 '그대로' 지키고자 한다. 혹은 돌아가려고 한다. 가령 왕과 귀족의 지배 체제인 군주제와 신분제를 지키기 위해 신의 뜻과 거짓 신화까지 동원해 반동의 전쟁을 벌인다. "왕의 목을 베라."는 공화주의의 대두와 같은 시대 변화로 인해 이미 지킬 수 없게 된 것을 억지로 지키려 하니 비이성적이고 반지성적인 담론과 군사적 행동으로까지 이어지는 폭력에 기대는 것이다. 그런 중에 부와 권력으로부터 철저히 소외되었으나 지배에 저항하는 민중을 무지하고 몽매하고 위험한 군중으로만 이해하고 몰아간다. 수구 보수가 다수 인민의 지배를 의미하는 민주주의에 대해 적대적이거나 비우호적인 이유다. 극우는 바로 여기, 수구 보수에서 나온다. 수구 보수를 극우라고 해도 무방하다. 다만 극우는 훨씬 더 노골적이고 전투적으로 자신의 수구성을 드러내고 폭력을 행동의 요령으로 삼는다.

수구 보수와 극우는 인류 문명사, 특히 자유-보수-진보(사회주의)의 이념과 개념이 형성되고, 민주공화제의 생각이 국가공동체의 규범과 약속으로 자리 잡아 온 근·현대 문명사에서 결코 예외적인 존재가 아니다. 늘 권력 혹은 영향력을 지녔던 것은 아니지만 군주제와 신분제가 폐지되거나 유명무실해지는 시대에서도 수구 보수와 극우는 생명을 유지해 왔다. 민주공화제가 불가역적인 질서로 자리 잡아 가는 것을 두고 볼 수 없는 이들이기 때문이다. 더군다나 진보 또는 사회주의 세력이 주도하며 집권까지 할 수 있는 민주공화제는 용납할 수 없다고 여기는 이들이기 때문이다. 적어도 레토릭 수준에서나마 민주공화제를 수용하는 경우에도, 그들에게는 진보 사회주의 세력이 주도하는 민주공화제는 민주공화제가 아니다. 자유주의 세력이 가세해 폭압적 이미지로만 덧칠해 놓은 스탈린과 모택동, 김일성과 카스트로 독재로 대표되는 소련, 중국, 북한, 쿠바의 사회주의와 그것을 추종하는 공산당 독재 혹은 좌파 독재일 뿐이다.

한국에서는 12.3 불법 계엄 사태를 통해 목도한 것처럼 군대와 경찰을 동원해 헌정 질서를 파괴해서라도 힘의 우위를 점하려던 윤석열 정권 세력, 유튜브 선동가와 정치꾼들이 생성·유포한 부정선거론을 믿으며 헌정 질서 파괴 세력을 비호하고 사법부까지 침탈하는 일부 종교 집단 등 사회 세력, 바로 이들이 극우다. 이들은 자신의 정치·사회적 경쟁자를 빨갱이로 몰고 독재 권력이 자행한 국가 폭력의 희생자들과 독재 권력에 저항했던 이들의 역사를 왜곡하고 조작하면서까지 모욕하고 조롱한다.

한국에서 빨갱이라는 호명은 단지 진보 좌파 이념을 추종하는 이들을 가리키지 않는다. 그건 나쁜 놈을 넘어서서 악마라는 의미를 지닌다. 그래서 국민과 시민의 자격은 물론이고, 인간의 자격도 갖지 못한 이들이고 추방과 제거의 대상이라는 딱지를 붙이기 위한 저주의 주문이다. 극우는 또한 장애인과 여성 등 사회적 약자와 소수자에 대한 차별과 외국인에 대한 혐오의 언동도 서슴지 않는다. 이들은 북한군 개입설 등으로 5.18 민주화운동에 대한 부정과 왜곡을 지속·반복하고 있으며, 중국의 부정선거 배후설을 생성·유포한다.

초강대국이자 세계 경찰국가로서 반공주의의 태두인 미국에 대해서는 자유 수호의 신이라며 우호적이다. 최근 눈여겨볼 것은 한국과 미국의 극우 연대 혹은 네트워크다. 신의 뜻을 따르며 박해받았던 유대인의 국가 이스라엘에 대해서도 그렇다. 극우 집회에 성조기와 이스라엘 국기가 휘날리는 이유다. 일본에 대해서도 친화적인 태도를 강조한다. 외양상으로는 식민 지배를 정당화하는 것까지는 아니고, 거리와 집회에 일장기를 들고나오는 것도 아니다. 일본에 대해서는 지정학적 위치와 전략적 접근의 필요성을 내세우는 경향이 크다. 문제는 그런 중에 과거사를 뒷전으로 몰아 놓고, 미래를 열어갈 교훈과 자원으로 삼지 않는다는 것이다.

한국의 극우는 자신들에게 극우 딱지를 붙이는 것은 '좌파의 음모'라고 대응한다. 극우가 나쁜 것임을 자신들도 알고 있다. 그리고 경쟁자를 사실 여부와 상관없이 독재 세력으로 본다. 하지만 그들의 생각과 행동은 딱 극우다. 최소한 극우스럽다. 그런 규정이 부담스럽고 옳지 못하다고 여겨 생각과 행동을 바꾸기 전까지는 그렇다. 그들을 꼭 극우라는 이름을 붙일 필요도 없다. 그들이 극우의 이름을 거부한다 해도 민주공화제의 안정과 지속을 위협하는 이들임은 부정할 수 없기 때문이다.

극우 귀환의 동학(動學 : dynamics)

사라졌던 혹은 사라진 줄 알았던 것의 귀환은 저절로 이루어지지 않는다. 특히 정치적 귀환은 역사와 시대 속 쟁투의 과정과 힘의 우위 관계 조성을 통해 이루어진다. 그래서 '어떻게 귀환할 수 있었는지'를 보려면 그 여정을 살펴야 한다. 이때 유의할 것은 '왜 귀환했느냐'라고 묻지 않는 것이다. 극우가 귀환한 이유는 당연히 그 수준과 방식이 뭐든 간에 민주공화제를 무너뜨리거나 위협하기 위해서다. 그런 세력을 가리켜 극우라고 한다는 건 이미 살펴보았다. 그렇다면 남는 물음은 '어떻게, 하필 지금, 귀환할 수 있었느냐'가 된다.

극우의 귀환은 그것을 제어했던 두 가지 길이 차단됨으로써 가능했다. 그 두 가지 길은 민주화 운동의 길과 개혁 보수의 길이다. 민주화 운동의 길이 극우 반공 독재의 횡포에 저항하며 더 이상의 지속을 막아서는 사회적 힘이었다면 개혁 보수의 길은 극우 반공 독재를 지배 세력의 장에서 밀어낸 정치적 힘이었다. 하지만 민주화 운동의 길과 개혁 보수의 길 모두 오래 지속되지 못했다. 민주화 운동은 민주주의 성공 신화 속에 극우의 사회·정치세력화를 제어하지 못했고, 개혁 보수는 존재감마저 상실한 채 보수 정치의 주도권을 극우에게 내어주었다.

극우의 노스탤지어, '시간의 고향'

지금은 잊힌 역사처럼 되어버렸지만, 한국은 극우 반공 독재 국가로 태어났다. 2차세계대전을 거치며 미국과 소련을 중심으로 자본주의

vs 공산주의(사회주의) 두 진영을 축으로 하는 세계질서가 조성된 것의 영향이었다. 한국은 일제 식민 지배에서 벗어났으나, 한반도는 미소 중심의 양대 진영이 갈등하고 대립하는 세계질서의 최전선에 놓이게 되었다. 분단과 전쟁을 겪을 수밖에 없는 운명에 놓이고 말았던 것이다.

극우 세력은 일제 해방 후 미군정이라는 외부의 힘에 기대어 좌파 세력을 축출하고 red purge 국가권력을 장악해 지배 세력으로서 압도적 힘을 보유하고 행사했다. 경찰과 군대라는 억압적인 국가기구를 활용하면서 헌정 질서 자체를 자신들의 지배체제로 조성했다. 이 지배체제는 이승만–박정희–전두환·노태우 정권에 걸쳐 이어졌다. 즉, 한국의 극우는 그 시작부터 지배 정치 세력이었고, 그 지위를 수십여 년에 걸쳐 유지해 왔다.

우리가 유의해야 할 부분은, 이 시기가 바로 21세기 한국 극우의 정치적 자원이자 무기로서의 노스탤지어라는 사실이다. 이는 그 시대에 대한 향수가 단지 감상적인 것에 그치지 않고, 지금의 세계를 해석하고 누가 우리나라의 적인지, 그래서 누구를 제거할지 판단하고 선택하는 '기준'으로 작용한다는 것을 의미한다. 그리고 또한 그 시대의 세계가 이상향이며, 미래로 나아간다는 것은 미지의 세계로 가는 게 아니라, 자신들이 지배 세력이었던 극우 반공 독재 국가의 시대로 회귀하는 것이다. 즉, 그 시대가 바로 돌아가야만 할 고향이다. 공간과 지역이 아니라, 시대이기에 '시간의 고향'이라고 부를 수 있다. 한국 극우 정체성의 원형이 바로 그곳에 있다. 나와 국가를 해치려는 적敵은 회귀의 당위성과 필요성에 동의하지 않을 뿐만 아니라, 나와 우리가 그리로 가려는 것을 가로막는 자들이다. 즉, 나와 우리의 정체성을 부정하는 놈들이다. 그 적의 이름이 바로 좌파 빨갱이고 진보다. 나와 우리의 이상향이자 고향을 지우고 버려야 할 나쁜 것으로 칭하며, 자기들끼리만 앞으로 나아간다고 한다. 별수 없이 그런 놈들은 제거해야 한다. 뿌리를 뽑아야 한다. 고향을 부정하고, 자신들의 뿌리도 외면하는 좌파 빨갱이는 사람도 아니다. 좌파 빨갱이는 아비, 어미도 몰라보는 놈들이다. 그런 놈들을 때려잡는 데 필요한 게 바로 독재다.

자기 정체성의 원형이자 삶의 의미를 부여해 줬다고 여겨지는 시대로 회귀하려는 욕망은 쉽게 해소되지 않는다. 극우가 자신들이 지배 세력이었던 시대로의 회귀를 끝없이 욕망하는 이유다. 자신이 빨갱이와 맞서 싸워 이 나라를 지켰고, 산업 전사로서 지금의 이곳을 만들었는데도 존중받고 있지 못하다고 여기기에 더 그렇다. 그래서 회귀가 바로 극우 정치 세력화의 목표이다. 이들의 욕망은 단지 선거 경쟁에서의 승리와 집권에 머무르지 않는다. 자신들의 영구적 지배를 용인하는 정치사회 체제를 복원코자 한다. 극우 반공 독재 국가가 바로 그것이다. 민주공화제도 자신들에게 유리한 것으로 조작·변용 가능한 취약한 것이기를 원하고, 그런 수준에서 고착시키려 한다. 이들이 민주주의를 반공민주주의 혹은 자유민주주의로 부르는 이유다. 또 한국을 자유대한으로 부르는 이유다. 자신들이 지배 세력이었던 때 민주주의는 공산독재로부터의 자유를 위한 것이었고, 그 자유를 보장하는 반공주의였기 때문이다. 한국의 민주공화제는 아직도 노동자와 민중을 소외시키는 민중 배제적 과두제의 특성을 강하게 띠지만, 극우는 그런 민주공화제마저 자신들이 권력을 독점하는 체제로 만들고자 한다. 한국의 극우가 유럽의 극우와 달리 이민족이나 기성 엘리트에 앞서, 국가 내부의 경쟁자인 민주·진보 세력에게 적대성을 띠는 맥락과 이유를 알려주는 지점이다.

극우 반공 독재로 태어났다는 생성의 기원, 그리고 약화에서 귀환에 이르는 여정은 궁극적으로 정치의 본령인 '누가 지배하느냐'를 둘러싼 지난한 투쟁의 과정이며, 그 정치투쟁이 재개되었다는 사실을 알려준다. 다시 한번 강조하지만 12.3 사태는 일회성으로 끝날 괴기한 사건이 아니다. 그건 기나긴 정치투쟁의 여정에서 거쳐 가게 되는 경유지다. 이 여정이 원점 회귀로 끝을 맺을지, 더 좋은 민주공화제의 정착으로 마무리될지는 아직 정해지지 않았다. 여전히 무기로서의 노스탤지어를 간직한 세력과 민주공화제를 향해 나아가려는 세력이 같은 시간대에 같은 곳에서 살고 있기에.

극우 반공 독재의 약화와 주변화

극우 반공 독재 국가와 그것을 주도하고 지탱했던 세력들이 약화, 주변화되는 시간이 중간중간에 있었고, 1980년대 말 이후 1990년대 말까지는 사라져 버린 것같이 여겨지던 때도 있었다. 반공 독재에 맞서 투쟁하던 민주화 운동 세력과 개혁적 보수 정치 세력이 등장해 정국의 주도권을 놓고 경쟁하던 시기가 바로 그런 때였다.

민주화 운동의 도전과 극우의 약화

민주화 운동은 젊은이들을 비롯한 수많은 시민의 죽음까지 동반한 자기희생을 바탕으로 해서 극우 반공 독재 국가권력을 약화시켰다. 한국전쟁 후 극우 반공 독재 국가에 대한 민주화 운동의 도전은 크게 4.19 혁명과 반유신 투쟁, 1980년 5월 광주 항쟁(공식 명칭은 5.18 민주화 운동), 1987년 6월 항쟁, 그리고 1991년 5월 투쟁 등을 통해 이루어졌다.

4.19 혁명으로 자유당과 경찰 권력에 의존했던 이승만 정권은 붕괴되었고, 군부와 관료 세력에 기반한 박정희 정권은 3선개헌 반대 투쟁과 유신 반대 투쟁 그리고 부마항쟁 등에 직면해 내분(10.26 사태)을 겪으며 몰락했다. 또 박정희 정권의 군부 세력을 계승한 전두환 정권은 1980년 광주 항쟁에서 1987년 6월 항쟁으로 이어진 항거에 굴복하고 민주화 운동 세력의 직선제 개헌 요구를 수용해야 했다. 전두환 군부 세력의 계승자이지만 극우 반공 독재 국가의 외양을 벗어던지고자 했던 노태우 정권은 1991년 5월 투쟁을 겪으며 개혁적 보수 세력(김영삼 계열)에게 정치적 주도권과 권좌를 내줘야 했다.

젊은이들과 시민을 살해한 극우 반공 독재 국가는 정당성을 가질 수 없었다. 극우 반공 독재 국가의 노골적인 폭력을 동반한 사회 통제에 평소에는 숨을 죽이며 살았던 '국민'이지만 국가 폭력에 의한 젊은이들과 시민의 비극적 죽음 앞에서는 결국 저항의 깃발을 들었다. 이는 광주 학살의 진상을 접하고, 대학생 박종철, 이한열, 강경대 등의 고문과 강경 진압에 의한 죽음을 목도하며 벌어진 시민 저항을 통해 확인할 수 있다.

극우 반공 독재 세력을 약화시킨 민주화 운동의 정수는 1980년 5월 광주 항쟁이다. 그 이유는 두 가지다. 첫째, 5월 광주 항쟁은 1980년대 내내 지속되어 1990년대 초까지 펼쳐진 민주화 운동의 정신적·이론적·실천적 모체이다. 광주 항쟁은 극우 반공 독재 국가에 맞서 목숨을 걸고, 무기를 들고서라도 싸워야만 하는 이유를 알려 줬다. 극우 반공 독재 국가는 자국민마저 학살하는 지배권력임을 드러냈다. 극우 반공 독재 국가를 타도하고 세워야 할 대안 국가의 상에 대한 모색의 필요성도 제기했다. 둘째, 광주 항쟁은 극우 반공 독재 국가가 정당성을 회복할 수 없게 만들었다. 1980년 5월 광주에서 극우 반공 독재 국가가 자행한 학살은 어떤 이유로도 정당화할 수 없었다. 민주화 운동 세력은 그 학살의 진상과 참혹함을 폭로했다.

전두환 군부 쿠데타 세력을 비롯한 극우 반공 독재 세력에게 1980년 5월 광주는 가장 큰 약점이다. 쿠데타 세력이 북한군과 간첩 개입 등과 같은 허위 사실을 동원할 수밖에 없던 이유다. 최근에도 극우가 전두환 군부 쿠데타 세력의 레퍼토리를 반복하며 항쟁의 정당성을 훼손하려는 이유이기도 하다. 그런 허위 사실을 믿으며 주장하지 않으면 자신의 존립이 불가능해진다.

민주화 운동의 도전은 눈에 보이는 큰 사건을 통해서만 극우 반공 독재 세력을 약화시킨 게 아니다. 큰 사건들에 앞서 이루어진 운동 주체들의 조직화와 그에 기반한 일상적 활동을 통해서 극우 반공 독재의 부당함을 폭로하는 다양한 저항들도 극우 세력을 약화시키는 데 영향을 끼쳤다. 그와 같은 저항 활동은 극우 반공 독재의 집행관인 공안기관의 감시와 추적이 따르는 것이기에 투옥과 고문은 물론, 생명마저 잃을 위험을 감수해야 하는 것이었다. 1987년 6월 항쟁을 촉발시킨 박종철의 고문사는 공안기관이 민주화 운동 세력의 일상적 조직 활동을 추적하는 과정에서 발생했다. 민주화 운동은 목숨까지 내놓는 자기 결의와 희생에 기반한 것이었기에, 또 조직적이고 지속적인 활동이었기에 극우 반공 독재를 약화시킬 수 있었다. 극우 반공 독재에 항의하며 민주화를 요구하는 다수 시민의 참여도 그와 같은 운동 주체들의 희생과 활동으로 인해 촉발됐다.

단지 도덕적 감정 차원에서만 희생을 감수했던 것은 아니다. 민주화 운동 내 급진 분파들은, 당시 한국의 사회경제적 발전 단계에 조응하는 것이었는지, 또 다수 대중이 인지하고 수용할 수 있었는지에 대한 문제는 있었지만, 한국 사회의 성격 분석에 기초한 대안 국가의 상을 모색하고 제시하기도 했다. 이른바 한국 사회 성격 논쟁(사회구성체 논쟁)을 전개하면서, 분단 체제와 민중 배제적 성장 체제를 넘어서기 위한 변혁 이념과 전략을 제시하기도 했다. 민족민주주의 혁명론, 시민민주주의 혁명론, 민중민주주의 혁명론 등이 바로 그것이다. 극우 반공 독재의 폭압적 지배라는 현실을, 유토피아를 지향하는 모멘트로 삼은 실천이었다.

1980년 5월의 광주 항쟁을 계승한 민주화 운동 세력의 도전은 1980년대 내내 이어졌다. 결국 1987년 6월 항쟁에 극우 반공 독재 세력은 대통령 직선제 개헌 요구를 수용했다. 이른바 6.29 선언이 극우 반공 독재 세력 중 온건파(노태우계)의 주도로 나왔다. 이때부터 극우 반공 독재 국가는 약화와 주변화의 시간을 갖게 된다.

하지만 유의할 것이 있다. 민주화 운동 세력의 목숨을 건 자기희생적 투쟁에도 불구하고, 또 그러한 투쟁으로 인해 세력이 약화됐음에도 불구하고 극우 반공 독재 세력이 권력층에 남아있었다는 사실이다. 즉, 한국 민주화는 구체제(극우 반공 독재)와 단절하는 방식이 아니었다. 또 극우 반공 독재 국가 하에서의 민중 배제적−친재벌 대기업 중심 성장 체제는 민주화 운동 과정에서도 타격을 받지 않고 지속되었다는 점도 주목할 필요가 있다. 1987년 7~9월 노동자 대투쟁같이 그 지속성을 위협할 수 있는 사건이 일어났는데도 불구하고 그랬다. 즉, 극우 반공 독재 국가의 약화는 민주화의 성공과 완성이 아니라, 민주화 운동의 새로운 길을 모색할 필요성을 제기한 것이었다.

개혁적 보수 정치의 등장과 극우의 주변화

민주화 운동으로 약화된 극우 반공 독재 세력은 김영삼이 대표하는 개혁적 보수 정치 세력의 등장으로 보수 정치의 중심에서 주변으로 밀려날 수밖에 없었다. 김영삼 정권은 거의 80% 중반에 달하는 압도적 다수의 국민적 지지를 받았던 개혁 드라이브를 통해 극우 반공 독재의 핵심이었던 군부 세력(하나회)을 숙청하고, 역사바로세우기 프로젝트를 통해 전두환과 노태우를 비롯한 군사쿠데타 세력(민주정의당 계열)을 법적으로 단죄하고 정치권에서 축출한다. 이로써 극우 반공 독재 세력은 1948년 분단 상황에서 단독정부가 수립된 후 40여 년 만에 처음으로 권좌에서 쫓겨나 정치적 주변 세력이 되었다. 군부 세력만 놓고 보면 박정희의 1961년 5. 16쿠데타 이후 30여 년 만이었다.

김영삼 정권과 같은 개혁적 보수 정치 세력은 어떻게 극우 독재 세력을 주변화할 수 있었을까? 또 그것을 가능케 한 집권은 어떻게 이뤄졌나? 이 물음들은 중요하다. 향후에도 귀환한 극우 세력을 주변화시키는 개혁 보수의 성공 요건이 무엇인지를 시사하기 때문이다.

개혁적 보수 정치 세력이 극우 독재 세력을 주변화할 수 있었던 이유는 네 가지다. 첫째, 그들이 민주화 운동 세력의 일원이었다는 정통성 덕분이다. 둘째, 민주화 이후 최초의 민간 출신 직선 대통령이라는 권위 때문이다. 적어도 이때까지 대통령의 권위는 높았다고 봐야 한다. 독재정권을 겪으며 최고 권력자의 위엄이 여전히 높았기 때문이기도 하고, 직선제 대통령제 자체가 민주화 운동의 목표였던 탓에 극우 반공 독재 시기의 유산 청산 등 민주개혁을 요구하는 국민적 열망이 대통령에게 집중적으로 투영되어 있었기 때문이다. 셋째, 김영삼의 단단한 리더십 때문이다. 민주화 운동 세력의 정치적 대표로서, 목숨을 걸고 선명 투쟁 노선을 표방하며 박정희-전두환 독재정권과 맞서 싸웠던 정치지도자 김영삼의 권위는 높았다. 또 오랜 세월 동안 야당 지도자로 군림해 오면서 탄탄한 지역적 지지 기반(영남)과 충성도 높은 추종자들(상도동계)을 보유하고 있었다. 넷째, 하나회 숙청과 금융실명제 도입, 전두환·노태우 군부 쿠데타 세력을 내란 사범으로 규정하고, 법적으로 단죄한 역사바로세우기 프로젝트 추진 방식에서 볼 수 있듯이 속전속결식 전략의 효과성이다.

극우 반공 독재 세력을 주변화시킨 게 김영삼 개혁적 보수 정치 세력의 주체적 역량이라면, 그가 집권에 이를 수 있었던 것은 역사적 과정을 통해 만들어진 구조적 환경 그리고 시대 및 정세의 영향도 컸다. 이는 단지 역량 있는 주체의 존재만으로 개혁 보수의 성공을 가져오는 것은 아니라는 것을 알려준다.

1987년 6월 항쟁으로 시작된 민주주의 이행기를 거치며 극우 반공 독재 세력은 외양상으로나마 독재에서 벗어나야 했다. 대통령 직선제를 통해 정권을 재창출하기 위해서라도 그래야 했다. 박정희 유신 때나 전두환 군부정권 때와 같은 억압적 통치 방식을 취해서는 다수 유권자의 지지를 얻어 정권을 재창출할 수 없었다. 그런데 극우 반공 독재의 계승자인 노태우 정권은 두 가지 도전에 직면했다. 하나는 한층 더 급진적이고 전투적인 민주 변혁운동의 개시였고, 다른 하나는 1988년 총선을 통해 조성된 여소야대 국면에서 전개된 김영삼(통일민주당), 김대중(평화민주당), 김종필(신민주공화당)이 이끄는 야당들의 공조였다. 이러한 도전에 직면한 노태우 정권이 꺼내 든 카드가 바로 3당 합당을 통한 보수대연합, 즉 민주자유당의 결성이었다. 이를 통해 다수 세력을 이루고, 정권 재창출의 기회를 확보하며, 급진적이고 전투적인 민주 변혁운동 탄압의 정당성을 확보하고자 했다. 그리고 궁극적으로 이를 통해 극우 반공 독재를 지탱해 왔던 분단 체제와 민중 배제적 성장주의 체제를 유지하면서 민주주의의 경계를 형식적이고 절차적인 수준에 그치는 것으로 제한하고자 했다. 그런데 흥미롭게도 이러한 선택이 1991년 5월 투쟁을 경과하면서 의도하지 않은 결과를 가져왔다. 김영삼이 대표하는 개혁적 보수 정치 세력에게 정권의 주도권을 넘기고 스스로를 주변화하는 것으로 이어진 것이다.

1980년대 말에서 1990년대 초 시기에 노동자들을 비롯한 민중들의 생존권 투쟁, 남북 학생 평화통일 회담 개최 시도를 비롯한 한반도 평화를 위한 투쟁, 전두환 5공 독재 청산 투쟁, 보수대연합 민주자유당 해체 투쟁 등에 대해 강경하게 대응해 온 노태우 정권에 대한 민주화 운동 세력의 도전이 거세게 이어지고 있었다. 민주화 운동의 길을 분단 체제와 민중 배제적 친재벌 대기업 성장 체제의 극복으로까지 이어가기 위한 투쟁이었다. 1991년 5월 투쟁은 그 선상에서 발생했다.

분단 체제와 민중 배제적 친재벌 대기업 성장 체제는 극우 반공 독재 세력의 존립 근거였다. 따라서 이 체제를 지켜내기 위해 노태우 정권은 강경하게 대응했다. 대응의 세기는 1987년 6월 항쟁 때보다 거셌다. 군대 동원도 검토했다. 극우 반공 독재로의 회귀 가능성을 살핀 것이다. 하지만 그와 같은 강경 대응은 위험했다. 투쟁 주도 세력이 요구하는 내용의 급진성과 투쟁의 강경함에 대한 위험 심리가 발동해 직접 투쟁에 나서지는 않았으나, 민주개혁 열망이 여전히 높았던 중산층을 비롯한 다수 국민의 지지를 얻을 수 없었던 노태우 정권은 재집권에 실패할 공산이 컸다. 방법은 하나였다. 정통성과 개혁성을 띠면서 다수 국민의 지지를 얻고 있어 당선 가능성이 높은 후보로 일단 정권을 재창출하면서 위험 부담을 줄이는 거였다. 그게 바로 김영삼과 그를 따르는 개혁 보수 정치 세력이었다. 김영삼 문민정부는 그렇게 탄생했다.

개혁적 보수 정치 세력이 성공하기 위해서는 집권 혹은 집권 가능성의 보유와 같은 큰 힘이 필요하다. 그런데 그 큰 힘은 개혁적 보수 정치 세력의 공간과 기회를 열어주는 민주화 운동 세력의 도전에서 시작된다. 극우의 귀환에 직면해 개혁 보수 정치의 복원을 모색할 때 염두에 두어야 할 사항이다.

극우의 정치적 귀환

민주주의 성공 신화의 허구성과 극우 귀환의 틈새

극우 반공 독재 국가를 약화시켰던 민주화 운동은 민주주의 성공 신화에 취해 도전자 특유의 힘과 진격의 의지를 상실한다. 극우의 정치적 귀환은 그 틈을 타고 이루어졌다. 문재인 정권 들어 세계에 자랑할 만한 민주주의를 이뤘다는 뜻을 가진 'K-민주주의'론이 유행했다. 대통령 권력을 사유화한 박근혜 정권을 시민의 힘으로 헌법적 절차에 따라 평화적으로 조기 퇴진시켰다는 '촛불 혁명'을 경험하면서 나온 담론이다. 최근에는 윤석열 정권을 같은 방식으로 쫓아낸 '빛의 혁명'을 거치며 다시 활성화되고 있다.

하지만 촛불 혁명은 윤석열 정권의 등장으로 꺼졌고, 빛의 혁명은 윤석열의 대통령 탄핵에도 불구하고 극우의 정치적 귀환으로 그 불빛이 희미해지고 있다. 그래서 물어야 한다. 혁명에도 불구하고 윤석열 같은 극우 지향적 정권은 어떻게 등장할 수 있었으며, 윤석열 정권의 퇴출에도 불구하고 국민의힘의 극우화와 친윤 계열의 주도권 유지, 탄핵 결정에 대한 불복, 내란 처벌의 거부와 지연 등은 어떻게 가능한 것인가?

나는 그 답을 1980년대 말~1990년대 초에 걸쳐 전개된 민주주의 경계 설정을 둘러싼 쟁투의 결과 형성된 소위 1987년 체제의 특성에서 찾고자 한다. 이는 극우가 귀환할 틈새를 주는 한국 민주주의 성공 신화의 허구성 혹은 한국 민주주의의 취약성에 관한 이야기다.

성공의 신화가 만들어질, 혹은 성공 신화를 남길 요소가 전혀 없지는 않다. 민주화 운동 세력이 목숨마저 내놓은 자기희생을 감수하면서 독재에 저항해 극우 독재 국가의 힘을 약화시키고, 주변화시킨 것은 분명 성공이고, 신화로 남길 만하다. 또 그 투사들을 도와주었을 뿐만 아니라, 광주 학살과 대학생 고문치사 같은 사건의 진상이 폭로되었을 때는 거리로 나와 극우 독재 국가의 부당성에 항의하며 민주주의를 요구했던 보통 사람들의 투쟁 역시 성공 신화로 삼을 만하다. 보통 사람들의 활약은 일회에 그치지 않았다. 박근혜 때도, 윤석열 때도 민주주의가 위기에 처했다고 여겨질 때면 어김없이 광장에 나와 민주주의를 지켰다.

　　그러나 그 민주주의는 극우라는 오염수가 침투할 틈이 많은 것으로 만들어져 왔다. 민주주의의 사회적 기반, 가치, 기능을 구조화하면서 배제와 제한, 왜곡과 훼손이 동반됐다. 노동에 대한 배제, 평등에 대한 제한, 자유의 가치에 대한 왜곡, 공공성의 훼손이 바로 그것이다. 이는 사회적 기반이 취약한 엘리트 혹은 자산 보유층, 중산층을 중심으로 한 선거 경쟁 위주의 민주주의, 사회적 약자에 대한 무관심과 무한경쟁-각자도생-승자독식이라는 규칙이 지배하는, 삶의 현실과 괴리된 민주주의, 사유화를 절대시하며 기득권층의 부와 권력을 제어하지 못하거나 더 키우는 공화적이지 못한 민주주의를 낳았다. 한 마디로 민주주의에 어울리지 않는 민주주의, 극우가 번창하기 딱 좋은 민주주의다.

　　노동에 대한 배제는 극우 귀환의 환경과 조건을 제공한다. 민주주의의 효용성을 체감하거나 민주주의를 구현할 수 있는 가장 유력한 경로와 방식을 가질 수 없어 민주주의가 왜 중요하고 좋은지 관심을 잃어버릴 수 있기 때문이다. 즉, 노동에 대한 배제는 일상적 삶의 과정, 특히 고용과 소득의 안정성 여부같이, 먹고 사는 생활 문제를 민주주의와 연결시키지 못하게 한다. 노동은 단지 경제성장과 기업 이윤 획득을 위해 통제해야 할 특정한 부류의 집단과 문제로만 인식된다. 그래서 노동이 민주주의의 핵심 주체이며 기반임을 자각하지 못하게 한다. 노조 가입과 활동을 통해 민주주의의 지속과 발전에 필요한 지식과 정보를 얻을 기회도 차단된다. 보통 사람들이 자신의 삶에서 직면하는 문제를 집합적 차원에서 해결하는 데 필요한 조직, 재화 및 관계 자원을 확보할 기회를 갖지 못하고 개인으로 원자화된다.

이와 관련해 집합적 차원에서 문제를 해결하기 위해 만들어진 노조 조직률과 민주주의 질적 수준은 정비례 관계가 있다는 사실을 주목할 필요가 있다. 노조 조직률이 높은 유럽, 특히 북유럽의 나라들은 높은 수준의 복지 민주주의를 성취했다. 노조의 힘과 사회적 역할은 민주주의 수준을 결정하는 데 중요한 변수이다. 물론 최근에는 유럽 여러 나라들에서 극우 정당이 집권하거나 유력 정당이 되면서 민주주의가 후퇴하는 모습을 보였다. 노조의 존재 자체가 극우화를 막아내지는 못한다. 노조 조직률이 여전히 높은 스웨덴(65.9%)에서조차 극우 정당(민주당)이 제2당이며, 영국(약 22%), 독일(17%)보다 노조 조직률이 높은 이탈리아(약 30%)는 극우 정당이 들어서 있다(조직률은 2024년 기준). 하지만 노조 전체의 극우화는 제한적이고, 노조 지도부 자체가 극우로 전환된 사례도 드물다. 노조는 여전히 반극우, 반인종차별, 민주주의 수호 입장을 공식적으로 유지하고 있다고 평가받는다.

이런 중에 유럽의 극우 정당들은 인종차별주의를 철회하고 파시즘과의 결별을 선언하는 등 탈악마화 전략을 취하고 있다. 노동자들의 극우 정당 지지가 늘어나기는 했지만 그것은 노동자들을 대표하는 계급정치의 후퇴로 인한 집합적 정체성의 약화, 즉 고립과 원자화의 결과이다. 노조 조직률 역시 2000년대 들어 현저하게 하락세를 겪어 왔다. 스웨덴은 70~80%대에서 60%대로, 독일은 30%대에서 16~17%로, 영국은 30%대에서 20%대 이하로 떨어졌다. 유럽 노동자 계급의 극우 정당 지지 역시 노동을 배제한 결과라고 볼 수 있다. 결국 노동 배제는 사람들이 무한경쟁, 각자도생, 승자독식을 삶의 원리로 수용케 한다. 타자를 경쟁이나 공포 혹은 전쟁 상대로 여기며 적대시하며 살게 한다. 이는 사회적 연대와 협력의 부재 속에 홀로 살거나 홀로 죽는 것을 의미한다.

우리 주변에는 산업재해로 생명을 잃은 노동자에 대해 이렇게 말하는 사람들이 있다. "그렇게 죽는 게 노동자 아닌가?" "노동자 하나 죽은 것 갖고 왜 난리지?" 중대재해처벌법이 기업 숨통을 조이는 반기업법이라고 주장하는 사람 중에 그런 이들이 있다. 노동자의 생명과 안전을 하찮은 것으로 여기는 이들이다. 노동 배제의 긴 역사와 1987년 체제의 통치성이 관철되어 노동 배제적 인식과 태도가 내면화되어 있는 이들이다. 그런 인식과 태도만으로 극우라고 할 수 없을지 몰라도, 그들은 극우 친화적이다. 생명과 안전에 있어서조차 사람을 차별하기 때문이다.

평등은 타자를 바라보고 대하는 시선과 원리이다. 타자를 서로 함께 존중받아야 하는 인간이자 시민으로 보고 대하는 것을 평등이라고 한다. 이런 의미에서 평등은 도덕적 가치다. 그런데 노동에 대한 배제는 평등이라는 도덕적 가치의 중요성과 함께 필요성마저 삭제한다. 타자의 존재를 부정하고 타자에 대한 차별을 정상적인 것으로 받아들이는 환경과 조건이기 때문이다. 기껏해야 기회의 평등 정도만 인정한다. 누구나 경쟁하고, 승자가 될 기회가 있다는 식의 사고다. 사람들은 태어날 때부터 부와 권력의 소유 정도는 서로 다르다는 조건을 고려치 않은 평등관이 우리 사회를 지배한다. 그래서 조건을 평등하게 하려는 사회적 노력은 오히려 불공정하다고 본다. 이런 시각에 따르면 조건의 다름, 즉 격차는 자신의 능력으로 극복해야 할 문제이기에 국가가 격차 해소를 위해 복지를 제공하는 것은 경쟁의 공정성을 해치는 인위적 개입이 된다.

극우는 평등을 반대한다. 결과와 조건의 평등은 물론이고, 모든 인간은 평등하게 태어났다는 본원적 평등도 인정하지 않는다. 다른 인종에 대한 평등은 물론이고, 양성평등도 반대한다. 결과와 조건의 평등은 빨갱이들-공산주의자 혹은 사회주의자-의 주장이라고 생각한다. 반공주의는 이때에도 작동한다. 극우도 기회의 평등은 인정할 때가 있는데, 그건 빨갱이들이 부와 권력을 추구할 기회를 장악하고 있다고 여겨질 때, 즉 자신들의 세력이 약하고 주변화되었다고 여길 때이다. 사실 그들은 빨갱이들이 자신들과 동등한 기회를 제공받아서는 안 된다고 생각한다. 그들은 인간도 아니고, 동료 시민도 국민도 아니기 때문이다. 자유 역시 마찬가지다. 자유는 오로지 자신들과 같은 극우들만 누려야 할 권리다. 즉, 그들은 자유도 불평등해야 한다고 믿는다. 빨갱이들은 자유시장과 기업과 사적 소유제를 망치고 위협하는 자유 반대자이자 파괴자들이기에 자유를 누릴 자격이 없다. 윤석열이 자유를 강조하며 종북주의 체제 전복 세력을 소탕해야 한다고 반복해 주장하며 불법 비상계엄까지 한 것은 그러한 인식에서 기인한다.

한국의 민주주의는 노동을 배제하고 평등과 자유를 제한하고 왜곡했다는 의미에서 불평등 민주주의다. 불평등 민주주의는 민주주의의 정의에 따르자면 잘못된 수사다. 민주주의는 개념 자체가 아무것도 아닌 자, 부와 권력을 보유하지 못한 자들이(도) 평등한 주권자임을 전제로 하는 생각과 체제이기 때문이다. 백성 민民자는 쟁기를 쥐고 노동하는 사람 혹은 정복당해 두 손이 묶인 채로 끌려가는 패배자의 형상이다. 그런 민이 주권자임을 뜻하는 민주주의는 그래서 전복적이고 무서운 이념이자 질서다. 그런데도 민주주의가 근·현대 문명의 바람직한 혹은 이루고 지켜야 할 생각과 체제, 즉 이념과 질서의 모델이 된 것은 민주주의가 '공화共和'를 지향하고 가져올 것이라는 기대 때문이다. 즉 차별을 낳는 지배와 피지배의 관계를 해소하고 서로 견제하면서도 조화를 이루며 함께 살아갈 원리이기 때문이다. 그런데 한국의 민주주의는 극우 독재를 약화시키고 주변화하는 효과를 가져오기는 했지만, 인민의 주권을 실질화하면서 공화의 결과를 가져오지는 못했다. 특정 계급과 세력의 부와 권력에 대한 사유화와 독점을 용인하면서 공공성이 훼손되는 것을 막지 못했다. 그래서 K-민주주의라는 성공의 신화도 만들어졌지만, 불평등을 내장하고 있다는 점에서 한국의 민주주의는 엄격히 말해 민주주의라고 하기에는 부족하다. 그런데도 한국을 민주주의라고 한다면, 이는 극우 반공 독재 국가의 억압에서 벗어났다는 의미에서다. 하지만 공화를 가져오지 못한 불평등의 현실에 놓여 있음을 감안할 때, 그냥 민주주의라고만 부를 수 없기에 불평등 민주주의라는 말을 쓰는 것이다.

불평등 민주주의는 극우가 자신들의 차별적 세계관과 인간관이 전혀 이상하게 느껴지지 않을 그런 민주주의다. 자신들이 민주주의자가 아니라는 사실을 자각하기 어려운 민주주의라는 말이다. 그걸 알아차렸다 해도 자신들을 극우라 부르는 것은 빨갱이들의 음모라고 몰아붙일 수 있는 그런 민주주의다(그들이 길거리에 걸어 놓은 현수막을 보라). 그래서 자신들을 비판하고 내란을 심판하는 행위를 독재라고 갖다 붙일 수 있는 그런 민주주의다. 한마디로 극우의 존립 기반과 가치체계의 유지를 허용하는 민주주의다.

문제는 불평등 민주주의를 넘어서서 본연의 민주주의를 이루며 극우의 존립 기반과 가치체계를 해체하는 사회운동적 실천이 미약했다는 데에 있다. 김영삼-김대중-노무현 정권으로 이어지는 정치사적 흐름은 민주화에 성공했다는 (의도적) 착각에 빠져들게 했다. 또 한국은 분단 체제 아래에서 극우 반공 세력이 정치·사회적으로 엄연히 존재한다는 사실을 망각하게 했다. 민주화 운동 주도자들의 상당수가 그들 정권에 참여했고, 제도 정치인이 되었다. 민주화 운동의 에너지가 제도정치권의 선거 게임으로 빨려 들어갔다. 그런 중에 노동운동을 포함한 기층 민중(운동)과 거리를 두었을 뿐만 아니라, '시민 없는 시민운동'으로 불리는 학계와 법조계 등 제도권 전문가 주도의 권력 감시가 사회운동을 주도하게 되었다. 이들은 경제민주화 운동을 펼치기도 했다. 재벌 지배구조 개혁(순환출자 규제, 소유·경영 분리)과 금융·회계 투명성 강화(금융감독 강화 등)를 위한 제도의 도입, 실시를 요구했다. 금융감독원이 출범하고, 소액주주권이 확대되었으며, 공정위 권한이 강화되었고, 재벌의 지배구조 문제 등이 공론화되는 성과를 거두기도 했다. 하지만 거기까지였다. 재벌의 압도적인 경제 권력 집중이 여전히 지속되는 등 한계가 명확했다. 경제민주화를 향한 대중적 열망을 모으고 분출시키지 못했다. 결국 기업의 사회적 책임성(공공성)을 강화하지 못했고, 노동과 평등에 대한 배제는 계속되었다. 합리적 개혁 노선과 정책과 제도의 도입만으로는 또 그것을 지향하는 세력의 정치권 진입과 선거 승리만으로는 경제민주화를 이룰 수 없음을 간과한 결과였다. 경제민주화는 극우 반공 독재를 약화시켰던 민주화 운동처럼 제도-비제도 영역을 아우르는 거대한 대중의 변혁적 에너지의 분출을 통해 정치·사회적 힘의 관계를 바꿔내야만 가능하다는 것을 잊거나 외면한 결과였다.

개혁 보수의 사멸과 국민의힘의 극우화

극우 세력을 주변으로 밀어냈던 개혁 보수의 사멸은 극우의 정치적 귀환이 가능했던 가장 직접적인 이유다. 극우 제어의 우선적 단계인 집안 단속에 실패했음을 의미하기 때문이다. 개혁 보수는 김영삼 정권 초기의 전성기를 지나 지속적으로 약화의 길을 걷는다. 개혁 보수는 김영삼 이후 자신들을 대표할 리더십도, 독자적이고 유의미한 지지 기반과 조직(계파 혹은 파벌)도 딱히 갖지 못한 채, 신한국당 → 한나라당 → 새누리당 → 자유한국당(바른정당-바른미래당) → 미래통합당 → 국민의힘으로 이어지는 (극)우파 보수정당 계열을 따라 부유한다. 그 와중에 박근혜 탄핵을 거쳐 윤석열 정권에 이르러서는 존재감마저 잃는다.

이명박 정권이 들어서면서 개혁 보수는 담론정치 차원에서도 경쟁력을 확보하기 어려운 상황을 맞이한다. 이명박 정권은 미국산 쇠고기 수입 반대 촛불집회를 거치면서 자신에 대한 비판과 반대에 배후가 있고, 그 배후는 좌파 선동 세력이라며 몰아갔다. 이즈음에 대안 미디어 소비가 증가했는데, 극우 성향의 온라인 커뮤니티도 활성화되었다. 이들은 자신이 지지하는 이명박 정권을 좌파 선동 세력이 판치는 민주주의 체제의 피해자 자리에 놓았다. 공영방송 장악을 위한 이명박 정권의 언론 통제 정책에 극우 보수 성향층만이 아닌, 야당 지지층에서도 대안 미디어와 온라인 커뮤니티가 활성화되기 시작했다. 이들 역시 극우 성향층과 마찬가지로 진영논리와 정파적 편견과 적대감을 조장하고 동원하기 시작했다. 서로를 더욱 미워하고 증오하며 싸우다가 닮는 방식으로 더욱 죽자사자 계속 싸우는 정서적 양극화와 적대 정치의 시대가 본

격화되었다. 이런 시대에서 합리성을 무기로 삼는 개혁 보수의 입지는 취약할 수밖에 없다.

박근혜 정권은 친박, 진박 논란을 벌이며 자신에게 충성심을 보이지 않는다는 이유로 개혁 보수를 보수 정치의 세계에서 추방했다. 그런데 박근혜 정권의 몰락 이후 아이러니하게도 극우가 본격적으로 재등장했다. 극우는 광장과 거리로 뛰쳐나와 민주공화제의 사법적 근간을 부정하고, 박근혜 탄핵을 요구하는 민주시민과 정치 세력을 좌파 빨갱이로 몰았다. 태극기 부대가 바로 그들이다. 극우에게 박근혜 탄핵은 대중 동원의 강력한 '정동적' 계기였다. 박근혜는 극우 세력이 공유하는 시간의 고향을 상징하는 박정희의 딸로서 역사적으로도, 정서적으로도 극우와 가장 가까운 정치적 아이콘이다. 그런데 그런 박근혜를 좌파 빨갱이라고 여겨지는 야당을 비롯한 정치·사회 세력들이 주도해 탄핵하자 반발 심리가 커진 것이다. 이런 상황에서 박근혜 탄핵에 찬성했던 개혁 보수는 보수 정치의 배반자로 낙인찍히고 존재감을 드러낼 기회마저 차단당한다.

극우는 단지 광장과 거리로만 뛰쳐나온 게 아니다. 2016년 총선을 기점으로 극우의 독자적 정치 세력화가 시작된다. 기독교 극우파 전광훈의 기독자유당(기독자유통일당 → 국민혁명당 → 자유통일당, 이하 자유통일당)이 만들어져 총선에 참여하기 시작한 것이다. 자유통일당은 2016년 총선에서 정당 득표율 2.63%를 얻는 데 그쳐 원내 의석 확보에는 실패했다. 하지만 만만하게 볼 득표가 아니다. 수치만으로 단순 비교할 것은 아니지만, 한국에서 대표적 진보정당인 정의당의 뿌리 격인 민주노동당이 원내 진출 이전 지지율이 대체로 2%대였음을 감안하면 그렇다. 2024년 총선에서 자유통일당은 2.26%였는데, 녹색정의당(정의당+녹색당)은 2.14%였다. 현재 원내 의석을 보유한 군소 정당들(진보당 4석, 사회민주당 1석, 기본소득당 1석, 개혁신당 3석)의 평소 지지율과도 별반 차이가 없다. 12석을 차지한 조국혁신당도 겨우 3%에 머물러 있다(2025년 12월 12일 현재 기준).

박근혜 탄핵과 2017년 대선을 거치며 보수 정치 세력이 분열과 통합을 반복하는 과정에서 현재의 국민의힘이 만들어졌다. 이 과정에서 국민의힘은 극우화의 길을 걷게 되는데, 그 결정적 계기가 된 것이 바로 2022년 대선이다. 2022년 대선에서 윤석열이라는 괴물을 영입해 정권을 차지한 국민의힘은 개혁 보수의 에너지를 완전히 탕진하고 결국 그 괴물에 의해 극우화의 길을 걷는 중이다. 국민의힘은 윤석열을 영입해 대통령 후보로 선출하고 대선을 치르는 과정에서 극우 세력과 점점 더 강하게 연결되었다. 일단 극우 지지층에서 윤석열 지지로의 자발적 결집이 이루어졌다. 극우 유튜브와 커뮤니티에서 윤석열을-박근혜를 계승 혹은 대체할-'체제를 바로 세울 지도자'로 규정했다. 국민의힘은 집권 후 극우와 접점을 늘려가는데, 2024년 총선을 경과하면서는 황교안식 부정선거론마저 수용했다. 그것도 다름 아닌 대통령이 그리했다. 윤석열은 야당을 반국가 세력으로 간주했다. 국민의힘은 대통령의 이런 극우화를 저지하지 못하고 자신 역시 극우화의 길을 걷기 시작했다.

국민의힘의 극우화는 12.3 사태 이후 더 극명하게 드러난다. 당내 주류 친윤계 주도로 국회의 계엄 해제 표결에 불참했다. 오히려 비상계엄 선포를 정당화하고 탄핵 불가 당론을 강고하게 유지했다. 국민의힘 의원 중에 윤석열 탄핵소추에 찬성한 것은 11명에 불과했다. 전체 소속

의원의 11%에 불과하다. 박근혜 탄핵소추 때는 48%인 62명이 찬성했다(비공개·무기명 투표인 이유로 추정치). 윤석열 구속을 가로막고 서울 서부지방법원을 침탈한 이들을 친윤계 의원들은 애국시민으로 칭했다. 그들 스스로도 윤석열 구속을 저지하기 위한 방탄 대오에 가세했다. 21대 대선 국민의힘 후보였던 김문수는 극우 세력의 대표 격인 전광훈을 자유민주주의의 수호자라며 옹호했다. 대선 패배 후 대표로 선출된 장동혁은 "우리가 황교안"이라며 부정선거론자를 옹호했다. 또 "아스팔트 극우 세력을 부끄러워할 이유가 없다."며 극우와의 연대를 표방하고 있다. 12.3 사태 1년을 맞이하면서는 대국민 사과를 하고, 윤석열과 절연해야 한다는 당내 요구를 거부했다. 그런 중에 윤석열은 한국사 강사 출신 극우 유튜버 전한길에게 보낸 옥중 편지에서 그를 "하나님 선물"이라고 했다.

여론조사 전문 기관인 리서치뷰가 2025년 11월 28~30일까지 3일간 전국 만 18세 이상 성인남녀 1,000명에게 자동응답 전화 방식으로 실시한 여론조사에 따르면(내일신문 2025년 12월 2일 자), 보수 성향 유권자 중 윤석열의 12.3 비상계엄이 적절했다는 의견이 60.5%에 달했다(매우 적절 : 45.7%+대체로 적절 : 14.8%). 국민의힘 지지층에서는 68.8%가 적절하다고 봤다(매우 적절 : 49.4%+대체로 적절 19.4%). 국민의힘의 공식 사과 요구에 대해서도 보수 유권자 중 63.3%가 동의하지 않았다(대체로 비동의 16.6%+전혀 비동의 46.7%). 국민의힘 지지층에서는 무려 74.9%가 동의하지 않았다(대체로 비동의 19.3%+전혀 비동의 55.6%). 어떻게 김문수가 41.15%나 얻었는지, 또 어떻게 같은 당 정치인이었던 이준석의 8.34%까지 합치면 49.49%가 되어 이재명(49.42%)

을 다시금 근소한 차(0.07% 포인트)로 누르고 승리할 수도 있었던 것인지 그 이유를 짐작케 한다. 이는 국민의힘의 극우화가 단지 몇몇 정치인들의 이유 없는 반항과 일탈이 아님을 시사한다. 대중적 기반을 일정하게 갖춘 이유 있는 행보인 것이다. 국민의힘 소속 지역구 국회의원 90명 중 59명(65.6%)이 영남권 의원이다. 지난 대선에서 대구 경북과 부산 경남의 선택은 여전히 국민의힘이었다. 부산을 제외하면 국민의힘이 압도적 우위를 점하고 있다. 부산의 11.25% 포인트 격차가 비교적 작은 편일 정도다. 국민의힘은 지역 기반이 아직도 탄탄하다. 이 지역은 알다시피 보수 성향이 강하다. 바로 그 보수 성향 다수가 12.3 비상계엄을 적절했다고 보고 있으며, 그에 대해 사과할 필요도 없다고 본다. 이들이 모두 극우는 아니다. 하지만 극우화의 길을 걸어도 그런 지지를 보내준다. 국민의힘의 극우화는 언제까지일지는 모르지만, 꽤 강한 지속의 힘을 갖고 있다.

두 가지 길의 복원과 시민 정치 지성의 모색

국민의힘의 극우화 과정은 유럽 극우 정당과는 다른 특성을 보여준다. 유럽 극우는 독자적 정치 세력으로 긴 시간에 걸쳐 성장했다. 이 과정에서 탈악마화 전략을 구사하며 체제와 제도 안의 세력으로 자리 잡았다. 나름의 순화 과정을 거치며 성장한 것이다. 하지만 한국은 그렇지 않다. 양대 정당 중 하나로 여전히 집권 가능성을 보유하고 있다고 봐야 할 국민의힘을 통해 영향을 끼치고 있다. 이는 한국 정치에서 극우에 대한 제어가 매우 시급한 문제임을 알려준다. 극우는 어떻게 제어할 수 있을까? 묘책은 없다. 역사 과정에서 극우의 힘을 약화시키고, 주변화시켰던 민주화 운동과 개혁 보수의 길을 복원하는 수밖에 없다. 따라서 문제는 어떻게 복원할 것인가이다. 나는 민주주의의 개념적 의미를 확장하고, 기성 정치 세력의 혁신을 유도하는 시민의 정치 지성에서 찾아야 한다고 생각한다. 시민 정치 지성의 발현을 위해서는 우리가 겪었고, 처해 있는 역사와 현실에 대한 세 가지 물음에서 시작해야 한다.

첫째, 왜 주기적인 시민의 사회운동적 저항(촛불 혁명, 빛의 혁명)에도 불구하고 불평등은 지속됐고, 심화되었는가?

둘째, 왜 사회운동적 저항은 늘 '부당한 대통령 권력'을 문제 삼는 것에 집중되었는가?

셋째, 왜 시민들은 늘 부당한 대통령 권력의 응징 후 곧바로 기성 제도에 순응하는 양상을 띠며 일상으로 돌아갔는가?

나는 이들 물음에 대해 아래와 같이 답하고자 한다.

첫째, 저항의 무의식적 지향 가치가 평등의 구현이 아니기 때문이다. 또 늘 저항이 특정 사건에 대한 반응의 차원에서 발생하는 방어적이고 수세적인 성격을 띠기 때문이다. 즉, 유토피아(평등한 세상)의 건설이라는 목적의식을 갖고 꾸준하게 벌여나가는 사회운동이 아니기 때문이다. 그런데도 촛불 혁명, 빛의 혁명이라는 찬사와 호칭을 성급하게 부여하며 사회운동적 저항의 종결 및 성공 기준을 협소하게 설정했기 때문이다. 이는 한국의 민주주의를 더 진전시켜야 할 미완의 것이 아니라, 이미 완성되어 지키기만 하면 되는 것으로 여기고 있는 데서 기인한다.

둘째, 대통령 권력의 정당성 문제에만 초점이 맞춰져 있는 민주주의 관점과 성격의 제한성 때문이다. 사회경제적 강자의 독식과 횡포에 대한 감시와 견제 그리고 정정이야말로 공화의 결과를 가져올 민주주의의 본령이며, 그것을 위한 사회운동적 저항이 필요한 삶의 현실에 놓여 있음을 적극 조명하지 않은 것이다.

셋째, 사회운동적 에너지의 정치적 확장체인 새로운 도전자 정치 세력의 미약함 때문이다. 진보든 보수든 보통 사람들이 기성 정치 세력을 압박해 사회경제적 개혁을 지속적으로 추진케 하면서 평등을 구현하는 길로 나아가게 하는 정치적 수단이 부재한 것이다. 그래서 불가피하게 기성 정치 세력 중 하나를 선택하는 것으로 시민의 정치적 자기 결정권을 행사할 수밖에 없는 것이다.

난 한국의 민주주의를 '마지노선 민주주의'라고 정의한다. 형식과 절차의 운용에 의존해 국가권력, 특히 대통령 세력의 사익 추구에 대해서만 문제 삼고 대중 운동적 에너지가 분출됨으로써, 사회경제적 쟁점과 갈등은 고스란히 개인과 시장의 몫으로만 남고, 약자들은 비자유적 자유, 즉 굶어 죽을 자유만 갖는다는 의미에서 그렇게 규정했다. 이때 마지노선은 일상에서는 최후 방어선의 의미로 쓰이지만, 더 중요한 군사적, 정치적 의미는 엉뚱한 곳에 최후 방어선을 쳐놓고 있다가 다른 경로로 침투한 적에게 다 내주고 패망한다는 어리석음이다. 그래서 마지노선 민주주의는 한국 정치적 맥락에서는 민주주의의 핵심 본질인 '민民'의 사회적 부의 배분에 대한 결정권 신장의 문제는 방치하고, 대통령 권력의 선한 혹은 악한 행사 같은 형식에 대해서만 열을 올리다가 정작 민의 배제와 소외를 방관해 민주주의가 파탄을 겪고 있음을 개념화한 것이다.

박근혜와 윤석열은 다행히도 쳐놓은 방어선인 마지노선을 넘어오려고 해서 막아낼 수 있었다. 그런 의미에서 독일의 침략을 막아내지 못한 프랑스의 마지노선과 달리 한국 민주주의를 지키기 위한 마지노선은 역할을 잘했다고 할 수 있을지 모른다. 하지만 계속 잘 지켜낼 수 있을까? 극우가 정치적으로 귀환한 시대에 민주주의의 적은 우리의 눈에 띄는 마지노선으로만 넘어오려고 할까? 우리가 이미 일상에서 목도하고 있는 강자의 약자에 대한 일상적 배제와 차별, 배웠다고 하는 사람들의 부정선거에 대한 믿음과 독재의 필요성에 대한 동의 등은 미처 방어선을 치지 못한 곳으로 민주주의의 적들이 이미 넘어와 우리의 이웃으로 살고 있음을 알려주고 있는 것 아닐까? 그래서 윤석열이 탄핵에도 불구하고 당당하게 버티고 있고, 국민의힘이 친윤의 극우화 노선을 고수하고 있는 것 아닐까? 심각하게 묻고 살펴야 할 문제다.

민주주의의 개념과 의미를 재구성해야 한다. 민주주의는 평등을 구현하기 위한 사회권 보장이라는 의미가 되어야 한다. 민주주의가 '정의justice'라면 바로 평등을 진작하기 때문이다. 평등의 구현을 한국 사회의 발전단계에 부합하는 사회적 목적으로 설정하는 것으로 나아가야 한다. 정당과 사회운동 주체들은 이를 공적 의제로 설정하고 담론과 정책도 만들어 내야 한다.

이때 주목할 움직임이 있다. 사회경제적 약자들, 특히 노동 약자를 보호하고 권리행사의 보장을 위한 정치·사회적 실천이 그것이다. 노란봉투법과 중대재해처벌법 제정 등을 요구하고 끌어냈던 시민의 직접 행동을 활성화하고 일상화해야 한다. 정당들은 그와 같은 시민의 직접 행동을 조직적으로 지원하는 것에 집중해야 한다. 그 과정에서 보통 사람들의 삶의 현실에 밀착한 새로운 리더십 자원도 발굴할 수 있다. 여기서 민주화 운동 길의 복원을 시작해야 한다. 그래야만 사회경제적 약자도 정치에 관여할 시간과 역량을 가질 수 있다. 사회경제적 약자가 정치적 자기 결정권을 행사하게 되면, 삶의 고통 해소를 위한 사회적 부와 권력의 배분과 무관한, 정치 고관여층이 주도하는 소모적인 적대 정치도 완화하고 해소할 수 있다. 또 자산 보유층의 사익 추구가 국가 정책에 미치는 과도한 영향도 제어할 수 있다. 한마디로 압축해 표현하자면, 정치의 민중성 강화라고 할 수 있다. 민중성 강화는 그야말로 민주주의의 본령이다.

민주주의의 개념적 의미의 경계를 확장하는 실천을 단지 진보 정치에만 요구할 필요가 없다. 보수 정치에도 요구해야 한다. 아니 보수 정치를 향해 먼저 요구해야 한다. 이를 통해 개혁적 보수 정치 세력의 공간을 열어줘야 한다. 극우가 정치 주류로 귀환한 현실이라 특히 그렇다. 시민 스스로가 개혁적 보수주의자가 될 수도 있다. 개혁적 보수 정치인들은 극우에게서는 배신자라는 오명을 썼지만, 정치적 지성을 가진 시민에게서는 민주공화주의자라는 칭찬을 들어야 한다. 평등을 진작하라는 요구에 응답하는 보수 정치인과 세력은 지지해 줘야 한다. 그래야 이름만 민주-진보인 정치인과 세력도 혁신의 길로 유도할 수 있다.

어쩌면 중도 보수 노선을 천명한 이재명 정권이 그 운동의 장과 개혁 보수의 공간을 새롭게 열어주고 있는지도 모른다. 하지만 개혁 보수를 지향하는 시민들이 그리 생각하고 있는 것 같지 않다. 이재명 정권은 한국의 정치 인식 지형에서 어쩔 수 없이 민주-진보파다. 그래서 그는 결국 민주-진보의 의미를 중도 보수적으로 재구성할 수 있을 따름이다. 결국 개혁 보수 노선을 체화하고 투영하는 새로운 인물과 조직과 정책이 따로 나와야만 하고, 그에 대한 별도의 지지층이 생겨야만 한다. 그래야 개혁 보수의 공간과 운동의 장이 마련될 수 있다.

민주화 운동의 길과 개혁 보수의 길을 복원하기 위한 시민의 정치 지성은 세 가지 사항을 전제해야 한다.

첫째, 기성 정치는 사회적 차원에서의 압력과 도전이 없으면 결코 달라지지 않는다. 민주화 이후라는 시대의 특성으로 제도 정치의 우선성을 내세우고, 사회운동을 비(제도)정치 혹은 반(제도)정치적인 것으로 여겨 소홀히 하는 인식과 태도는 관념적이다. 오히려 거꾸로다. 민주주의를 지속적으로 민주화하기 위해서는 기성 정치의 기득권과 지위를 박탈하고 위협하는 대중운동적 에너지의 분출이 기본이다. 민주화 이후 선거 게임에 몰두하고 각종 법제에 의해 굴러가는 제도 정치는 결코 사회적 약자들의 처지와 생각의 반영 그리고 사회적 강자 집단과의 힘 관계의 역전을 선도할 수 없다. 이미 정치 안에 들어와 있는 강자 집단의 눈치를 살피며 정략적 유불리를 따져야 하기 때문이다. 군소 약체 정치

세력인 진보정당을 제외하면 중대재해처벌법과 양성평등법 제정에 적
극적인 기성 정치 세력이 없다는 건 기성 정당 정치인들이 나쁜 놈들이
어서라기보다, 제도 정치 현실이 그런 식이기 때문이다. 그런 현실에의
순응 정도를 제어하는 게 바로 사회운동적 실천이다. 변화를 지향하게
끔 강제할 뿐만 아니라, 변화를 지향하는 정치인들의 명분과 입지를 마
련해줄 수도 있기 때문이다.

　　진보 정치 일각에서 벌였던 사회운동 정당이냐, 제도 정당이냐의
이분법적 논쟁은 유치하다. 도전 세력은 정세 상황에 따라 사회운동적
이어야 할 때도 있고, 제도 정당적이어야 할 때도 있다. 문제는 정세
판단과 가장 효과적인 전략의 선택이다. 제도 정당의 형태를 띠어 도전
하는 것과 사회운동의 형태로 도전하는 것 중 어느 것이 더 효과적일지
상황에 맞는 전략을 고민하면 된다. 어떤 때는 기성 정당 가입 혹은 탈
퇴를, 또 당비와 후원금 제공 여부를 수단 삼아 기성 정당을 도구화하
고 활용해야 할 때가 있다. 다른 어떤 때는 아예 기성 정당의 해체 운동
을 펼치거나 새로운 도전자 정당을 만들어야 할-혹은 만들 수 있을-때
도 있다.

　　둘째, 그 압력과 도전이 제 정치 세력의 혁신 경쟁을 촉발하는 쪽
으로 작용해야 한다. 특히 독자적인 도전자 정당을 조성하기가 쉽지 않
은 상황에서는 더욱 그렇다. 시민의 입장에서 누가 선거에서 이기고 지
느냐보다 더 중요한 건, 정치가 지금과 달리 진영으로 나뉘어 소모적인
갈등을 벌이는 것을 지양하고, 그 정치의 결과로 내 삶의 형편이 나아
지는 것이다. 이를 시민 정치 참여의 목적과 명분으로 삼을 때, 기성 정
치에 대한 압력과 도전을 진영과 정파를 가로지르는 집단적이고 조직적

인 운동으로 만들어낼 수 있다. 또 기성 정치 세력의 자기 혁신에 대한 유인책으로 삼을 수 있다. 기성 정당에 대해 평등을 진작할 수 있는 개혁 정책의 제안 운동을 활성화하고, 그것에 친화적인 환경의 조성을 위해 기성 정당의 지도부와 공직자 선출과 그것을 위한 제도의 결정 과정에도 적극 관여해야 한다. 이는 팬덤 양상을 띠는 정치 고관여층의 주된 참여 행태를 넘어서기 위한 것이기도 하다.

셋째, 그 혁신 경쟁의 결과가 특정 정치 세력의 선거 승패가 아니라, 시민 주권의 증진에 기여하는 데 초점이 맞춰지도록 해야 한다. 특히 사회적 부의 배분에 관한 시민의 자기 결정권을 증진하는 것으로 만들어야 한다. 평등을 진작하고 구현하기 위한 사회권 신장은 단지 기성 정치 세력이 주도하는 시혜적인 예산 정책 등의 조치로 해결할 수 있는 성질의 문제가 아니다. 시민 스스로가 보통 사람으로서 자신의 처지에 입각해 서로 다른 이들과의 사회적 토론과 합의를 통해 직접 결정할 때 이루어질 수 있는 문제다. 즉, 시민 스스로가 민民의 관점에서 정책 과제의 우선순위도 결정하고 그 정책의 내용 구성에도 결정권을 행사할 수 있어야 한다. 이런 관점에서 기성 정치 세력 간의 혁신 경쟁이 단지 득표 경쟁력을 높이기 위한 외양적이고 형식적인 것에 그치지 않게끔 해야 한다. 사회적 부의 배분에 관한 보통 사람들의 결정권을 증진하기 위한 사회적 토론과 합의의 장을 마련하고, 그에 대한 지원을 유도하는 것이어야 한다.

2030 남성 세대 논쟁에 대해

이 글의 첫 부분에서 언급했던, 우리들 이웃 중 하나인 2030세대, 특히 2030세대 남성들의 극우화(론)와 관련해 거론하고 글을 마치고자 한다. 이 문제는 시민 정치 지성의 현재적 발현은 물론, 미래 지속성과 관련해 매우 중요한 이슈이기 때문이다.

2030세대 남성들 중 소수가 극우 혹은 보수화의 경향을 보이기는 한다. 하지만 양승훈이 「2030 남성 프레임 전쟁」[+]에서 잘 보여주고 있는 바와 같이, 2030세대 남성들 중 다수는 여전히 민주주의를 지지한다. 불법 비상계엄에 반대하고 부당한 권력을 행사한 대통령의 탄핵에도 찬성했다. 다만 이들은 스윙보터의 특성을 보인다. 이런 현상은 진보도 보수도 그들의 요구에 응답하지 않기 때문에 나타나는데, 보수는 '세대포위론'과 '역차별론' 등의 언어로 말을 걸어주기는 했어도 선거 승리를 위한 정략 차원일 뿐이었다. 진보는 그런 정략적 말걸기조차 없다. 그저 2030세대를 몰아세우고 꾸짖기만 한다. 심지어 '(반페미) 이대남 vs (페미) 이대녀', '극우 청년(남성) vs 응원봉 청년(여성)' 같은 허구적인 대립 구도를 공식화한다. 2030세대 남성들이 어떤 처지에 놓여 있는지 살피지도 않은 채, 진보적일 수 있는 기회도 유인도 주지 않은 채, 자신들(민주-진보 계열 정당들)을 지지하지 않았거나 '나쁜 놈'들(국민의힘 계열 정당)을 찍었다고 비난만 한다.

[+] 신진욱·이재정·양승훈·이승윤이 함께 쓴 『광장 이후』(문학동네, 2025)에 수록되어 있다.

"

양승훈은 2030세대 남성들이 반페미적 정서를 띠는 것처럼 보이는 것, 때때로 민주-진보 계열 정당들을 지지하지 않는 것, 이준석의 세대포위론에 동조한 것 등이 '이유 있는 선택'임을, 그들의 삶의 맥락을 짚어주며 알려준다. 가장 핵심적인 이유는 불안정노동으로 몰려 생계부양자 되기가 어려운 사회경제적 처지의 곤궁함과 고단함, 그리고 훈계를 일삼는 꼰대 기득권층(특히 586세대 정치인들)에 대한 반감이다.

이런 2030세대 남성들의 처지를 감안할 때, 또 그들을 대하는 정치의 현실을 감안할 때 앞서 제기한 '시민 정치 지성의 세 가지 전제'는 유효할 뿐만 아니라, 절박하기까지 하다. 2030세대 남성들의 삶의 맥락을 이해하기 위한 노력도 하지 않은 채, 그저 극우화된 자녀 세대의 잘못된 신념을 바로잡는다며, 실제로는 당파적 편견의 강권으로 귀결되는 계몽주의적 꾸짖음의 대상으로 삼거나, 단순한 표밭으로 대하는 정치는 바뀌어야 한다. 그냥 바뀌면 되는 게 아니라, 2030세대 남성들의 주권자적 위상과 역할을 존중하며 그들 스스로가 자기 삶의 처지를 개선할 수 있는 권한과 책임을 갖는 방향으로 바뀌어야 한다. 특히 사회적 부의 배분에 핵심적인 불안정노동과 그에 따른 불평등 문제를 의제로 삼아 해법을 도모할 수 있도록 만들어야 한다. 이런 의미에서 청년들에게 정치가 제공해야 할 것은 일자리가 아니라, 권력의 자리(실질적 주권자의 자리)다. 궁극적이고 지속적인 극우 세력 제어를 위한 민주화 운동의 길도, 개혁 보수의 길도 모두 이 방향으로 모여져야 한다. 하지만 정치는 자기가 먼저 바뀌지 않는다. 혁신 경쟁을 유도하고 촉발하는 시민들의 압력과 도전이 있어야 한다. 당파성마저도 민주공화적 질서의 유지와 발전을 위한 것으로 귀결되도록 하는 압력과 도전이어야 한다.

서로를 돌보며, 서로가 주체가 되어 조화를 이루어 살아가기 위한 압력과 도전이어야 한다. 2030세대 남성들의 극우화라는 문제의 진짜 의미는 그 압력과 도전의 필요성과 시급성을 다시금 일깨워 준 데 있다.

3장

일상은 어떻게 극우를 탄생시켰나?

한국 극우의 탄생과 발육 과정에 관한 정밀 분석

김 민 하_ 정치·사회평론가

한국형 극우 포퓰리즘은 단절적 방식으로 찾아온 게 아니다. 장기에 걸쳐 우리 모두가 당연하다고 생각하며 자연스레 이어져 온 정치적 과정의 결론이 지금 이 상황인 거다. 그렇기 때문에 이것은 근본적 문제다. 탐구가 필요한 이유다.

어찌하여 이런 일이 일어났는가? 2024년 12월 3일 내란의 밤 이후 많은 사람들이 떠올린 질문이다. 이 질문의 답으로 제시되기에 알맞은 것은 독재적 지도자로서 윤석열의 정체성이다. 아마 윤석열은 어떤 상황이었더라도, 어떤 체제에 속해 있었더라도, 어떤 제도적 제한이 존재했더라도, 그래야 할 이유가 있었다면 불법적 비상계엄을 선포하고야 말았을 것이다. 이러한 사실은 이미 현행 체제에도 비상계엄 선포를 통치자가 마음대로 할 수 없도록 하는 여러 제한이 존재함에도 윤석열이 모두 무시하고 뭉개버린 사실로 확인된다. 바로 그 때문에 윤석열은 탄핵당했고 법적 책임을 지게 되었다.

이렇게 말하면 내란의 원인은 우리의 삶과 유리된 어떤 이질적 조건 속에 존재하는 것 같다. 불법적 비상계엄 선포와 윤석열의 특이성이 지적되면 될수록 이 사건은 외계인 같은 존재가 가져온 시련 같은 것으로 취급되는 느낌이다. 확실히 윤석열은 흔히 경험하기 어려운 지도자였다. 윤석열 시대는 일반적으로 술, 무속, 격노, 국정에 대한 무관심, 배우자를 포함한 '우리 편'에 대한 일방적 감싸기, 단순한 피아 구분에 근거한 1차원적 정치 등으로 기억된다. 이는 통치의 현장은 물론 우리의 일상 세계에서도 쉽게 경험하기 어려운 것이기에 윤석열 시대는 그로테스크하다는 느낌을 갖게 한다.

그러나 이러한 윤석열의 존재는 역설적으로 불법적 비상계엄 선포라는 이례적 사건이 우리의 일상과 밀접한 관련이 있다는 것을 드러낸다. 왜냐하면 이토록 이상한 윤석열은 군사 반란이나 부정선거 등의 속

임수를 통해 집권한 게 아니라 정상적인 선거를 통해, 그러니까 유권자들의 합법적 선택이라는, 우리 일상의 흔히 있을 수 있는 사건을 통하여 지도자가 되었기 때문이다. 따라서 어찌하여 이런 일이 일어났는지에 대한 답은 특정인의 잘못을 추궁하거나 제도의 허점을 발견하려는 노력만으로는 구할 수 없다. 윤석열을 지도자로 만든 정치, 그 자체가 무엇이었는지를 규명하지 않으면 안 된다.

문제는 극우 아닌, 한국 정치 그 자체

윤석열이 지도자가 되는 정치를 말하기 위해서는 먼저 전제해야 할 것들이 있다. 이는 현대의 대의민주주의가 형성한 조건이 한국 정치의 특수성과 결합하면서 생겨난 조건이다. 이러한 현상은 현대의 대의민주주의 일반을 통하여 관찰되지만, 여기서는 되도록 한국 정치에 집중해서 살펴보겠다. 많은 사람들이 뒤이어 던지는 질문은 이런 것일 거다. 아직도 윤석열 혹은 그를 배출한 국민의힘을 지지하는 사람들은 도대체 왜 그러는 것인가? 이에 대해서는 다음과 같은 표준화된 통속적 답변들이 이미 나와 있다. 윤석열보다 이재명이 더 싫기 때문이다, 윤석열이 잘못하긴 했지만 이재명과 더불어민주당에도 책임이 있으므로 그것을 제대로 물어야 하기 때문이다, 윤석열은 탄핵이 되겠지만 그렇다고 이재명의 세상이 되는 것은 인정할 수 없기 때문이다, … 등등.

이런 답변은 하나같이 논리적으로 제대로 된 답이 되지 않는다. 불법적 비상계엄 선포 직전까지의 정국 조성에 아무리 더불어민주당의 책임이 크다고 할지라도, 사실상 친위쿠데타를 일으킨 것을 정당화할 수는 없다. 정 더불어민주당을 지지하기가 어렵다면 양당이 아닌 다른 정당에 표를 던질 수도 있는 일이었다. 순차적으로 책임을 묻는다는 개념도 역시 그렇다. 그러한 개념이 성립하려면 최소한 보수 정치가 윤석열과 분명하게 선을 긋고 반성하는 모습을 보인다는 전제가 있어야 한다. 그래야 보수 정당에 표를 던지는 것으로 더불어민주당에도 책임을 묻는다는 목표가 달성된다. 그러나 보수 정치는 그러한 모습을 보이지 않았고, 대선에도 윤석열의 만행에 대해 제대로 반성하지 않는 후보를 내보냈다. 그 후보는 41.15%, 14,395,639표를 얻었다. 놀라운 일이다.

아무런 반성도 변화도 없는 당에 친위쿠데타 이후에도 표를 던지는 이들은 누구인가? 이들 모두를 윤석열과 입장을 같이 하는 극우적 유권자들이라고 볼 수 있는 것일까? 그게 아니라면 이들은 어떤 생각을 가진 이들이며, 어떤 정치로 조직된 사람들일까? 이 비슷한 의문에 답을 내기 위해 계산에 몰두하는 사람들도 있다. 한국의 진정한 극우가 전체 인구 대비 몇 퍼센트나 되는지를 규명하기 위해 숫자의 세계로 여행을 떠나는 이들이다. 그런데 윤석열을 옹호하는 개인들 역시 외계인의 우주선을 타고 갑자기 나타난 사람들이 아니다. 여태까지 한국 사회에 적응하고 한국 정치에 이런저런 나름의 방식으로 참여해 오던 이들이 각기 다른 조건에서 자기 나름의 방식으로 이런 결론에 도달한 것일 뿐이다. 극우적 이념과 사고방식을 따로 학습하고 훈련한 사람들이 아니다.

여기서 살펴봐야 하는 건 이들이 이런 방향으로 조직되게 만든 정치 그 자체다. 극우적 선택을 하는 사람이 전체 인구의 몇 명인지가 핵심이 아니다. 그러한 선택을 하도록 만드는 정치의 실체를 규명하는 게 핵심이다. 이를 위해서는 지금까지 보수 정치가 실제로 해온 일에 주목할 필요가 있다. 이 상황은 한국의 보수 정치가 권력을 잡고 유지하기 위해 전략적으로 움직인 결과이다. 한국의 보수 정치가 해온 일을 되짚어 나가다 보면 현대 대의정치의 본질적 문제에 도달한다. 그것은 극우 포퓰리즘 문제이다. 한국 정치의 이번 장은 보수냐, 극우냐의 고전적 틀에 매달려서는 해석이 어렵다. 서구 경우도 극우 포퓰리즘이 처음 등장했을 때 이를 타락한 진보의 변종으로 해석해야 할지, 일종의 제3당 노선으로 해석해야 할지, 극우의 또 다른 얼굴로 보아야 할지를 두고 모두 혼란스러워 했다. 그러나 극우 포퓰리즘이 목적을 달성했을 때 무슨 일이 일어나는지, 그 일단을 한국 정치가 이번에 보여준 것이라고 하면 상당히 많은 것들이 설명된다.

　돌이켜보면 윤석열은 극우 포퓰리즘적 지도자였다. 그는 툭하면 편을 갈랐는데, 그 방식은 전형적이었다. 극우 포퓰리즘의 전조는 윤석열이 검찰총장직을 내려놓고 대선 출마로 직행하던 2021년에 이미 드러났다. 그는 늘 자유민주주의를 말했지만, 그때 그가 말하던 자유민주주의는 이미 중도적 자유주의에 해당하는 수사로 포장된 반공주의였다. 그는 대선을 치르는 과정에서 "문재인 정부가 집이 없는 사람들이 정치적으로 진보적 성향을 띤다는 것을 알고 일부러 집 값을 올렸다."는 식으로 주장했는데, 이게 대표적인 포퓰리즘적 주장이다. 이런 면모는 그가 2023년 4월 미국 상하원 합동 연설에서 내놓은 표현을 봐도 드러난다. 윤석열은 이렇게 발언했다. "이들 전체주의 세력은 자유와 민주주의를 위협하고 부정하면서도 마치 자신들이 민주주의 운동가, 인권 운동가인 양 정체를 숨기고 위장하는 경우가 대부분입니다.”

국제 정치적 맥락에서 봤을 때, 미국 상하원 연설에서 ‘인권 운동가’를 위협으로 지목할 이유는 전혀 없었다. 따라서 이 표현은 외교·안보적 맥락에서 나온 것이라고 볼 수 없다. 그렇다면 뭘까? 윤석열은 이전에도 ‘민주화 세력’을 위선자로 부르며 ‘카르텔’, 즉 기득권으로 규정하고 싸울 대상으로 지목하는 경우가 많았다. 그것과 정확히 같은 인식을 미국에서, 초당적 외교 협력의 자리에서까지 드러낸 것이다. 사실 이제 와서 새삼스레 공들여 증명할 필요도 없다. 나중에 윤석열이 불법적인 비상계엄을 선포하면서 이를 정당화하기 위해 늘어놓은 논리는 21세기 극우주의 그 자체라고 해도 과언이 아니다. 그렇다면 우리는 언제부터 극우 포퓰리즘의 세계 속에 있었던 것일까? 한국형 극우 포퓰리즘은 단절적 방식으로 찾아온 게 아니다. 장기에 걸쳐 우리 모두가 당연하다고 생각하며 자연스레 이어져 온 정치적 과정의 결론이 지금 이 상황인 거다. 그렇기 때문에 이것은 근본적 문제다. 탐구가 필요한 이유다.

반대의 정치

오늘날의 정치 현실을 논하기에 앞서 먼저 기억해야 할 것이 있다. 현대 대의민주주의에서 주류 정치는 무엇을 주체적으로 앞장세워 주장하는 것으로 표를 모으는 것보다는 무언가를 반대하는 것으로 지지를 획득하는 것에 익숙하고 이를 더 편하게 여긴다는 사실이다. 가령 간단한 사고 실험을 해보자. 민주주의는 어떤 형식으로든 모든 참여자에게 결정 권한을 주는 제도이다. 100명의 참여자가 있고 이 중 A와 B라는 사람이 더 많은 표를 얻기 위해 경쟁하는 구도를 가정해 보자. A와 B가 각각 자신이 주장하는 바를 나머지 98명에게 동의를 구하는 과정은 쉽지 않을 것이다. 98명이 하나의 주장에 동의하는 게 과연 쉽겠는가? 큰 틀에서는 같아도 세부적인 사안에서 이견을 보이는 경우가 허다하다. 그러나 가령 A가 B를 반대하자고 주장하거나, B가 A를 반대하자고 주장하는 것에 대해 98명이 의견을 모으는 것은 상대적으로 쉬울 것이다. 어떤 이유로 A 혹은 B를 반대하든 그건 중요하지 않고, 반대한다고 하는 결론만 같으면 되기 때문이다. 실제 이러한 경향은 현실 정치에서, 특히 결정 주체의 수가 늘어날수록 강해진다. 가령 현실 정치가 엘리트 몇 사람, 예를 들어 세 사람의 동의만 있으면 충분한 구조라면 오히려 구성원 모두의 의견을 하나로 모으는 이상적 정치는 비교적 제대로 기능할 것이다. 그러나 결정에 참여하는 사람이 늘어날수록, 즉 엇갈리는 이해관계가 복잡해질수록 상대를 반대하는 게 중요한 정치에 힘이 실린다.

　무대를 통치의 영역으로 옮겨 '나라를 다스린다.'고 하는 것이 무엇인지 생각해 보면 이러한 원리는 더 쉽게 이해될 수 있다. 방금 '엘리트 세 사람'을 전제한 바를 좀 더 확장해 보자. 여기서 전제한 '엘리트 세 사람'은 통치에 관여하려는 의지와 이에 필요한 지식 및 소양을 갖춘 사람들이다. 따라서 이들 논의의 상당 부분은 최선의 통치를 위한 내용으로 채워질 것이다.

그러나 이 세 사람이 통치에 관여하려는 의지가 없고, 통치에 필요한 지식과 소양 역시 전무한 상태인데 갑작스럽게 통치에 필요한 모든 결정을 내려야 하는 자리에 앉게 된 것이라면? 이들 논의의 거의 전부는 통치와 관계없는 서로의 이해관계 조정에 초점을 맞추게 될 것이다. 즉, 이익을 가져갈 자신의 권리를 주장하고, 남의 권리는 반대하는 게 핵심이 되는 거다. 이 과정에서 필수적일 것으로 보이는 합종연횡의 기본 구조는 당연히 과점 반대에 방점이 찍히리라는 것을 쉽게 상상할 수 있다.

이제 사고의 실험실을 떠나 현실 세계로 눈을 돌려보자. 오늘날 다수결-민주주의에 참여하는 대다수 주체들은 통치-엘리트인가, 통치와 무관한 대중인가? 명백하게 후자이다. 주권자 대부분은 실제 통치에 필요한 능력을 스스로 배양하거나 정보에 접근하는 것이 불가능한 상태로 제한적 권한만을 수동적으로 행사한다. 체제는 '소중한 한 표'라거나 '위대한 국민의 선택'이라는 미사여구를 동원해 이를 정당화한다. 따라서 다수결-민주주의에서 주권자 대다수의 권한 행사는 이익 배분의 문제를 중심에 놓고 무엇을 반대할 것인가를 두고 전선이 형성되는 구도 속에 갇히는 일이 비일비재하다.

현대의 대의민주주의는 선거와 같은 다수결-민주주의의 영향력이 확장되는 형태다. 기술의 발달과 거듭되는 정치적 요구의 확대는 더 많은 사람들이 정치적 현안의 결정 주체로 등장하도록 만들고 있다. 이러한 현실 속에서 주류 정치는 상대방을 반대하는 걸 기본 문법으로 하는 경향으로 더욱 강하게 빠져든다. 국회의원과 같은 엘리트-대표자들이 특정 국가 기구 내의 공간에서 '협치'와 같은 그럴듯한 가치를 내세우며 모범적 형태의 논의를 진행해 무언가를 이루어 내더라도 다수결-민주주의를 전제하는 선거와 같은 제도가 사실상 최종 심급의 자리를 지키게 되는 한, 논의의 핵심은 상대의 무엇을 동원해 어떻게 반대할 것인가 문제로 최소화된다.

미래의 꿈보다 현재의 증오

이러한 현상은 대의민주주의가 인류 역사에 자리 잡기 시작할 때부터 이미 관찰되었다. 건국 초기 미국은 공화정과 결합한 대의민주주의의 실험장이었다 해도 과언이 아니다. 보통 선거권이 제한적으로만 주어진 상황이었는데도 공화주의-민주주의의 장이 열리자, 당시 미국 정치 엘리트들은 반대의 논리에 의존하는 흙탕물 싸움을 서슴지 않았다. 연방파는 공화파를 프랑스 혁명에 심취한 몽상가적 선동가들로 몰아붙였고, 공화파는 연방파를 사실상 왕정을 유지하고자 하는 기득권 세력으로 규정했다. 스스로 뭘 하겠다는 것보다 상대를 반대할 이유를 만들어 내는 게 더 효율적이라는 걸 이미 알았던 거다.

이런 정치가 어디로 갈 것인지는 뻔하다. 일례로 1798년 연방파의 거두이자 2대 대통령이었던 존 애덤스는 외국인 및 선동법Alien and Sedition Acts에 서명했다. 이 법은 연방정부를 중상 비방하거나, 반역에 해당하는 행위에 가담한 사람을 처벌할 수 있도록 했는데, 당시 이 법에 의해 국외로 추방된 외국인은 없었다. 다만 이 법에 의해 10여 명의 미국 언론인이 체포 및 기소됐는데, 이들은 대부분 공화파 신문 편집인으로 정부 내 연방파 관료를 비판한 게 주요 혐의였다. 영국을 떠나 사실상 '제로 베이스'에서 왕정이 아닌 대안적 체제를 꿈꾸었던 미국인들은 실험을 시작하자마자 선거와 그것을 이유로 한 권력의 남용이라는 다수 결-민주주의의 전형적 문제에 맞닥뜨리게 된 것이다.

이들이 이러한 바를 예상하지 못했던 것도 아니었다. 미국의 1대 대통령 조지 워싱턴은 정당을 부정하였는데, 파당이 분열의 씨앗이 되리라 보았기 때문이다. 그의 우려가 단지 공화정에서의 정당정치라는 개념을 상상할 수 없었던 당시의 한계에서 비롯된 것이었을까? 당시 미국 민주주의를 설계한 건국의 아버지들Founding Fathers은 바보가 아니었다. 이들은 대체로 정당을 필요악으로 보았다. 이들이 생각하는 공화정은 대의민주주의에 의해 권한을 위임받은 통치-엘리트가 각자 공공선을 추구하며 숙의하는 과정을 통해 뒷받침되는 것이었다.

이들 중 하나인 제임스 매디슨은 〈연방주의자 논고〉 10호에서 이를 공익 대 사익의 개념으로 파악했다. 파벌은 사익을 추구하게 되므로 공화주의의 모델과 충돌한다는 것이다. 파벌 자체는 당연히 미국 이전에도 존재했다. 경험적으로 봐도 파당이 좋을 일은 없었다. 다만 파당을 만드는 것은 자유고, 인간의 본성으로 봐도 무리를 짓는 것은 자연스러운 일이니 어차피 막을 수 없을 테고, 그렇다면 파당의 나쁜 점을 최대한 억압하는 체제를 설계하는 것이 당면한 과제가 아니겠냐는 게 제임스 매디슨의 결론이었다. 조지 워싱턴의 경우는 1대 대통령이라는 상징성도 있어 일부러 당파에 더욱 거리를 두었던 것이라고 볼 수 있다. 이런 고민과 실천이 벌써 약 250년 전에도 있었다는 거다.

시작부터 남의 나라 이야기를 길게 한 것은 서로의 지향을 드러내놓고 공통분모를 찾아 합의를 향해 가는 게 아니라, 상대를 겨냥한 반대에 의존하는 현대 정치의 문제가 일시적 이례적 현상이 아니라 대의 민주주의의 근본 결함에서 비롯되었다는 점을 짚기 위해서다. 따라서 한국 정치도 이로부터 자유롭지 않았다. 자유롭지 않은 정도가 아니라 오히려 이 조건을 극단적 수준까지 활용하는 게 한국의 파당 정치다.

돌이켜보면 1987년 민주화 이후 대중적 참여의 수준이 가장 높은 선거인 대통령 선거는 늘 현 정권에 대한 반대를 어떻게 조직화해 내느냐의 싸움으로 귀결되었다. 현 정권을 반대하기 위한 프레임을 가장 그럴듯하게 제시하는 후보가 반대 전선을 가장 넓게 펼칠 수 있었고, 결국은 그것을 기반으로 권력을 거머쥐는 데에 성공했다. 표면적으로야 어떤 명분을 들어 무슨 논리로 했든, 그 심층으로 파고 들어가 보면 예외가 없었다. 다수결-민주주의가 단지 선거 때 유권자의 의사를 반영하는 것뿐만이 아니라 정치의 일상에서 이를 의식하는 것으로 의미가 확장되면서 이러한 현상은 전방위적인 것이 되었다. 물론 윤석열이 지도자가 되는 데에도 이러한 조건이 기여했다.

매체가 지배하는 시대

한국 사회를 돌아보기에 앞서 짚어볼 또 하나의 의제는 매체에 관한 것이다. 우리가 오늘날의 정치를 논하면서 간과할 수 없고, 간과해서도 안 되는 것이 매체의 영향력이다. 기술의 발전이 정치 문법의 변화와

이웃집 극우

밀접한 관계가 있다는 게 그동안 관찰과 경험의 결과이기 때문이다.

주별 특성이 강한 미국의 경우 1920년대부터 각 가정에 보급된 라디오는 국민국가로서의 정체성이 여론의 밑바탕 수준에까지 형성되는 데에 중요한 역할을 했다. 라디오는 상대적으로 저렴했던 데다, 듣기 위해 따로 글을 배울 필요도 없었다. 1930년대 프랭클린 루즈벨트 집권기가 되면 정부가 나서 적극적으로 라디오 방송을 활용하는 사례가 나타나는데, 대통령이 직접 라디오를 활용해 육성으로 메시지를 전달하는, '노변담화'라고 하는 게 그것이다. 미국인이라면 모두가 한날한시에 지도자의 이야기를 같이 듣는 거다. 라디오는 미국인의 정체성 강화에 이런 식으로 기여했다.

라디오가 사상의 진보나 근대화에도 영향을 끼쳤다. 1925년 학교에서 진화론을 가르쳐 테네시 주법을 어긴 혐의로 기소된 고등학교 교사 존 스콥스에 대한 재판 과정이 미국 전역에 라디오로 생중계된 사례를 들 수 있다. 이 재판에서는 과연 성경에 있는 말을 곧이곧대로 받아들여야 하는지 등이 쟁점이 되었는데, 비록 스콥스는 무죄를 받을 수 없었으나 라디오를 청취한 수백만 명의 미국인들은 성경에 적혀 있는 말을 빠짐없이 그대로 받아들여야 한다는 기독교 근본주의자의 비논리적·주장을 생생히 들었다. 이는 근본주의적 복음주의 기독교가 근대성과 종교적 반동 사이에서 위기를 겪게 만드는 주요 계기 중 하나가 되었다.

정반대의 효과를 낸 사례도 있다. 1970년대 미국 복음주의 기독교는 오늘날의 기준으로 보면 '백래쉬'와 같은 분위기 속에서 지역 케이블 방송을 통해 영향력을 확대했고 막대한 자금을 유치했다. TV 설교 방송을 통해 성장한 복음주의 목사였던 제리 폴웰은 이러한 기반을 바탕으로 1979년 '도덕적 다수Moral Majority'라 이름을 붙인 종교-정치 운동을 창설해 본격적으로 정치적 영역에서의 영향력 행사에 나섰다. 제리 폴웰은 이를 통하여 혁신주의progressivism와 뉴딜 연합이 주도하던 시대 주변부로 밀려났던 가치, 세력, 집단, 인사를 하나의 틀로 꿰어맞춰 레이건 연합을 형성하는 데 일조했고, 이는 1980년 로널드 레이건의 대통령 당선으로 이어졌다.

이러한 일들은 대중 매체가 없었다면 일어나지 않았을 사건이고, 이후에도 같은 방식으로 영향을 줬다는 점에서 특별하다고 말할 수 있다. 그런 점에서 이러한 사례들은 단지 정치가 매체를 적당히 이용한 것에 그치는 게 아니라 매체 자체가 정치적 문법을 다시 쓰고, 만든 예다. '노변담화'는 라디오를 전제하지 않았다면 가능하지 않았고, 스콥스 재판 역시 라디오 생중계를 상정하지 않았다면 굳이 당시와 같은 방식으로 진행할 이유가 없었다. 복음주의 기독교 역시 TV의 시청각 중심 문법과 조응하면서 개인화, 감각화, 상업화되는 계기를 맞이했다.

SNS가 만든 새로운 정치 문법과 극우

이러한 사례는 현대의 한국 정치에서도 찾아볼 수 있는데, 대표적인 게 2002년의 '노풍'이다. '노풍'은 정치개혁을 앞세우고 있으나 주류 언론에 의해 충분히 조명받지 못하고 있던 비주류 정치인 노무현을 온라인의 열정적 지지자들이 주류로 밀어 올린 사건이다. 이러한 일이 가능했던 것은 자발적 지지자들이 온라인을 통해 한국 최초의 정치인 팬클럽인 '노사모' 등을 만들며 독자적 활동에 나설 수 있었기 때문이다. 뒤집어 말하면 애초에 '노사모'라는 형태의 팬클럽을 구상할 수 있었던 것도 온라인이 있었던 덕분이다.

이 시기는 오늘날 당연한 것으로 여겨지는 온라인을 통한 정치활동이 막 기지개를 켜는 시점이었다. 노사모뿐만이 아니라 안티조선운동 등 주류에 도전하는, 자발적으로 조직된 시민사회의 시도가 온라인에서 다양한 방식으로 펼쳐졌다. 이게 가능했던 이유는 인터넷 게시판이라는 형태의 특정한 솔루션을 누구나 활용할 수 있게 되었기 때문이다. 웹사이트에 게시판을 설치할 수 있었기에 누구나 의견을 개진하고 토론하면서 정치 혹은 운동에 개입할 수 있는 시대가 열린 것이다. 이 시기 이후로 인터넷을 통해 어떤 방식으로든 세상사에 의견을 내고 개입할 수 있다는 것은 상식이 되었고, 이제 사람들은 그걸 당연한 것으로 전제하고 행동하며 말할 수 있게 되었다.

여기서 '당연한 것으로 전제'한다는 대목이 중요한데, 매체의 변화가 우리의 사고방식과 행동양식에 미시적인 차원에서부터 영향을 미친다는 걸 상기할 필요가 있다. SNS 등장 이후 세상 사람들이 어떻게 달라졌는지 생각해 보라. 비교하고, 과시하면서, 열등감을 느끼도록 하는 데에 최적화되어 있는 플랫폼이 바로 SNS라는 분석은 이미 이견의 여지가 없을 정도로 일반화됐다. 그런데 방금 언급한 '비교하고, 과시하고, 열등감을 느끼도록 하는' 것은 소비자본주의가 '소비자'들에게 언제나 강요하는 것들이다. 이런 면에서 보면 오늘날 SNS는 시민을 소비자화하고 인간관계를 구매(팔로잉)−취소−불매(차단) 관계로 상품화하는 소비자본주의의 첨병이다. 오해하지 말아야 할 것은 내가 SNS는 처음부터 그러한 목적을 갖고 태어났다고 주장하는 게 아니라는 거다. SNS가 가진 성격이 우리가 살고 있는 체제의 코드와 호응한 것뿐이다. 우리가 공산주의 체제에 살고 있었다면 SNS는 공산주의적으로 기능했을지도 모른다. 이는 개별 이용자가 SNS를 실제 이용하는지와는 별개다. 앞서 봤듯 매체를 중심으로 사회 구성원의 생활이 조직되고 이에 맞춰 정치의 문법이 형성되기 때문이다. SNS를 이용하지 않는 사람이라고 해서 여기서 자유로울 수 있는 것은 아니다.

어찌 되었든 중요한 것은 오늘날의 유권자들은 이런저런 매체에 둘러싸여 살아가고 있으며 이를 통해 정보를 습득하고, 공유하고, 발언하며, 개입하고 있다는 점이다. 정치는 이들에 의해 영향을 받고, 이들과 영향을 주고받으며 진화하는 중이다. 내란을 둘러싼 극우 정치의 흐름을 사고할 때도 이 점을 놓쳐서는 안 된다.

독재 대 반독재

'반대의 정치'가 한국적 맥락에서 한동안 지배적 경쟁 구도가 될 수 있었던 것은 '독재 대 반독재' 전선 때문이었다. 독재 정치에 대한 비판은 물론 이승만 정권과 4.19 혁명 때부터 존재했던 것이지만 오늘날까지 이어지는 것에는 박정희 정권의 영향이 지대하다. 박정희 정권에 대한 주류 정치의 평가는 '공과가 있다.'는 것으로 거의 합의가 되어 있다. 공이 얼마고 과가 얼마인지까지 합의된 것 같지는 않지만, 주류가 공과 과를 무엇으로 꼽는지가 중요하다. 여기서 공은 경제고 과는 독재다. 중화학 공업화와 수출 주도 경제를 통해 고도성장을 이룬 것은 잘한 일이지만, 독재를 통해 시민의 권리를 박탈하고 많은 사람에게 고통을 준 것은 잘못한 일이라는 거다. 그런데 독재의 과가 아니었다면 경제의 공은 불가능했을 것이다. '공과가 있다.'는 표현이 가능한 것은 이 때문으로 볼 수 있다.

박정희라는 정치적 상징이 독재와 국가주의-경제의 조합으로 이루어져 있다면 박정희에 반대하는, 즉 독재에 반대하는 '반독재'의 상징은 어떻게 조합할 수 있을까? 각각의 반대를 지정하면 된다. 독재의 반대는 민주주의다. 국가주의-경제의 반대는 시장주의다. 즉, 박정희의 반대는 민주주의-시장주의다. 이는 실제 박정희 반대 진영이 오랫동안 대안으로 내세워 온 가치의 조합이다. 경제적 차원에서의 국가주의는 특정 산업과 기업을 정부가 의지를 가지고 육성한다. 이 과정에서 정경유착과 부정부패가 발생하는 것은 필연이다. 물론 중복 투자라는 비효율의 문제도 있다. 따라서 시장원리를 도입해 공정한 경쟁이 가능하게 하고 정경유착 및 부정부패를 일소해 정의를 실현해야 한다는 거다.

한동안 이러한 주장은 어디까지나 정치적으로는 비주류에 머물렀다. '정치적으로는'이라는 수사를 통해 여지를 두는 것은, 박정희 정권의 국가 주도 경제 자체는 통치-엘리트 내에서도 비판과 교정의 대상이었기 때문이다. 박정희 정권 말기 관료 그룹 일부가 중복 투자와 불균형 성장에 대해 우려하며 안정화를 요구했고, 전두환 정권 초기 김재익 등에 의하여 실제 이런 요구가 일부 관철되었다는 것은 잘 알려진 이야기다.

그러나 정치적 영역에서 '독재=국가주의 경제'라는 도식은 여전히 유효했으므로 민주화가 시장원리 도입과 함께 묶이는 현상은 계속되었다.

그런데 민주화와 시장원리 도입을 주장하는 세력은 이 시기만 해도 통치의 경험이 없었다. 따라서 일반적으로 평가되기에 나라를 운영할 능력을 가진 쪽은 독재와 반독재의 대립 구도 속에선 누가 뭐래도 독재 쪽이었다. '보수는 정의롭지 못할지는 몰라도 유능하고, 진보는 바른말을 할 줄은 알지만 무능하다.'는 대중적 선입견의 한국적 버전은 이미 이 시기에 형성되었을 것으로 보인다.

이 구도는 1997년 외환위기 때 붕괴됐다. 외환위기는 국가주의 경제 패러다임의 파탄으로 인식되었다. 외환위기의 한복판에서 당선된 김대중은 취임사에서 "정치·경제·금융을 이끌어 온 지도자들이 정경유착과 관치금융에 물들지 않았던들, 그리고 대기업들이 경쟁력 없는 기업들을 문어발처럼 거느리지 않았던들, 이러한 불행한 일은 일어나지 않았을 것"이라고 했는데, '정경유착'과 '관치금융'을 정확하게 겨냥하고 있는 것에 주목할 필요가 있다. 이는 국가 주도 경제 혹은 그 잔여물을 가리키는 대표적 키워드다. 즉, 외환위기는 독재의 후신이었던 정치권과 기업이 자기들끼리 이익을 공유하도록 허용하고 방치한 끝에 나라를 거덜 낸 사건이었다.

이때부터 반독재 진영이 그리는 정치적 대립 구도는 '독재=국가주의 경제=손해'와 '민주화=시장원리=이익'이라는 형태로 전선이 재설정됐고, 여기에 부정부패에 대한 반감도 결합됐다. 부정부패는 이전 정권 때부터 다양한 방식으로 활용되던 소재였는데, 여론의 측면에서 보자면 독재정권이 붕괴된 이후 독재 대 반독재에서 부패 대 청렴으로, 기득권

대 반기득권으로 대립 구도가 이동한 면이 있는데, 이런 효과들이 겹치면서 정경유착과 관치금융을 바로 잡고 부정부패를 일소하면 기득권이 독점하고 있는 여러 이익이 공정하게 분배되어 더 많은 사람들에게 혜택이 돌아온다는 믿음이 강해졌다. 민주화는 우리 사회 모든 부문에 시장원리를 도입해 공정한 경쟁을 촉발하는 것이며 이는 모두에게 이익이 되는 결과로 이어질 것이다! 바야흐로 민주주의가 시장원리와 함께 이익과 동행하는 시대의 맹아가 돋아난 것이다. "국민의 정부는 민주주의와 시장 경제를 병행시키겠다. 민주주의와 시장 경제는 동전의 양면이고 수레의 양 바퀴와 같다. 결코 분리해서는 성공할 수 없다." 김대중 대통령이 취임사에서 강조한 내용이다.

물론 독재의 후신인 보수 정치도 가만히 있지는 않았다. 노무현이 이전 정권과 주류 정치를 모두 낡은 정치로 규정하고 정치개혁을 표방하고 나서 당선된 이후 개혁 의제에 대한 피로감이 쌓이자, 보수 정치는 새로운 도식을 들고나왔다. 산업화 세력과 민주화 세력의 구분법이 그것이다. 이는 앞서 언급한 '박정희 공과론'에 뿌리를 두고 있다. 자신들은 독재의 후신이 아닌 산업화 세력이고, 민주화 세력이 오늘날의 민주공화정에 지분이 있는 것처럼 산업화 세력도 마찬가지이니, 이제 힘을 합쳐 선진화를 이룰 차례가 아니겠냐는 내용인데, 독재 대 반독재 구도에 갇혀서는 이제 한계에 부딪치는 시대가 왔으니 다른 구도를 고안한 거다.

내용으로 보면 괜찮은 시도였을 수 있었지만, 이 구도가 실효적으로 활용되는 일은 없었다. 참여정부의 뒤를 이어 '부자 되세요'라는 의미심장한 유행어를 들러리 세워 집권한 이명박 정권이 새로운 패러다임에 기대는 게 아니라 '독재 대 반독재'를 다시 연상시키는 구도 속으로 스스로 들어가 버렸기 때문이다. 개혁에 대한 피로감으로 인해 잠시 흔들렸던 진보와 민주주의, 이익이 동행하는 시대는 이명박–박근혜 정권이 독재 대 반독재 전선 구도의 수명을 연장시켜 준 덕에 계속 이어졌다.

구도 해킹

반대의 정치라는 큰 틀에서 '독재 대 반독재' 구도는 경향적으로 보수 정치에 불리하다. 이 구도에서 독재의 편에 묶이게 된 보수 정치는 전통적으로 두 가지 전략으로 대응해 왔다. 첫째는 자신을 독재로 모는 상대방의 '불순한 의도'를 문제 삼는 것이다. 반독재 투쟁의 배후에 북한이나 공산주의자의 음모가 있다고 주장하는 게 여기에 해당한다. 둘째는 구도를 무시하고 조직과 자금이라는 실력 행사를 통하여 대응하는 것이다. "우리가 남이가?"로 대표되는, 지역주의에 기댄 선거 캠페인이 대표적이다.

그러나 민주화가 제도적으로 자리를 잡고 난 이후 보수 정치의 이러한 대응 방식에는 명백한 한계가 있었다. 유권자들은 북한이나 공산주의의 음모와 같은 이야기를 식상한 것으로 받아들이게 되었다. 지역주의에 기댄 선거 캠페인 역시 기술의 발전과 매체 환경의 변화로 정치 의제 자체가 중앙집중화되고 이게 전반적인 수도권 집중과 맞물리면서 과거와 비교해 위력이 약화되었다.

이러한 현상은 보수 내의 노선 경쟁에서도 어느 정도 드러났다. 보수 정치는 3당 합당 이후 내부적으로 노선 분화를 시작해 2007년 대선을 앞두고 이명박 대 박근혜 경선에 이르러서는 '시장 보수 대 안보 보수'라는 틀로 구도를 해설하는 시각이 일반적으로 통용되는 데에 이를 정도가 되었다. 신자유주의적 개혁 조치를 우선하는 시장 보수와 강경한 대북정책을 중시하는 안보 보수의 대결 구도는 지역적으로 수도권 보수와 영남 보수의 대결 구도로도 표현되었다. 이 경선에서 이명박이 승기를 잡으면서 일단은 보수 내 시장 보수 우위의 구도가 확인됐다는 게 일각의 해석이다. 그러나 이명박 정권이 퇴행적 통치로 일관하고 뒤를 이은 박근혜 정권이 국정농단이라는 초유의 사건으로 대통령 탄핵이라는 비극과 함께 무너져 내리자, 보수 정치가 프레임을 전환하기 위해 쓸 수 있는 모든 유효한 수단은 사라져 버렸다. 이제 보수 정치는 '국민은 내팽개치고 자기들끼리 나눠 먹다가 망해 버린 무능한 정치 세력'이라는 평가에서 벗어날 수 없는 신세가 된 것이다.

이후 고안된 보수 정치의 새로운 전략은 바로 구도 자체를 해킹하는 것이다. 여기서 굳이 해킹이라는 용어를 쓴 것은 기존 개념의 틀이나 의미를 본래 뜻과 다르게 비틀거나 우회해서 자기 목적에 유리하게 조작하는 행위가 컴퓨터 보안 분야의 그것을 연상하게 만들기 때문이다. 문재인 정권이 집권한 이후 보수 언론을 포함한 보수 진영의 대응은 색깔론을 중심으로 하는 익숙한 방식을 반복하는 것이었다. 대표적인 게 문재인 정권이 2018년 초 추진한 개헌을 '좌편향'으로 평가하며 '사회주의 개헌'으로 규정한 것이다. 문재인 정권이 집권 초기 추진한 개헌은 사회주의와는 별 상관이 없었다. 하지만 〈조선일보〉 등 보수 언론과 보수 정치는 '자유민주주의에서 자유를 뺐다.'는 둥, '토지공개념은 사유재산권 침해'라는 둥, 하며 이 모든 것을 공산주의와 연관시켜 논했다. 당시 자유한국당의 대표를 맡았던 홍준표는 KBS 1TV를 통해 방송된 정강 정책 연설에서 "문재인 개헌안은 좌편향 인사들이 모여 만든 '사회주의 체제 변혁용 개헌안'"이라며 "자유민주주의 체제를 사회주의 체제로 바꿔놓으려는 시도"라고 주장하기도 했다.

해킹당한 오바마, 해킹 완성한 윤석열

이들의 이런 대응은 박근혜 탄핵 이후 할 수 있는 게 아무것도 없는 상태에서 일단 손에 집히는 대로 던지고 보자는 심경에서 나온 것일 수도 있다. 그나마 남은 아군이 이러한 1차원적 주장밖에는 할 수 없는, 이른바 '태극기 부대'와 극우 개신교계뿐이었기 때문일 수도 있다. 그러나 시야를 좀 더 넓혀 보면 이게 나름대로 족보(?)가 있는 대처라는 점을 알 수 있다. 똑같은 일이 이미 이전에 미국에서 일어났기 때문이다.

오바마 정권 1기 당시 미 공화당도 오바마를 향해 '사회주의자'라는 수사를 동원해 공세를 퍼부은 바 있었다. 서브프라임 모기지론 사태로 촉발된 2008년 금융위기가 글로벌 금융 시스템 전반의 모순을 드러낸 상태에서 정권을 넘겨받은 오바마는 대규모 공적자금 투입과 재정 정책 중심의 경기 대응, 사회안전망 일부 강화 등으로 대응할 수밖에 없는 처지였다. 이를 반대해야 하는 입장인 공화당은 과거 같으면 신자유주의 패러다임 등 주류 시각으로 정책적 반론을 펼 수 있었겠으나,

글로벌 금융 위기 자체가 주류 패러다임 실패의 결과인데다 이전 정권을 통해 형성한 대립적 정치 환경이 그러한 온건한 대응을 허용하지 않는 상황이었다. 공화당의 '사회주의자' 프레임은 그런 상황에서 몇 남지 않은 선택지였던 것으로 생각되는데, 오바마가 오바마케어를 추진하자 공화당이 이를 또 사회주의라고 주장한 것에서 보듯, 위축된 지지층을 대상으로 범용적으로 써먹기에 알맞은 구호였다. 이런 식으로 공화당과 〈폭스뉴스〉 등 일부 언론, 이후 극우 포퓰리즘 진영의 중핵을 형성하는 '스피커'들은 오바마 정권이 자유를 억압하는 권위주의 체제라고 묘사하였다. 이들 중 일부는 이를 뒷받침하기 위해 온갖 인물과 이론을 동원해 남용했다.

한국의 보수 정치가 이런 미국 공화당의 방식을 차용한 것이었다면 문재인 정권 등장 직후부터 이들이 '구도 해킹'을 시도하였다는 혐의는 더욱 짙어진다. 초기 이러한 보수 정치의 시도는 큰 성공을 거두지 못했다. 그러나 문재인 정권의 소득주도성장과 대북정책을 둘러싼 논란이 불거지고 청와대 민정수석과 법무부 장관을 지낸 조국의 사모펀드 및 입시 비리 관련 의혹에 대한 수사 논란, 가상화폐와 부동산 등 정책 논란, 코로나19 대응을 둘러싼 갈등이 이어지면서 '문재인 정권은 권위주의'란 식의 선동이 보수 지지층 내에서 무시할 수 없는 규모의 공감대를 형성했다. 이러한 공감대에 보수 언론과 식자층은 은근슬쩍 과거의 색깔론을 결합시켰다. '권위주의는 전체주의고, 전체주의는 곧 북한이나 중국과 같은 독재국가를 의미한다.'는 논평을 잊을 만하면 내놓은 것이다. 극우 개신교계 일부와 '태극기 부대'는 이러한 주장을 반복하며 거리에서 시위를 주도했다. 사람이 많이 모였다는 보수 언론의 보도가 이어졌다. 코로나19 대응에 이르러 예배마저 진행하지 못하게 된 극우 개신교계의 반발은 엄청났다. 이들의 '전체주의' 공세는 다양한 방식으로 계속됐다.

　이런 인식의 세트, 그러니까 '문재인=권위주의=전체주의=북한=중국'이라는 식으로 개념을 연결해 나가는 시도가 빠르게 이루어질 수 있었던 것에는 SNS라는 매체의 특성도 작용했다. 오늘날 SNS는 밈meme이 지배한다. SNS를 활용하는 인류는 무엇을 말해도, 또 무엇을 보아도 거기에 적합한 밈을 연상하거나 아니면 새로운 밈을 생성해 내야 한다. 여기서 가장 필요한 소양이 유사성을 갖는 개념을 직관적으로 연결하는 능력이다. 원숭이 엉덩이는 빨간데, 빨갛다면 사과고…, 사과는 맛있는데, 맛있다면 바나나고…, 바나나는 긴데, 길다면 기차고…. SNS 시대를 살아가는 사람이라면 이런 식의 연상법이 뇌에 기본 장착되어 있어야 하고 정치는 이를 알맞게 이용하는 것이다.

　구도 해킹은 이렇게 반대해야 할 대상을 전형화시켜 놓은 다음, 자신은 그 대상을 반대하고 있다는 이유만으로 반대의 대상과 정반대의 상징을 획득할 수 있을 때 비로소 완성된다. 구도 해킹의 담론 안에서 앞의 과정을 통해 문재인 정권은 북한이나 중국과 다름이 없는 존재가 되고 말았다. 그런데 보수 정치는 문재인 정권과 정치적으로 대척점에 있다. 따라서 보수 정치는 북한이나 중국과도 모든 면에서 반대 포지션에 있을 것이다. 그런데 또 북한과 중국은 권위주의 및 전체주의를 상징한다. 그렇다면 보수 정치는 아마 가치의 추구라는 측면에선 자유민주주의를 상징하는 존재임이 틀림없을 것이다. 본래 일반적으로 상정할 수 있는 이상적 논의 구조에서라면 이러한 명제는 검증의 대상이 되었을 것이다. 자유민주주의를 자처하는 세력이 정말 자유민주주의를 추구하고 있는지는 권위주의로 규정된 세력의 반대편에 서 있었다는 것만으로는 확인되지 않는다. 이 세력이 실제 자유민주주의를 추구하고 있는지를 여러 각도를 통해 확인해 봐야 한다.

구도 해킹의 보수 투표 효과

그러나 '반대의 정치'라는 문법으로 보면, 자유민주주의는 전체주의를 반대하고 있다는 것만으로도 자신을 충분히 증명할 수 있게 된다. 이 세계관에서 진보는 보수를 반대하는 것, 보수는 진보를 반대하는 것에 지나지 않는다. 구도 해킹의 효과로 관망층으로 빠져 있던 보수 유권자층 일부와 과거 진보를 자처했던 일부 인사 및 유권자층이 보수 정치 지지층으로 재편되는 과정이 일어났는데 이는 이런 세계관이 아니면 설명이 되지 않는다.

물론 이러한 유권자층에 속하는 인사들은 과거엔 전혀 다른 이유로 보수 정치를 '반대'한 전력이 있으므로, 드라마틱하게 행보를 바꾼 이유가 설명되지 않으면 안 된다. 보수 정치는 여의도 정치가 혁신이라 부르는 이벤트를 통해 이러한 설명의 근거를 제공했다. 여와 야를 아우르며 선거 공학으로 높은 인기를 구가했던 고령의 테크노크라트 출신 인사(김종인)를 비대위원장으로 선임한 후 30대 당 대표(이준석)를 선출하도록 한 것이다.

국정농단 특검 출신으로 박근혜 등 전직 대통령 수사를 주도한 인물이자 검찰총장으로서 문재인 정권과 대립한 윤석열이 직을 던지고

2021년 6월 29일 대선 출마를 선언한 자리에서 법치, 공정과 함께 자유민주주의를 언급했는데, 여기서 윤석열은 이렇게 말했다.

"이 정권은 권력을 사유화하는 데 그치지 않고 집권을 연장하여 계속 국민을 약탈하려 합니다. 우리 헌법의 근간인 자유민주주의에서 '자유'를 빼내려 합니다. 민주주의는 자유를 지키기 위한 것이고 자유는 정부의 권력 한계를 그어주는 것입니다. 그렇기 때문에 자유가 빠진 민주주의는 진짜 민주주의가 아니고 독재요 전제입니다. 이 정권은 도대체 어떤 민주주의를 바라는 것입니까. 도저히 이들을 그대로 두고 볼 수 없습니다."

윤석열이 이렇게 발언함으로써 '독재 대 반독재' 구도에 대한 보수 정치의 해킹은, 거의 완성되었다.

개념의 사슬

오늘날 보수와 극우를 구분해야 한다는 시각도 있지만, 정치가 스스로를 조직한 방식을 기준으로 놓고 본다면 적어도 한국 정치에서 말하는 보수와 극우는 이들이 지향하는 방향을 놓고 명확히 구분하기 어렵다. 사실상 같은 방식으로 조직되었기 때문이다. 그것은 로널드 레이건 당선에 기여한 복음주의 목사 제리 폴웰의 방식과 같다. 제리 폴웰은 자유시장경제야말로 미국적인 것이며, 사회안전망 강화는 미국에 침투한 공산주의자들의 음모이고, 무신론자가 지배하는 소련에 맞서기 위해 군사력 강화가 필요하며, 공산주의 세력의 확장을 막고 성경적 예언의 실현을 위해 친이스라엘 정책 또한 망설임 없이 추진해야 한다고 주장했다. 이런 논법은 큰 정부에 찬성하면 공산주의자이며, 반기독교적이며, 도덕적으로 타락한 자가 되는 것이라는 논리로 일반화되었다. 이러한 논법은 '부도덕=무신론자=소련=공산주의자=위선적 온건파=민주당=큰 정부'라는 개념의 사슬 중 하나의 고리라도 반대한다면 사슬 전체를 반대해야 한다는 것으로 요약할 수 있다.

이런 식의 주장은 한국 정치에도 동일한 방식으로 등장했다. 한국의 보수 정치가 문재인 정권 내내 줄곧 주장한 도식은 '북한=중국=공산주의(사회주의)=전체주의(권위주의)=더불어민주당=문재인=진보=여성주의=차별금지법'이다. 앞서와 마찬가지로 이러한 개념의 사슬에서 하나의 고리라도 반대하면 나머지 사슬 전체를 반대해야 하는 구도다. 각자 중시하는 고리는 조금씩 달랐지만, 이 사슬의 존재 자체는 윤석열이건, 이준석이건, 보수 정치에 참여하는 거의 모든 주체가 공통적으로 전제했다. 사슬 전체를 반대하는 데에 있어 실천의 한계를 어디까지로 하느냐에 따라 극우냐 아니냐로 갈릴 뿐이다. 가령 반대 행위가 투표 수준에 그친다면 그것은 극우가 아니라고 할 수도 있을 것이다. 그러나 법의 테두리를 넘어 법원을 때려 부수는 행위로 나아가거나 그게 가능하다고 주장한다면, 그것은 민주주의를 부정하는 것이라는 측면에서 극우라고 불러야 할 것이다.

물론 극우 여부는 다른 기준에 의해서도 판별 가능하다. 예컨대 특정 집단을 배제하거나 억압하고자 하는 열망이 정치적 기획에 반영되어 있다면 그것에는 극우의 혐의가 있다고 할 수 있다. 그런데 앞서 언급한 개념의 사슬에는 중국이나 사회적 약자에 대한 배제의 논리가 명백하게 반영되어 있다. 따라서 실천이 결합한 경우에 나타나는 정도의 차이를 평가에 반영해야겠지만, 사슬 전체를 반대하는 정치가 가리키는 방향만 놓고 얘기하자면, 여기에는 명백하게 극우적 에너지가 투영되었다고 말할 수 있다.

이렇게 개념의 사슬을 만들어 반대하는 식의 논법은 포퓰리즘이 공유하는 특성이기도 하다. 최근 서구의 극우 포퓰리즘 정당 중에는 성소수자를 비롯한 소수자 대표를 선출하는 경우가 종종 있다. 가령 프랑스의 극우적 지도자 마린 르펜은 표면적으로 여성의 사회적 권리 신장을 추구한다. 다만 그걸 이민자와 무슬림 배제를 통해 이룰 수 있다고 주장할 뿐이다. 즉, 이들에게 여성해방은 가부장제의 극복이 아니라 이슬람 율법의 거부로 이루어진다. 이들의 주장을 토대로 도식을 만들어본다면 '이민자=무슬림=이슬람 율법(여성 억압)=프랑스 부정=좌파=국제주의=유럽연합'이라는 반대의 대상이 되는 사슬이 형성된다. 이 중 대중적 수용성이 가장 높은 '여성 억압'이라는 대목을 강조하기 위하여 마린 르펜은 그들만의 페미니즘을 주창하는 것이다.

이런 방법론은 레닌의 '결정적 고리론'을 연상케 하는 데가 있다. 레닌은 『무엇을 할 것인가?』에서 정치적 삶이라는 사슬을 구성하는 무한한 고리 중 가장 중요하고, 잡을 가능성이 높으며, 잡은 자가 사슬 전체를 지배할 수 있게 해주는 고리를 찾아내 가능한 한 단단히 움켜쥐는 것이 정치 기술의 전부라고 썼다. 이때 레닌이 상정하는 '사슬'은 세상 전체를 객관적으로 구성하는 개념에 가깝다. 그런데 오늘날의 정치 주체들은 세상을 주관적으로 구성한다. 거기에는 매체 환경의 변화를 포함해 더 이상 중앙집권적이지 않게 된 여러 권력 관계의 반영이 작용한다. 따라서 오늘날 정치적 삶을 구성하는 사슬은 각 개인 혹은 집단마다 분절돼 있을 가능성이 높다. 레닌의 '결정적 고리론'에서 혁명가, 즉 정치인은 결정적 고리를 찾아내 잡는 사람이지만 오늘날의 정치인은 재구성된 세계, 즉 세계관을 생성하고 제시하는 역할까지 맡고 있다. 그러나 하나의 분파가 세계 전체에 대한 통합적 상을 그리기는 어려운 일이다. 특히 그것을 시도할 의지가 애초부터 전혀 없었던 경우라면 더욱 그렇다. 따라서 이들은 역으로 반대해야 할 대상이 되는 세계관을 개념의 연속된 사슬을 통해 구성하고 이들 고리 중 자기 진영의 각 참여자가 결정적이라고 생각하는 것을 움켜쥐도록 해 전체 사슬을 반대하도록 하는 전략을 구사하는 것이다.

이 구조에서, 가령 누군가 마린 르펜식의 반무슬림적 페미니즘에 주목해 지지자가 된다면, 그는 사슬의 나머지 부분도 전부 반대하도록 정치적으로 조직된다. 이때 반대해야 할 개념의 사슬이 기득권의 자리에 놓이고 이를 반대하는 주체가 진정한 민중 혹은 다수를 자처하게 된다는 점에서 이는 결국 포퓰리즘 전략이라고 말할 수 있다.

개념의 쇠사슬에 묶인 민주와 진보

이런 점을 종합하면 문재인 정권을 지나면서 나타난, 새롭게 고안된 보수 정치의 조직화 전략은 그 내용과 형식에서 여러모로 서구의 극우 포퓰리즘과 닮았다. 앞에서 설명한 대로 한국의 보수 정치는 문재인 정권의 경제 정책을 과거 공산주의를 학습한 운동권 출신들의 이념적 경제 실험으로 평가하였다. 비슷한 맥락에서 문재인 정권의 대북정책은 공산주의자들의 이념적 동질성에 기초한 정치로 규정되었다. 또한 보수 정치는 중국과 북한이 권위주의 독재 체제라는 점을 근거로 공산주의는 곧 독재라는 도식을 다양한 영역에서 재생산했고, 이는 곧 '진보'의 기본적 속성인 것처럼 퍼뜨렸다. 코로나19로 인해 팬데믹 사태가 발생하자 보수 정치는 '중국인 입국 금지', '우한 폐렴 명칭 고수' 등을 요구하면서 한편으로는 국가 주도적 방역 정책의 부작용을 집요하게 파고드는 방식으로 이러한 도식을 강화하였다. 종교활동 금지 대상이 된 개신교계 일부가 이에 결합했다. 이제 문재인 정부가 추진하는 모든 정책은 운동권 출신 공산주의자들의 독재 시도가 되었다. 여기에 젊은 남성 유권자 집단의 반감을 등에 업은 정치에 불이 붙으면서 페미니즘 역시 이 맥락의 서사에 편입되었다. 이를 통해 '중국=북한=공산주의=전체주의(권위주의)=더불어민주당=문재인=진보=페미니즘=차별금지법'이라는 도식이 탄생했다. 보수 정치는 진보의 반대편, 즉 독재의 반대편에 자신들이 있다는 이유만으로 스스로를 '자유민주주의'로 규정했다. 이런 방식으로, 반대해야 할 대상을 하나로 엮어서 개념의 사슬을 만들고 '하나를 반대하고 싶다면 전체를 모두 반대하라.'는 식의 정치를 형성한 것은, 서구의 극우 정치가 그랬다는 점에서 한국형 극우 포퓰리즘이라고 말해도 무리가 없을 것이다. 즉, 한국 정치에 아직 극우의 존재가 확인되지 않은 게 아니다. 한국 정치는 최신의 방식으로 극우 포퓰리즘화되었다. 우리는 이미 최첨단에 서 있다.

개인화되는 정치

'내로남불'은 문재인 정권 당시 가장 인기 있었던 시사용어 중 하나로 취급되었다. 따지고 보면 이상한 일이다. '내로남불'은 '내가 하면 로맨스, 남이 하면 불륜'이라는 뜻으로 개인의 태도에 대한 표현이지 특정한 정치적 지향을 이르는 말은 아니다. 그런데 문재인 정권 당시 보수 정치는 마치 이게 진보의 정치적 특성인 양 묘사하면서 이를 일반화하는 전략을 사용하였다. 즉, '진보=내로남불'이라는 고리를 개념 사슬에 추가하려고 시도한 것이다.

가령 이런 식이다. 정권 내 주요 직책을 맡은 인사 중 2주택 이상 소유자가 많은데 정부가 다주택자에 대한 과세 강화를 추진하는 것은 '내로남불'이라는 거다. 만일 이러한 비판의 포커스가 정권 내 주요 직책을 가진 사람의 자세를 평가하자는 것이라면 나름 쓸모 있는 표현이라고 말할 수 있다. 그러나 당시 보수 정치가 이런 평가를 했던 것은 다주택자 과세 강화라는 정책에 진정성이 없다는 평가를 하기 위해서였다. 그렇다면 그런 평가가 대체 무슨 소용이 있는가?

'내로남불'이라는 평가가 정치적으로 극단화된 계기는 조국 사태였다. 조국의 행위에 대한 평가와 법 위반에 대한 비판, 그리고 당시 집권 세력이 이를 감싸는 방식에 대한 비판이나 분석은 우리 사회 공동체를 이해하기 위해 여러모로 필요한 일이다. 그런데 과연 이 사태의 본질이 '내로남불', 그러니까 평소에 진보와 정의 구현을 말하던 사람이 돈과 학벌 대물림을 위한 일탈을 아무렇지도 않게 감행했다는 사실에 있다고 말할 수 있는 것일까? 꼭 그렇지는 않다.

보수 정치가 진보 일반을 '내로남불'의 대명사로 만들어서 얻고자 했던 것은 정치를 개인화함으로써 정치적 평가 자체를 속류화하는 효과다. 정치가 사회적 구조와 맺는 관계를 진지하게 평가하는 것은 늘 쉽지 않다. 하지만 사람과 사람 사이의 관계로 상대화하면 이해하기도, 공유하기도, 비판하기도, 반대하기도 쉬워진다. 그리고 이러한 인식에서 정치의 본질은 이해관계로 치환된다. 사람과 사람 사이의 문제는 보통 이해관계로 설명 및 이해가 되기 때문이다.

정치 담론의 개인화, 속류화는 SNS 시대라는 흐름과도 맞아 떨어진다. 정치가 SNS의 문법으로 단순화되는 것이다. 이에 따라 정치적 실천은 같은 정치적 지향을 공유하는 사람들이 그렇지 않은 사람들을 설득하는 게 아니라 마치 SNS상의 친구 맺기와 차단과 같은 행위를 각 정치인이나 세력이 정치의 공간에서 재현하는 듯한 일이 되어 버렸다. 정파를 가리지 않고 정치가 팬덤의 문법을 따르는 현상이 강화되는 것에는 이러한 영향이 있다. 이러한 차원에서 팬덤 정치는 궁극적으로 반대를 쉽고 효율적으로 하기 위한 문법과 이를 정당화하는 세계관의 결합이라고 볼 수 있다.

피해자 되기 경쟁

정치적 문제가 개인 차원의 태도나 타인과의 상대적 관계와 같은 것으로 치환되는 또 하나의 현상은 가해자—피해자 관계의 일반화이다. 가령 윤석열은 내란 혐의 등으로 수사를 받는 과정에서 자신이 불법적 수사의 피해자라고 주장하며 가해자가 피해자를 조사해서는 안 된다는 등의 주장을 했다. 이런 주장은 황당한 것인데, 애초에 윤석열은 피해자라고 볼 수 있는 입장도 아니거니와 본인이 잘못한 일에 대해 얌전히 수사받으면 될 일인데 거기서 갑자기 가해자-피해자 논리를 댈 이유는 전혀 없기 때문이다. 그러나 윤석열이 이러한 논리를 구사하는 나름의 계산법은 있다. 그것은 오늘날의 여론이 가해자-피해자 구도에 익숙하고 피해자의 자리에 선 사람에게 감정을 이입한다는 점을 잘 알기 때문에 가능한 계산이다. 무엇보다도 윤석열 본인이 문재인 정권 당시 이 논리의 수혜자였다. 윤석열이 국정농단 사건 이후에 성립된 문재인 정권 심판의 적임자로 선택된 것에는 박근혜 정권과 문재인 정권 양쪽 모두에서 피해자가 되었던 이력의 영향을 무시할 수 없다고 봐야 한다.

민주주의의 수준이 고도화되고 소비자본주의가 발달하면서 피해자가 구제받는 것은 당연하다는 인식은 이제 상식으로 자리를 잡게 되었다. 과거 독재정권 시기만 해도 피해자가 자신의 피해를 당당하게 호소한다는 것은 쉬운 일이 아니었다. 오히려 피해를 호소했다가 추가 피해를 보는 것은 아닐까를 걱정해야 하는 일이 더 일반적이었다. 그러나 민주화 이후 개인의 권리 의식이 커지고 소비자로서의 주체성이 강화되면서 가해자는 처벌받고 피해자는 구제받아야 한다는 것에 대해서는 누구도 이견을 갖지 못하게 되었다. 특히 SNS의 등장 이후에 이런 믿음은 더욱 강화되었는데, 누구나 피해를 호소해 불특정 다수의 공감을 불러일으킬 수 있으며, 이에 호응한 집단이 피해의 구제를 위해 행동에 나설 수 있는 플랫폼으로서 SNS가 유용하게 기능하게 된 덕분이다.

이러한 세태는 급기야 피해자의 자리를 놓고 서로가 경쟁하는 풍토를 만들어 냈다. 근래 서구에서 팔레스타인 민중에 대해 연대한다는 뜻을 밝히면 '반유대주의자'로 몰아가는 현상이 일어나고 있는 게 일례다. 불순한 사상을 가진 인사로 평가하면 될 일을 왜 굳이 '반유대주의자'라고 하게 된 것일까? 이것이 바로 가해자-피해자 세계관에서 피해자의 자리를 꿰차는 현상이다. '팔레스타인을 옹호하는 것은 불순한 사상이 배후에서 작용했기 때문 아니냐?'와 같은 논리는 이제 식상하니 '과거 유대인들을 탄압한 가해자들과 같은 만행을 저지르고 있는 것이 아니냐?'는 논리를 동원하게 된 것이다. 그러나 실제 만행을 저지르고 있는 것은 이스라엘이므로 이는 전형적인 가해자-피해자 관계의 전도라고 볼 수 있다. 보수 정치가 정치적 문제를 가해자-피해자 관계로 만들고 실제 가해자-피해자 관계는 은폐하면서 기득권을 피해자의 자리에 가져다 놓으려고 시도하는 것도 같은 효과를 노리는 것으로 볼 수 있다.

가해자보다 피해자의 자리에 서는 게 이익이 된다는 식의 세계관은 주류나 기득권을 자처하는 것보다 비주류나 약자를 자처하는 것이 손해를 줄일 수 있다는 인식으로 이어지기도 한다. 주류나 기득권은 무언가를 내놓거나 기여해야 하지만 비주류나 약자는 배려받는 것이 당연하다는 주장에 편승하려는 계산이 판을 치는 세상이 된 것이다.

피해자 정체성과 젠더 갈등

젠더 갈등은 구조적 문제가 개인화되는 방식으로 논의돼 출구를 찾지 못하게 된 대표적 주제다. 2016년 강남역 살인 사건 이후 새롭게 제기된 여성운동의 담론을 젊은 남성들이 '남성 일반은 잠재적 가해자'라는 개인화된 논리로 받아들였기 때문이다. 물론 SNS를 이용하는 상당수 여성들도 자신에게 익숙한 대로 남성 일반을 개인화해 공격하는 방식을 취한 것 역시 사실이다. 대표적인 게 '미러링' 논란이다. 이른바 미러링은 여성이 거시적 차원에서 미시적 부분에 이르기까지 전방위적으로 겪는 차별과 모욕을 남성이 이해하지 못하거나 외면하는 상황에 대한 해법으로 제기되었다. 강제로라도 여성의 입장이 되어보라는 일종의 충격요법이었다. 그러나 이미 논의를 개인화하는 방식으로 이해하는 것에 익숙한 사람들에게 미러링은 구조적 모순을 염두에 둔 시뮬레이션이라기보다는 개인적 모욕에 가까운 것으로 받아들여졌다.

젠더 권력의 문제가 이런 방식으로 소화되면서, 논쟁은 누가 진정한 가해자이고 피해자인지를 두고 경쟁하는 구도로 흘러가게 되었다. 온라인의 젊은 남성 집단은 자기 인생의 과정에 주류이거나 가해자였던 때가 없었다는 점을 증명하기 위해 온라인-논쟁에 참여했다. 이를 증명하기 위한 가장 좋은 방법은 각자의 인생 스토리를 꺼내 놓는 게 아니라 지금 당장 피해를 보고 있다는 점을 호소하는 거였다. 마치 선거에서 '내가 당선되면 무엇을 이루겠다.'고 말하는 것보다 '상대가 당선되는 것만은 막아야 한다.'고 말하는 게 더 효율적이듯 말이다. 이른바 젠더 갈등에서는 군 가산점을 둘러싼 논쟁이 대표적이다. 여기서 군 가산점 논쟁의 주요 쟁점을 따로 짚을 필요는 없을 것 같다. 이른바 젠더 갈등의 구도에서 논쟁은 법리나 구조적 문제에 근거한 것이 아닌, 남성과 여성 중 누가 더 피해를 많이 감수하며 살고 있는지를 경쟁적으로 논하

는 구도로 진행되었기 때문이다. '군 복무 대 출산'과 같은 입씨름 구도
가 대표적이다. 거의 20년 넘게 재생산된 이 구도는 최근 낮은 출산율
에 대한 여성 책임론 등 새로운 형태의 전근대적 보수성 강화로 이어지
고 있다.

　일부 여성 주도 커뮤니티에서 이른바 미러링을 상징하기 위해 내
세운 특유의 손동작 로고는 이 점에서 온라인의 젊은 남성 집단에게 좋
은 타깃이 되었다. 이 손동작은 성적으로 늘 대상화되는 여성의 기분을
남성도 느껴보라는 취지로 고안된 것이었는데, 바로 그 점이 온라인의
젊은 남성 집단에게는 '우리를 성적으로 모욕한다.'는 피해의 움직일 수
없는 증거가 되는 거였다. 그리하여 온라인의 젊은 남성 집단은 이 손
동작 로고와 전면적인 전쟁을 선언하기에 이르렀다. 이 손동작 로고와
싸운다는 사실 자체가 그들에게는 피해를 확인하는 것이며, 그것 자체
가 가해자 혹은 기득권이 아니라는 사실을 증명하는 행위가 된 것이다.

젊은 남성 보수화, 경제 아닌 담론 문제

　피해자가 있다면 가해자가 지목되어야 한다. 온라인의 젊은 남
성 집단은 자신들에게 피해를 안기는 가해자들을 그들이 자처하는 대로
'페미니스트'로 부르기로 했다. 가해자에게 받은 피해는 매우 분명하고
돌이킬 수 없는 수준이어야 하므로, '페미니스트'는 사상 최악의 범죄
집단이며 인류 역사에 다시 있어서는 안 될 재앙으로 묘사되었다. 이들
의 이러한 행위 양식은 전방위적으로 확산돼 그게 뭐든 이 손동작 로고
와 유사한 표시가 있으면, 혹은 이 손동작 로고를 사용하는 여성 주도

커뮤니티와 무슨 관계가 있어 보이면 '극단적 페미니스트의 관여가 의심된다.'며 무조건 문제를 제기해 백기 투항을 받아내는 일이 연쇄적으로 벌어졌다. 특히 심각한 사건은 게임을 비롯한 서브 컬처 영역에서 일어났다. 성우부터 일러스트레이터에 이르기까지, 온라인 테러에 준하는 정도의 '페미니스트 사냥'이 장기간에 걸쳐 이루어진 것이다.

이런 행태는 젊은 남성의 전반적 보수화와 연관된 것으로도 비친다. '페미니스트 반대'가 보수 정치가 반대하는 개념의 사슬을 이루는 고리 일부로 결합하면서 젊은 남성이 보수 정치로 조직되는 현상이 일어나는 것이다. 젊은 세대에서 남성이 특히 보수화되었느냐 여부는 논쟁적 주제이지만, 문재인 정권 시절부터 최근에 이르기까지 각종 언론 및 여론조사 기관에서 실시한 조사나 연구를 보면 젊은 남성의 보수화를 부정하기는 어려운 상황이다.

그동안 이런 현상을 이해하고 설명해 보려는 많은 노력이 있었다. 가장 일반적인 설명 방식은 온라인의 젊은 남성들이 경쟁을 강요하는 사회의 영향 때문에 이런 지경에 이르렀다는 것이다. 또 다른 설명 방식은 경쟁 심화에 따른 고통을 경감해 주지 못한, 즉 실패한 사회 정책을 포함한 여러 사회적 조건에 따른 연애나 결혼에 대한 실패 혹은 그것에 대한 우려가 젊은 남성의 이러한 상태를 부추겼다는 것이다. 좀 더 설명력이 강해 보이는 해석은 중산층의 소득 수준이 전반적으로 상승해 온 가운데 통설과 달리 계층 이동성 역시 강화된 상황에서 중산층의 자리에서 밀려나지 않기 위한 배타적 태도 형성이 이런 현상에 영향을 미치고 있다는 것이다.

그러나 어떤 설명 방식이든 왜 그러한 사회적 변화가 하필이면 젊은 남성이라는 특정 계층의 보수화 및 페미니즘에 대한 격렬한 반발로 표현되느냐에 대해서는 추가 설명이 필요하다고 보인다. 굳이 비유하자면 이는 경제론이 아니라 문화론적 설명이 필요한 게 아닌가 하는 생각이다. 경제적 조건이 아니라 담론의 문제라는 얘기다.

반진보적 진보

민주당 계열의 정치 세력을 진보로 규정할 것인지는 논쟁거리다. 그러나 적어도 일반 유권자들은 '진보'라고 할 때 민주 세력을 떠올린다. 그런 점을 포괄해서 보면 '진보'라는 개념의 어감에는 이중적 느낌이 있다. 첫째는 미국에서 '리버럴'을 의미하는, 정치적 지향으로서의 진보 a progressive이다. 이런 차원의 진보에서는 진보적 가치를 실현해 나가는 것이 무엇보다도 중요하다. 둘째는 사회 전반의 발전이라는 의미의 진보progress이다. 이는 진보적 가치를 실현하겠다는 것과는 뉘앙스가 다르다. '방법이 뭐든 사회 전체의 부가 늘어나고 이를 통해 모두가 공평하게 잘 살고 행복해지면 된다.'는 주의에 가깝다.

외환위기 이후 민주당 계열 정치 세력이 주류화되면서 전자와 후자는 동일시되었다. 주류적 담론에서 한동안은 시장원리와 능력주의가 후자의 의미에서 '진보'의 자리를 차지했다. 이런 세계관에서 진보란 능력에 따른 공정한 경쟁으로 이익을 배분하는 것이며, 그것은 '나'

이웃집 극우

역시도 수혜 대상이 되는 것을 의미한다. 이러한 세계관은 체제에 반영되었고 젊은 세대도 이러한 관념을 당연하게 여기며 자랐다. 2010년 무상급식 돌풍 이후 민주당 계열 정치 세력이 일정 정도 좌클릭을 감행하면서 '진보'에는 전자와 후자의 의미가 중첩적으로 담기게 되었다. 이제 '진보적 가치를 실현하는 것' 역시 '모두에게 이익'(초고소득층은 조금 손해일 수 있겠지만)이 되는 세계관, 즉 진보-이익의 세계관이 확립된 것이다.

이러한 세계관이 비주류의 자리에 있을 때, 즉 실제 통치의 논리로 구현될 일이 없을 때에는 별 문제가 없었다. 주류를 반대하는 정치의 소재로 삼으면서 진보-이익 세계관의 실현 및 반영을 그저 요구만 하면 되는 일이었기 때문이다. 그러나 2017년 문재인 정권이 집권하면서 상황은 달라졌다. 이제 진보-이익의 세계관을 구체적으로 통치에 반영해야 하는 상황이 된 것이다. 문재인 정권은 일부 영역에서 실제 이를 실현하려고 했지만, 진보-이익의 세계관은 유지 불가능한 것이라는 사실이 곧바로 드러났다. 왜냐하면 진보적 가치의 실현을 실제 통치에 반영하면 모두가 이익을 거두는 게 아니라 누군가 손해를 보는 것이 불가피해지기 때문이다.

이를 상징적으로 드러낸 것이 평창 동계올림픽 여자 아이스하키 남북단일팀 논란이었다. 남북 관계의 개선은 진보적 의제다. 여자 아이스하키 남북단일팀은 진보적 의제를 실현하기 위한 수단이다. 그런데 이를 실제 실행하려고 하자 공정한 경쟁에 따라 공평하게 이익을 배분받아야 할 여자 아이스하키 대표 팀이 실력이 떨어지는 북한 팀과 한 팀을 이루게 되어 손해를 보는 일이 일어났다. 이를 주의 깊게 본 사람들은 이제 진보-이익의 세계관이 아니라 진보-손해의 세계관을 내면화하게 되었다.

　이후 일어난 일련의 사건들은 진보-손해의 세계관에 살을 붙였다. 분명 '진보-이익'이라고 했는데, 실제 정권을 잡고 나니 왜 '진보-손해'가 되었는가? 그것은 주식과 부동산 투자로 이미 자산을 불린 진보-586세대가 젊은 세대에게 자산 형성의 기회를 주지 않고 부를 독점하기 위해 가상자산 투자를 규제하는 방식 등으로 '사다리 걷어차기'를 하기 때문이 아닌가? 조국 사태는 이러한 진보-586세대의 '내로남불'과 '위선'을 증명하는 딱 떨어지는 사례가 아닌가? 인천국제공항공사 보안 요원 정규직 전환은 정권이 공정한 기회를 보장하는 게 아니라 자신들에게 유리한 방식으로 얼마든지 규칙을 바꾸고 특혜를 선별적으로 줘 배제된 사람들에게는 실질적 손해를 입힐 수 있다는 걸 보여준 게 아닌가?

　보수 정치는 젊은 세대를 타깃으로 해 이런 식의 논리를 끝없이 공급하며 반대의 대상이 되는 개념 사슬을 만들어 갔다. 민주당 정권이 이러는 것은 그들이 진보이기 때문인데, 진보는 586세대가 주축이며, 586세대는 과거 공산주의 이념을 받아들인 자들로서 기회의 평등을 부정하는 전체주의적 마인드를 여전히 유지하고 있다는 식이다. 이 왕년의 전체주의자들은 개인의 자유를 믿고 자율에 맡기는 것보다는 권위주의적 통제를 선호하는데 음란사이트 접속 차단이나 공영방송 심의 강화, 심지어 코로나19 대응 과정의 사회적 거리 두기와 같은 정책을 선택했는데, 이런 일련의 정책은 전체주의 행태가 된다.

　이 결과 일부 젊은 세대는 순진하게 진보-이익의 동행에 속고 있기보다는 적극적으로 각자도생의 길을 선택하는 것이 모두에게 더 이익이 된다고 판단하기에 이르렀다. '반진보적 진보anti-progressive progress'로 표현할 만한 담론적 흐름이 형성된 것이다. 그리고 이 흐름은 보수 정치가 '빌드업'해 온, 반대의 정치를 위한 개념의 사슬과 결합했다. 바로 이게 이준석을 보수 정치의 대표 중 한 사람으로 밀어 올리고, 윤석열을 대통령으로 만든 주요 흐름 중 하나이다.

게임적 세계관

윤석열 탄핵 촉구 집회 등에서도 관찰된 바이지만, 젊은 세대의 경우 특히 성별에 따라 세계관을 형성하는 방식과 내용이 서로 다르다는 사실은 다양한 경로를 통해 거듭 확인되고 있다. 이런 일이 일어나는 이유는 여러 가지일 텐데, 성별에 따라 몰입하는 매체의 성격이 다르다는 사실이 서로 다른 세계관 형성에 영향을 미쳤을 가능성을 놓쳐서는 안 된다. 성별 간 몰입도가 다른 대표적 매체는 게임이다. 물론 여성 게이머도 게임 시장에서 무시할 수 없는 규모를 차지한다. 앞으로의 게임 산업은 여성 게이머를 겨냥한 변화를 모색해야 할 것이고, 아마 그렇게 하고 있을 것이다.

그러나 몰입도를 기준으로 평가를 해보자면 상황은 달라진다. 여성보다 남성이 게임에 몰입하는 정도가 깊다. 여성은 도서, 음반, 공연

등 여러 시장에서 주요한 소비자 역할을 차지하고 있다. 그러나 남성은 게임을 비롯한 제한된 영역에서만 주도적 소비자 지위를 점하고 있다. 그런 의미에서 보면 여성보다 남성이 게임의 영향을 더 많이 받는다는 가설은 합리적이라고 할 수 있다. 물론 게임의 영향을 1차원적으로 평가해 마녀사냥하는 것은 부당하다. 게임에서 살인을 많이 하면 현실에서도 살인자가 된다는 식으로 말이다. 단언컨대 게임에서 살인을 많이 한다고 해서 현실에서 살인자가 되는 것은 아니다. 왜냐하면 게임에서 어떤 것을 경험할 때 게이머는 그것이 사회에서 금지된 것인지, 그렇지 않은 것인지, 혹은 권장된 것인지를 구분할 수 있기 때문이다. 게임에서 사회적으로 금지된 일을 할 수 있다고 해서, 그 일이 사회적으로 허용되는 일로 바뀌지는 않는다는 건 합리적 판단을 할 수 있는 사람이라면 누구나 알 수 있다.

여기서 다루고 싶은 것은 게임이 현재의 체제가 권장하거나, 특별히 정당화하려 하는 세계관이나 규칙을 재생산하고 있을 때는 어떻게 되겠느냐는 것이다. 이런 경우 게임은 직간접적인 경험을 제공하고 이를 내면화하는 수단으로서 기능하게 된다. 가령 오늘날 대다수의 비디오 게임은 체제적 합리성과 공정한 보상 체계를 전제한다. 비디오 게임은 결국 0과 1로 이루어져 있으므로 모든 요소를 숫자로 번역하는 게 가능하다. 이게 말하자면 체제적 합리성이다. 공정한 보상 체계란 투입한 자원만큼 반드시 얻는 게 있다는 뜻이다. 가령 대부분의 게임에서 노력(온라인 게임에서 이 노력은 종종 현금으로 대체된다)에는 보상이 따르는데, 보상은 일반적으로 게임 플레이를 더 쉽게 해주는 효과로 이어진다. 이는 시장원리와 능력주의가 기반이 된 세계관에서 '세상은 원래 이래야 한다.'고 가르치는 궁극적 지향telos이다. 게임에 몰입하는 게이머는 어떤 의미로든 이미 시장원리와 능력주의가 구현한 완전한 세계를 부유하다 게임을 끄는 순간 합리적이지 않고, 능력주의 규칙이 지켜지지 않는 끔찍한 현실 세계로 내던져지게 되는 것이다.

인화성 높은 게임 담론, 페미니즘과 중국

상황이 여기에 그친다면 이 문제는 단지 사회화의 차원으로 이해할 수 있는 얘기일 것이다. 문제는 오늘날의 매체 환경이라는 게 그렇게 단순하지 않다는 거다. 앞서 비디오 게임을 통해 구현된 세계관을 '게임적 세계관'으로 지칭해 보자. 게임적 세계관을 공유하는 게이머들끼리 모이면 담론이 형성되기 마련이다. 게이머들의 담론은 커뮤니티, 유튜브 등을 통해 유통된다. 특히 커뮤니티를 통한 소통은 다각적으로 활발해서 이 중에는 특정한 정치적 의미를 갖게 되는 경우도 있다. '펨코'라는 약어로 불리는 FM코리아는 '풋볼 매니저'라는 축구 시뮬레이션 게임의 정보를 다루는 사이트였다. 따지고 보면 오늘날 일반화된 한국 인터넷 문화의 뿌리는 디시인사이드에 존재했던 게이머-커뮤니티를 기반으로 하는 게 상당수라고 할 수 있다. 이러한 커뮤니티나 유튜브에서 유통되는 '게임 담론' 중 정치적으로 인화성이 높은 주제를 추려보면 크게 두 개로 나눌 수가 있는데, 하나는 페미니즘이고 다른 하나는 중국이다. 두 가지는 서로 연결되는 부분도 있다. 게임 담론의 차원에서 페미니즘은 검열의 이미지를 갖고 있다. 게이머에게 페미니즘의 첫 기억은 게임 셧다운제이다. 엄밀히 말해 셧다운제는 페미니즘과 관계가 없다. 하지만 일부 게이머들은 셧다운제를 여성가족부가 추진했다는 이유로 이를 페미니즘의 산물로 믿고 있다. 또한 게이머들은 페미니즘이 게임에 등장하는 남성 중심의 서사나 여성-이미지를 검열한다고 생각한다. 게임 산업은 오랫동안 남성 소비자를 중심으로 성장해 왔으므로 페미니스트들의 비평 대상이 될 만한 요소가 상당 부분 있다. 그러나 남성 게이머들은 이를 통한 표현의 자유 침해가 우려된다고 주장하며 여성 신체 이미지를 대상화하는 일이 금지되는 것에 반발하는 것이다.

중국이 게임 시장에서 영향력을 키우면서 이 역시 게임 담론에서 무시하지 못할 주제가 되었다. 중국 게이머의 행태나 중국 게임 산업의 규모에 대한 불평 혹은 경계도 있지만, 정치적으로 흥미로운 소재는 미국의 게임사인 블리자드사가 개최한 게임 대회에서 수상한 홍콩 선수가 우산 혁명을 옹호하는 메시지를 남겼다가 상금이 몰수된 사건에 대한 논의 같은 거다. 게이머들은 이를 블리자드가 중국 자본의 눈치를 본 사건이라고 생각한다. 또 평소 페미니스트들의 비판을 수용해 '정치적 올바름'을 게임에서 구현해 온 블리자드사가 중국에 굴복하는 것은 '내로남불'이며 자기모순이라고도 생각한다. 급기야 블리자드사가 여성 직원들에 대한 성폭력을 조직적으로 은폐했다는 의혹이 불거지자 일군의 게이머들은 무릎을 쳤다. '정치적 올바름=페미니즘=블리자드=중국'…. 그러면 그렇지, 내 그럴 줄 알았다!

기성세대가 게이머이던 시절 게임 담론의 유통 구조는 제한적이었다. 하지만 인터넷과 유튜브 덕분에 게임 담론은 전 세계적 차원에서 유통된다. 서구를 비롯한 다른 나라의 게이머와 한국의 게이머는 같은

이웃집 극우

주제에 대한 특정한 의견을 갖고 있으며, 많은 경우 공통된 인식을 공유하고 있다. 다른 나라의 정치적 구도가 반영된 인식을 전달받을 가능성도 그만큼 크다. 중국에 대한 인식이 대표적이다.

게임과 게임 담론으로 이어지는 연결 고리는 보수 정치가 파고들기 좋은 틈이다. 보수 정치가 반대의 정치와 구도 해킹을 통해 형성한 반대할 대상, '중국=북한=공산주의=전체주의(권위주의)=더불어민주당=문재인=진보=페미니즘=차별금지법'의 사슬에 끼워 넣기 딱 알맞기 때문이다. 게임 코드를 잘 이해하는 이준석이 보수 정치의 대표 격 인사가 되면서 젊은 남성이 보수 정치로 조직되는 정도는 더욱 심화됐다. 이런 면에서 게임적 세계관이 젊은 남성의 보수 정치에 대한 수용성을 키우는 하나의 요인이 됐을 가능성은 충분하다고 생각된다.

윤석열이 이준석과 불화하고 합리성을 상실하면서 젊은 남성 유권자층은 윤석열을 적극적으로 지지할 수 없는 상태가 되었다. 이들은 불법적 계엄 선포도 지지하거나 정당화하지 않았다. 부정선거론에도 잘 반응하지 않는다. 부정선거론의 세계관에 합리성이 부과되어 있지 않기 때문이다. 만일 윤석열이 불법적 계엄 선포의 이유를 설명하면서 '과도한 페미니즘과 정치적 올바름을 막기 위해 계엄을 선포할 수밖에 없었다.'고 했다면, 어떻게 됐을까? 〈시사IN〉이 2025년 2월 공개한 조사를 보면 '지나친 페미니즘의 영향을 막기 위해서라면 법, 규칙을 어기거나 무력을 사용하는 게 정당화될 수 있다.'는 주장에 18~29세 남성 응답자의 32%, 30대 남성 응답자의 25%가 동의했다. 이 역시 극우 포퓰리즘의 징후로 볼 때만 일관된 해석이 가능하다.

한국형 극우 포퓰리즘의 교훈

한국형 극우 포퓰리즘은 종합하면 이런 형식이다. 첫째, 모든 포퓰리스트들이 그렇듯 세계에 대한 통합적 관점을 제공하지 않는다. 자기가 뭘 하겠다고 주장하는 것보다 어떤 대상을 왜 반대해야 하는지를 중심으로 정치적 구도를 형성한다. 둘째, 정치를 개인화해 정치적 문제를 인간관계의 재현으로 만들어 속류화한다. 셋째, 반대해야 할 대상을 하나로 콕 집어 특정하는 게 아니라 스테레오타입화된 이런저런 특성을 열거해 사슬을 만드는 방식으로 그물을 넓게 친다. 그러면서 이 중 하나라도 반대하면 사슬 전체를 반대할 수밖에 없는 정치적 문법을 형성하는 것이다.

이러한 방식의 정치는 어느 날 갑자기 나타나지 않았다. 한국의 주류 정치가 시대적 변화와 주어진 조건 아래 서로 영향을 주고받으며 변화하면서 만들어 온 형태다. 이는 흔히 극우 정치의 진원지로 지적되는 극우 유튜브나 극우 개신교계의 영향만으로는 할 수 없는 일이었다. 물론 그들도 이러한 한국형 극우 포퓰리즘이 작동하도록 하는 톱니바퀴 중 하나로 중요한 역할을 담당하였지만 말이다. 어쨌든 그 결과 윤석열은 중도적 지향의 인물처럼 나타나 정권을 획득하고는 짧은 시간에 불과했으나 공화정을 파괴해 씻을 수 없는 상처를 남기는 극단적 만행을 감행하고는 스스로 자멸하였다. 윤석열에 대한 정치적 법적 책임을 물음으로써 사태는 일단락된 것처럼 느껴진다. 그러나 윤석열을 지도자의 자리에 앉힌 정치를 청산하지 않으면 언제든 같은 일은 다시 일어날 수 있다. 윤석열을 대통령으로 만든 것은, 계속 강조하지만 갑자기 나타난 극우 돌격대의 요란한 쿠데타가 아니었다. 여의도 정치의 그럴만한 정치 행태가 조성한 정세에 따른, 평범한 유권자들의 합법적 투표였다.

그렇다면 한국형 극우 포퓰리즘의 극복은 어떻게 이루어져야 할까? 윤석열이 애초에 오늘날 대의민주주의가 만들어 낼 수 있는 여러 가능성 중 하나에 불과한 것이었다면, 제2의 윤석열을 막기 위해서는 근본적으로 다른, 진정으로 대안적인 민주주의를 고안해 내야 하는 것이 아닐까? 윤석열의 만행이 우리에게 안겨 준 골치 아픈 숙제다. 아직 우리는 이 숙제를 해치우기 위한 첫발을 내딛지도 못했다.

4장

반공, 반동성애 거쳐 신정국가로

한국 개신교 극우화의 계보

김 현 준_ 성공회대 동아시아연구소 연구교수

보수 개신교는 '하나님의 나라' 건설을 단순한 신앙고백이 아니라 기독교 원리로 세속 국가를 재편하려는 정치적 의제로 전환시켰고, 극우 개신교는 이를 단지 믿는 것에서 나아가 배타주의와 혐오 선동, 심지어 민주주의를 폭력적으로 위협하는 행동을 통해서 관철시키려 하고 있다.

극우와 내란의 종교

한국의 보수 개신교계는 해방과 분단 이후 들어선 권위주의 정권의 강력한 지지 세력으로 자신을 지키고 성장시켜 왔으며, 반공 보수 이념의 주요 진지 역할을 했다. 12.3 불법 계엄과 내란 정국이 헌정 질서 안에서 정리되는 과정이지만, 아직도 '극우 개신교' 세력은 이에 불복해 저항하는 모습을 보여주고 있다. 내란 세력은 인민주권을 중심으로 하는 민주주의, 공공성을 중요시하는 공화주의 헌정 질서를 부정하면서 권위주의 국가체제로의 복귀를 꿈꾸고 있다. 다행히 계엄은 실패했고 윤석열은 1심에서 무기징역형을 받았지만, 극우화된 개신교 세력과 국민의 힘의 저항으로 내란을 지지하는 세력은 아직 완전히 정리되지 않았다. 이들은 대통령 탄핵이 헌재 재판관 만장일치로 인용된 지 한참이 된 지금도 "윤 어게인!"을 외치고 있으며, 소수자와 외국인(중국)에 대한 혐오 선동도 멈추지 않고 있다.

한국 개신교의 보수, 우파 이념 속에 뿌리를 내리면서 자라온 극우 개신교는 오래된 근본주의 신학과 반공, 우익 내셔널리즘을 바탕으로 성장해 왔으며, 최근에는 생존 위기를 벗어나기 위해 성소수자, 중국 혐오 등을 앞세워 '문화전쟁'을 수행 중이다. 이들은 차별, 혐오, 배제를 제도화하기 위해 SNS와 유튜브 등 미디어, 출판, 교육을 적극 활용하고 있으며, 입법부에 집단적인 압력을 행사하고 있다. 극우 개신교가 적극적, 조직적 행동에 나서고 있는 것이다.

주목해야 할 부분은, 내란 수사 과정에서 밝혀진 것처럼, 극우 개신교의 조직적 행동이 교육 영역에서 꾸준히 진행됐으며, 실질적 성과도 만들어 내고 있다는 사실이다. 그들은 '리박스쿨'이라는 조직을 만들고, 공교육 제도의 허점을 이용해 국가 기구를 타고 들어가 극우, 뉴라이트 사상을 교육 현장의 아이들에게 주입하려 했고, 부분적으로 실행됐다. 대표적인 극우 기독교 인사인 전광훈과 손현보는 대안학교 등 자체 커뮤니티를 통해 반공주의와 '기독교 국가'를 지향하는 교육을 꾸준히 해왔다. 그리고 이 모든 교육에는 기독교, 성경의 가치가 내재돼 있는데, 그들이 전하고자 하는 궁극의 메시지는 "대한민국은 기독교 국가가 돼야 한다."는 것이다. 신정국가 또는 정교일치를 꿈꾸는 시대착오적인 열정과 신념이다. 반공 DNA를 가지고 있는 극우화된 보수 개신교는 내란 과정에서 색깔론을 다시 끄집어냈으며, 부정선거 음모론 등 가짜뉴스를 생산 유포했고, 윤석열은 개신교 신앙고백이나 '감옥 메시지' 정치를 통해 이를 더욱 부추겼다. 12.3 내란 이후, 계엄령을 지지하며 거리를 가득 메운 핵심 주체는 극우 개신교 세력이었고, 적잖은 규모의 자금도, 극우 논리와 주장의 근거도 이들이 제공했다. 내부 갈등으로 따로 놀기는 했지만, 반동적 저항의 중심에 섰던 전광훈과 손현보가 주도한 움직임을 살펴보자.

"대한민국은 기독교 국가가 돼야 한다"

소위 정통 아스팔트 우파로 불리는 '광화문파' 전광훈은 광화문 태극기 집회를 주도했으며, 서부지방법원 폭력 점거의 배후 조종 혐의를 받고 있던 중 2026년 1월 구속됐다. 전광훈의 역사는 21세기 아스팔트 위에 등장한 극우 개신교의 역사라고 해도 과언이 아닐 정도로 개신교 극우화 궤적에서 중요한 위치를 차지한다. 부흥사 출신 전광훈은 사랑제일교회, 청교도영성훈련원, 전국 지역 조직인 '자유마을'을 기반으로 규모가 큰 종교-경제 공동체를 운영하고 있다. 가족 중심으로 운영되는 각종 이권 사업과 유튜브 채널, 신문 발행 등을 병행하면서, 신자들에게 헌금 명목의 금전을 강요하는 수단으로 이러한 사업을 이용했고, 이렇게 거둬들인 돈은 극우 개신교 세력의 물적 기반이 되었다.

전광훈의 꿈은 이 같은 경제적 토대 위에 보수 개신교계가 정치 세력화에 성공하는 것으로, 구체적으로는 정당 건설로 가시화됐다. 전광훈은 2008년 기독사랑실천당 창당 이래로 2016년 기독자유당, 2020년 기독자유통일당을 거쳐 2025년 현재 자유통일당에 이르기까지 당명을 바꿔가며 총선을 통해 우파 기독교 정당 원내 진입을 꾸준히 시도했다. 2019년에는 한기총의 대표회장을 지내기까지 했다. 그는 김문수, 황교안 등과 관계를 맺으며 부정선거 음모론을 적극적으로 유포하고, 국민 저항권 운운하며 민주공화국을 근본적으로 부정한다. 사랑제일교회 전도사는 서부지법 폭력의 주동자 중의 한 명으로 구속되었다.

부산 세계로교회와 고신교단의 지지를 받는 손현보 목사는 광화문이 아닌 여의도와 부산 등지에서 대규모 집회를 열어 '여의도파'로 불렸다. 손현보 쪽은 전광훈에 비해 신흥 세력이지만 전한길, 황교안 등이 동참하면서 세를 키웠다. 손현보의 활동과 구속은 교회의 정치 참여에 소극적이었던 보수적인 고신교단에서 적극적인 정치 행동을 이끌어 냈다는 점에서 이례적인 일이라고 할 수 있다. 또 이들은 청(소)년들을 동원하는 데도 적극적이다.

손현보 세력은 코비드-19 팬데믹 기간 정부가 검역 정책 일환으로 대면 예배를 제한하자 이를 종교 자유의 침해로 받아들이면서 세속 정부(문재인 정권)에 대한 반기독교적 의혹을 강하게 품게 되었다. 이들은 2025년 10월에 '손현보 목사 석방 촉구와 종교 자유 탄압 규탄대회'를 개최하는 등 종교의 자유에 대한 탄압 프레임을 정부에 덮어씌우려 하고 있다. 기독교 뉴라이트의 '대부'로 불리고, 계엄을 지지하는 김진홍 목사도 집회에 적극적으로 참여해 손현보를 지지하는 극우 행보를 보였다. 부산 세계로교회에는 연일 극우 목사들이 설교인지, 선동인지 모를 메시지를 전파하고 있고, 교회 주일학교나 대안학교, 그리고 유튜브 등의 SNS를 통해서도 이를 확산시키고 있다.

광화문파, 여의도파 모두 신앙과 정치가 긴밀하게 결합해 있다는 신념을 온라인과 오프라인에서 적극적으로 퍼뜨리고, 이를 위해 직접 행동으로 나서고 있다. 하지만 손현보 쪽은 전광훈 쪽보다 공개적이고 노골적으로 대한민국을 기독교 국가로 만들겠다고 선언한다는 점에서 차이가 있다. 손현보는 교육법 개정 및 기독교 대안학교 설립으로 한국을 아시아 최초 기독교 국가로 만들겠다고 말했다. "지금 공립학교에서 하나님의 말씀을 가르칠 수 없고 하나님 말씀과 반대되는 것을 주입식으로 가르치는데, 대응할 수가 없다. 사회보다 교회가 출산율이 3배 높은데✚, 교회가 국가 지원을 받아서 대안학교를 세우고 우리 청년들이 학생을 가르치면 얼마 지나지 않아 대한민국은 자동적으로 기독교 국가가 된다. 10년, 20년 후에 기독교 국가가 될 수밖에 없는데, 이런 일을

✚ 기독교인의 출산율이 일반인보다 3배 높다는 주장은 근거가 빈약하다. 서양 기독교 국가 경우 기독교인들의 출산율이 다소 높게 나타나는 경우가 있으나 우리나라에서는 그런 현상이 발견되지 않는다.

이 웃 집 극 우

위해서는 누군가 나서서 행동해야 한다. … 한국의 교육법을 바꿔 (하나님을) 믿는 선생님들이 바른 성경적 가치관을 가르칠 수 있어 아이들이 하나님 말씀을 듣는다면, 한국은 이승만 대통령이 말했던 아시아 최초의 기독교 국가가 될 것"이라고 말했다. 손현보 목사는 2005년 초에 2~3년 안에 무슨 일이 있어도 교육법을 바꾸고, 기독교 대안학교를 설립해 한국을 기독교 국가로 만들겠다고 주장했다. **✛**

한국 개신교의 극우화 흐름은 미국의 극우 세력과 연계를 빼놓고는 말할 수 없다. 최근에는 트럼프 지지 세력인 '마가MAGA : Make America Great Again(미국을 다시 위대하게)' 세력과 밀착하면서 국정은 물론이고 외교정책에까지 영향력을 넓히려 하고 있다. 부정선거 음모론, 혐중론 등의 진원지로 재미교포 애니 챈, 모스 탄, 고든 창 등이 거론되기도 했다. 이들은 미국 보수 정치권과의 인맥을 과시하며 정치 컨설턴트나 로비스트, 정치 논객, 유튜버 등으로 활동한다. 이러한 한국과 미국의 극우 세력을 잇는, 이른바 'K-마가'와 '빌드업 코리아' 같은 신흥 네트워크 세력은 미국의 반공주의와 선거 음모론, 트럼피즘과 기독교 내셔널리즘을 한국에 들여오고, 한국 극우의 국제화를 추동하고 있다. 미국 극우 운동가 찰리 커크의 사망을 계기로 그의 멘토로 알려진 랍 맥코이Rob McCoy 목사가 손현보 목사의 교회를 방문했고, 국내에서 커크 추모 행사를 열기도 했다. 한국 개신교와 미국 개신교의 긴밀한 관계는 어제오늘 일이 아니지만 최근 양국의 극우 세력들은 유튜브와 같은 새로운

✛ 뉴스앤조이, 손현보 목사 '한국을 아시아 최초 기독교 국가로 만들겠다'
https://www.newsnjoy.or.kr/news/articleView.html?idxno=307079

미디어 환경을 통해 실시간 동기화가 되고 있다. 이렇게 최근 종교적 근본주의와 극우주의 정당의 전 지구적 발흥, 기독교 우파 내셔널리즘과 결합한 트럼피즘은 한국 개신교의 극우화를 단지 일국에 국한된 지엽적 현상으로 볼 수 없음을 시사한다.

개신교 극우화 역사

해방 이후, 민주화 이전까지

분단과 반공, 미국과 복음주의, 자본주의와 정교유착

개신교 극우주의는 어느 날 갑자기 출현한 것이 아니다. 한국 사회의 정치(이념)경제적, 사회구조적 부조리와 세속사회 속에서 기독교 신앙의 생존 위기의식과 심리적 불안, 그리고 종교로서 가져야 할 도덕적 권위 상실에 따른 박탈감이 교차하면서 극우 탄생의 토양이 형성되었다. 게다가 개신교의 신학적 보수성(근본주의)과 배타성도 크게 영향을 미쳤다. 최근의 한국 극우 개신교 운동을 주도한 전광훈과 손현보가 탄생할 수 있었던 배경에는, 멀게는 한국 사회의 오랜 반공주의, 친미주의, 자본주의라는 맥락과 이를 신앙적으로 해석해 내는 인지적 틀인 보수 개신교의 근본주의가 있다.

보수 개신교에는 반공, 미국, 자본주의를 신앙의 근본 교리(복음)

와 동일시한 오랜 역사가 있다. 해방 정국에서 정치적 보수 이념과 종교적 보수 이념의 만남은 배타주의와 폭력성을 강화시켰다. 제주 4.3 학살에 적극 가담한 주체 중 하나인 서북청년단은 분단 체제의 극심한 이념 갈등이 낳은 국가 폭력이자, 개신교 반공주의 신앙의 폭력성이 드러난 극우화의 대표적 사례다. 해방 이후 지속된 권위주의 정권들은 종교를 길들임으로써 정권 유지와 대중 통치에 이용했고, 종교 역시 기꺼이 이용당하고자 했다. 독재정권 하에서 보수 개신교회는 사회정치적 사안들에 대해서는 침묵하면서도 국가조찬기도회 등을 통해 정권의 정당성을 선전했으며, 정권의 비호 아래 '순수한(탈정치적인) 보수 신앙'의 '자유'를 보존할 수 있었다. 탈정치화된 '민족 복음화' 운동을 통해 교세의 양적 성장에 치중하면서 인민대중, 도시민, 노동자에 대한 위로와 복지, 공동체 의식과 정체성을 제공했는데, 이는 곧 산업화 기간에 '근로자'가 근면 성실한 노동력을 꾸준히 제공하는 데 기여함으로써 결과적으로 개발독재를 뒷받침하는 역할을 했다.

개신교인들은 반공주의 및 개발독재 아래서 누리던 '종교의 자유'로 인해 더더욱 반공주의와 권위주의를 자유로운 신앙의 절대 조건으로 착각하고 내면화하기에 이른다. 이러한 조건에서 수많은 교회가 세워지고, 대형.교회들이 등장하기 시작했다. 대형 교회들은 산업화와 개발독재가 낳은 대중의 소외, 즉 복지 수요와 문화적 욕구를 흡수하면서 신자 대중에게 복지와 문화를 제공했다. 이로써 대형 교회들은 개발독재와 발전주의 국가체제에 순응하면서 문화적, 윤리적으로 뒷받침하는 '이데올로기적 국가 기구'로 성장했다. 전도의 열정을 갖는 복음주의, 반공 국가를 참된 기독교의 암묵적 토대로 믿는 보수 신앙은 이렇게 발전되었다. 물론 모든 개신교가 그런 것은 아니었다. 1970년대에는 박정희 독재와 맞서 싸운 진보적 개신교인들도 많았다. 도시산업선교회, 기독학생운동, NCCK(한국기독교교회협의회) 등은 민주화 운동에 적극 참여했으나 이들은 교세로 보나, 정치적 영향력으로 보나 주류가 아니었다. 개신교의 다수는 보수적이었고, 반공을 최우선 가치로 삼았다.

게다가 한국 보수 개신교는 미국 근본주의적 복음주의의 영향을 받아, 성서를 문자 그대로 믿는 성서 절대 무오류설, 배타적 구원관과 선민사상을 중심으로 하는 근본주의 신학을 바탕으로 반공주의와 동화되어 신앙적 열정을 공산주의나 유물론, 나아가 세속주의와 인본주의 humanism(인문주의), 이웃 종교인에 대한 적개심으로 표출해 왔다. 또 독재정권이 선전한 '자유민주주의'라는 이름의 냉전 반공주의의 배타성을 기독교적 가치와도 동일시했다.

민주화의 역설, 기회 또는 위기

문화 선교 실패와 '광장 기독교'의 등장

개신교 극우화 현상의 가까운 배경에는 2000년대 나타난 소위 '광장 기독교' 또는 '애국 기독교'와 '뉴라이트'가 있다. 그런데 역설적으로 이 광장의 애국 기독교는 1987년 민주화의 산물이기도 했다. 1990년대에 들어서면서 민주화 이전에 독재정권과 유착해 민주주의를 외면해 온 보수 개신교는 종교적 진정성을 의심받았고, 사회적 신뢰도 잃었다. 성범죄를 비롯한 목사들의 각종 범죄와 비도덕적 행위들, 그리고 비합리적 교리는 '안티기독교' 운동을 촉발했고, 시간이 흐를수록 개신교 권위는 추락했다. 무엇보다 교회의 양적 성장이 둔화되기 시작했다. 탈권위적이고 자유로운 대중문화의 발전은 이 위기를 가중시켰다. 교계는 교회보다 대중문화가 더 재미있어서 청년 신자들을 대중문화에 빼앗긴다고 생각했다. 교회 입장에서는 기독교와 대중문화가 경쟁 관계가 된 것이다. 보수 교회 목회자들은 사회의 변화에 따른 새로운 민주적, 다원적 가치에 적응하지 못한 상태에서 개신교의 사회적, 문화적 영향력 감소와 교세 하락에 대한 위기의식과 상대적 박탈감을 강하게 느끼기 시작했다.

교회는 이 같은 위기를 극복하는 방안으로 1990년대부터 문화 선교 또는 문화 목회를 도입했다. 하지만 이 과정에서 보수 개신교는 세속적 가치와 문화에 대해 분열적 태도를 보였다. 개신교계가 대중문화의 형식만 차용했기 때문에 나타난 현상이었다. 예컨대, 청년 전도를 위해 교회에 드럼과 전자 악기를 도입하고 CCM^{Contemporary Christian Music}(현대 기독교 음악, 미국에서 발전한 팝의 하위 장르) 등을 발전시켰지만, 기독교가 지향했던 것은 '세상의 악한 문화에 대적'하는 구태의연한 '기독교적 문화'의 응전이었다.

이 같은 문화적 대응과 함께 보수 기독교계는 정치·사회·문화에 대한 교회 참여의 이론적 근거와 보수 신학의 이론 개발 작업을 병행했다. 이 과정에서 미국의 근본주의적 복음주의와 칼뱅주의 신학 담론인 '기독교 세계관' 또는 '기독교 문화관'이 한국의 보수 기독교계에 영향을 미쳤다. 세속적 가치와 문화를 해석하기 위해 다양한 이론과 실천(목회) 방침들이 이 시기에 나오기 시작했다. 책 제목이기도 한, "사탄은 마침내 대중문화를 선택했습니다."와 같은 담론이 유행했다. 동시에 반동성애, 반포스트모더니즘, 반뉴에이지를 주장하는 보수 신학 담론이 교회 내에서 퍼지기 시작했다. '서태지와 아이들'이나 뉴에이지 음악가들을 사탄 숭배자로 몰기도 하는 등 반기독교적 가치와 문화에 대한 선명한 배타성이 기독교를 수호하는 신앙 행위가 되었다. 이러한 흐름은 2000년대에까지 이어진다.

　한국의 복음주의적 사회 참여와 기독교 세계관 지성 운동[+]이 만들어 낸 기독교 시민단체인 기독교윤리실천운동본부(기윤실)는 기독교 세계관에 입각한 신학을 발전시켰고, 성에 대한 엄숙주의적 가치관과 청소년보호론 등을 근거로, 선정성 논란이 있었던 가수 박진영의 음악에 대한 전방위적 반대운동을 펼쳤으며, 미디어의 동성애 코드에 대해서도 앞장서서 반대했다. 이처럼 이 당시 설립된 여러 보수 개신교 시민·문화단체들은 반기독교 가치나 사상에 대한 강한 거부와 반동성애 입장을 완고하게 견지했으며, 이를 교육·출판 등을 통해 목회자들과 신자 대중에게 확산시켰다. 후술하겠지만 이것이 극우 개신교가 오늘날 주장하고 있는 혐오 선동 논리와 문화 전쟁론의 기원이다. 즉, 복음주의 정치·사회·문화 이론과 운동이 교계 내 극우 확산의 저변이 된 것이고, 이러한 입장을 극우 개신교가 적극적으로 차용하고 계승한 것이다. 보수적인 신학의 지성과 문화 운동이 극우의 토양이나 인큐베이터가 된 셈이다. 그러나 보수 신학에 근거해 문화적으로 개신교의 위기를 돌파해 보려는 이러한 신앙 운동은 상황을 반전시키지는 못했고, 사회적으로도 대안적

[+] 기독교적 가치와 세계관을 지적·학문적으로 사회에 확산시키려는 복음주의적 사상운동으로 이 운동이 도덕적·윤리적 사회 참여(예컨대 선정성 비판, 동성애 반대 등)와 연결되면서 기윤실 같은 단체들이 '기독교 시민운동' 형태로 활동하게 됐다.

이웃집 극우

가치나 운동으로서 설득력을 갖지 못했다. 이는 보수 기독교계가 민주화 이후 위기를 벗어나기 위해 채택한 전략이었던, 문화전쟁이 성공하지 못했다는 것을 의미한다. 그 결과 이들은 보수 정치 세력과 동맹을 맺거나 직접적인 정치 참여를 통해 생존 위기를 벗어나려는 전략을 선택했고, 더 나아가 극단적인 정치적 행동, 극우화의 경로로 가게 된 것이다. 과거 극우 성격의 독재정권과 함께하면서 형성됐던 보수 기독교계의 극우 DNA가 계엄 국면을 맞아 자신의 형질을 극단적 형태로 발현한 것이라 할 수 있다.

사실 앞서 언급한 것처럼 민주화는 보수 개신교에 새로운 기회였다. 민주화는 정치적, 종교적 자유를 가져왔고, 그것은 보수 개신교도 자유롭게 정치와 사회에 참여할 수 있는 공간이 열렸다는 것을 뜻했다. 보수 개신교는 더 이상 정치권력의 눈치를 보며 은밀하게 권력을 추구할 필요가 없어졌다. 독재 권력의 억압이 사라지면서 종교적 신념의 실천을 과거보다 자유롭게 할 수 있게 된 보수 개신교는 다양한 단체를 만들어 사회적, 정치적 참여를 적극적으로 실천하기 시작했다. 이른바 정치적 행동주의activism가 등장한 것이다. 권위주의 시절에는 표면적으로는 탈정치와 정교분리를 표방하면서도 실제로는 정권과 유착(야합)하는 방식이었다면, 민주화 이후에는 자신들의 정치적 목소리를 적극적으로 내는 방식으로 변했다. 1987년 민주화 이후부터 2000년대 초반까지 보수 개신교의 '정치적 행동'의 구체적인 내용을 살펴보자.

1989년 보수 교단들의 연합 조직으로 출범한 '한국기독교총연합회(한기총)'는 민주화 운동에 앞장선 에큐메니컬 진보 개신교계 조직인 한국기독교교회협의회NCCK(1924년 설립)를 견제하기 위해 정권과 보수 개신교의 이해관계가 맞아떨어져서 설립된 단체다. 한기총은 보수 교단들의 대표성을 행사했다. 이 세력을 바탕으로 한기총은 정치적 이익집단으로서 힘을 과시하기 시작했다. 정부 정책에 의견을 내고, 대통령 선거에서 특정 후보를 지지하거나 반대하는 일이 잦아졌다. 정치인들이 선거철마다 한기총에 방문하는 것이 상례화되었다.

1990년대 후반부터 한기총은 시청 광장 등지에서 대규모 집회를 개최하기 시작했다. 1997년 외환위기 당시에는 '나라 살리기 기도회'를 열었고, 수십만 명이 모였다. 이런 와중에 2002년 미선이 효순이 미군 장갑차 희생 사건으로 인한 촛불집회와 주한미군지위협정SOFA 개정 운동이 벌어졌고, 이에 맞서 한기총은 주한미군 철수 반대 기도회를 시청 광장에서 대대적으로 개최했다. 이때부터 광장에는 태극기와 함께 성조기가 등장하기 시작했다.

노무현 정부 시절이었던 2004년에는 한기총이 한나라당, 반핵반김국민협의회와 함께 서울광장에서 국가보안법 폐지 반대와 사학법 개정 반대를 내걸고 '대한민국 수호 국민대회'를 열었다. 사학 재단을 많이 가지고 있는 기독교계와 사학 재벌 보수 정치인들이 공동의 이익을 관철하기 위해 손잡고 개최한 행사다. 한기총과 한나라당의 사학법 반대 투쟁은 종교(교육)의 자유를 명분으로 내세우며 족벌 사학의 특권적 지위 유지라는 이해관계 동맹이 반공의 깃발을 함께 들면서 만들어 낸 사건이었다. 이것은 민주사회에서 종교계가 자신들이 소유한 사학의 사적 이익을 특권화하기 위해 교육의 공공성을 심각하게 훼손시킬 수 있다는 사실을 우리 사회에 알려준 사건이기도 했다. 수구·보수 정당이나 정치인은 보수 개신교계의 이익에 좀 더 민감하게 반응하게 되었고, 공

이 웃 집 극 우

공성보다는 개신교의 특권을 위해 움직이는 것이 정치적 이해관계를 따지면 더 나은 선택지라는 사실을 알게 되었다.

2004년은 국가조찬기도회가 사단법인으로 공식화된 해이며, 서경석 목사가 기독교적 가치(복음주의적 사회 참여의 신학)와 보수주의적 가치를 결합한 '기독교사회책임'을 창립한 해이기도 했다. 2005년에는 김진홍 목사가 운동권 좌파 척결과 이명박의 당선을 위해 '뉴라이트전국연합'을 만들며 '기독교 뉴라이트'의 주축이 되었다. 기독교 뉴라이트는 식민지 근대화론과 1948년 건국론, 자본주의(신자유주의) 시장경제를 핵심으로 하는 뉴라이트 사상, 보수적인 복음주의 개신교인들의 반공주의 신학, 기독교적 사회·정치 참여의 신앙적 동기가 결합한 정치운동이다. 2008년 이명박 정부가 들어서면서 기독교 뉴라이트 세력은 더욱 힘을 얻었다. 이명박 대통령 자신이 대형 교회 장로였고, 정부 요직에 개신교인들을 대거 임명했다. 서울시장 시절 "서울시를 하나님께 봉헌"한다는 발언은, 다음에 다시 언급하겠지만 '에스더 기도운동본부(에스더)'의 정신적 지주인 김준곤 목사가 주창한 '기독교 성시화 운동'에 영향을 받은 것이다.

그리고 앞서 말한 것처럼 개신교 극우화의 과정에는 기독교 정당 설립 운동도 있었다. 한국의 기독교 정당들은 정치와 종교 간의 건전한 분리와 견제의 토대 위에서 설립된 것이 아니었다. 세속 국가와 정치에서 개신교의 특권을 제도적으로 관철시키기 위한 노골적인 이익집단으로 출발했다. 전광훈은 최근 내란 국면에서 크게 두각을 드러난 인물로 알려졌지만, 사실은 기독교 정당을 꾸준히 창당해 온 인물이다.

이렇게 2000년대는 개신교가 광장 대중 동원의 정치적 효용을 체험한 시기였을 뿐 아니라, 각종 정치사회 단체를 결성하며 정치적 압력 단체로서의 위세를 드러내기 시작한 시기였으며, 종교적 자유를 명분으로 자신들의 이해관계나 가치를 공적 영역에 강제할 수 있는 자신감을 학습한 시기였다. 그리고 이러한 실천적 자신감의 배후에는 특수한 신학적 신념의 발전이 자리하고 있다. 이런 일련의 과정이 진행되던 때는 다른 한편으로는 개신교가 '개독교'라는 멸칭까지 얻으면서, 국민의 신뢰를 잃어 가는 시기이기도 했는데, 이때부터 보수 개신교의 파시즘적인 성격이 드러나기 시작했다.

보수 개신교, '차별과 혐오' 선봉장

반공주의와 반동성애 결합으로 중무장

2007년은 차별금지법에 대한 조직적 반대 운동이 부상한 해로 보수 개신교의 극우화 원년이라고 할 수 있다. 그해 10월, 법무부는 '차별금지법' 제정을 추진했다. 법안의 내용은 성별, 장애, 병력, 나이, 출신 지역, 출신 국가, 출신 민족, 인종, 피부색, 언어, 용모와 신체 조건, 혼인 여부, 임신 또는 출산, 가족 형태 및 상황, 종교, 사상 또는 정치적 의견, 전과, 성적 지향, 학력, 고용 형태, 사회적 신분 등을 이유로, 합리적 이유 없이 사람을 차별해서는 안 된다는 것이었다. 대부분 주요 나라들에는 이미 비슷한 법이 있고 유엔도 차별금지법 제정을 권고하고 있다.

하지만 보수 개신교는 '성적 지향'이라는 단어를 문제 삼아 이 법안이 동성애를 옹호하는 것이라고 주장하기 시작했다. 각 지역의 교회들은 신자들을 동원해 반대 서명을 받았고, 한기총을 비롯한 개신교 단체들은 집회를 여는 등 거부 운동을 전개했다. 정부는 결국 출신 국가, 언어, 가족 형태, 범죄 경력, 성적 지향, 학력, 병력 등 7개 핵심 차별 사유를 삭제한 수정안을 국회에 제출했다. 이후에도 17, 18, 19, 21대 국회에 걸쳐 지속적인 입법 시도가 있었지만, 보수 개신교가 중심이 된 차별금지법 제정 찬성 국회의원 낙선운동의 벽을 넘지 못한 채, 2026년 현재까지도 이 법은 국회를 통과하지 못하고 있다. 뿐만 아니라 보수 개신교가 만든 다양한 혐오 단체들의 반발로 기존에 있던 각 지자체의 인권 조례와 학교의 학생 인권 조례도 줄줄이 폐지, 개정되거나 제정이 방해받고 있다.

2007년 차별금지법 제정을 막기 위한 목적으로 '에스더'가 창립되었다. 에스더는 반공주의를 기조로 반동성애와 북한 선교를 위해 만들어진 선교 단체이며 한국대학생선교회^{CCC} 창립자 김준곤 목사의 민족 복음화, 기독교 성시화, 기독교 입국론의 비전을 계승한다. 이 외에도 '바른 성문화를 위한 국민연합', '동성애 반대 국민연합', '동성애 문제 대책위원회', '건강한 사회를 위한 국민연대', '한국교회 동성애 대책협의회' 등의 단체를 결성하면서 수구·보수 정당의 비호 아래 국회에서도 반동성애, 차별금지법 반대 행사를 지속해서 개최하기 시작했다.

2007년 이후 극우 색채를 노골적으로 띠기 시작한 보수 개신교는 반동성애를 중심으로 크고 작은 여러 반인권 혐오 선동 단체를 결성하고, 이들 사이의 네트워크를 확장하면서 조직적인 반대운동에 총력전을 펴는 전략을 선택했다. 이러한 혐오 선동은 2010년 전후로 발전하기 시작한 유튜브를 비롯한 소셜미디어를 통해 빠른 속도로 확산되었고, 크고 작은 점조직들이 유튜브 채널을 만들어 활동하기 시작했다.

　이제 보수 개신교를 중심으로 한 차별금지법 반대 세력은 동성애를 단순히 신학 교리상의 '죄'로서만이 아니라, 한국 사회를 위협하는 비도덕적 행위로 규정하고, 공중보건의 '적'으로 만들며, 기독교와 국가 체제를 위한다는 명분으로 소수자 혐오를 정당화하는 논리를 견고하게 만들어 나갔다. 신학이나 법학, 잘못된 의학 정보 등 각종 논리를 앞세워 동성애의 부당성이나 불법성을 주장하는 기독교적, 성경적 학술 논문들이 나오기 시작했다. 동성애를 에이즈의 원인으로, 동성애자를 범죄자이자 보균자로 낙인찍기 시작했고, 전환 치료를 주장하기 시작했다. 나아가 이들을 이성애 기반의 '정상 가정'과 청소년 및 공교육을 파괴하고, 결혼율과 출생률을 떨어뜨려 국가의 존립을 위태롭게 만드는 반국가 세력으로 지목했다. 또 동성애를 소재로 하거나 성소수자가 출현하는 대중문화 콘텐츠도 청소년 유해물로 취급하며 이에 반대하는 문화 운동을 전개했다. 이러한 움직임의 정점에서 평소 "동성애는 공산주의 혁명의 중요한 핵심적 수단"이라거나 차별금지법이 기독교 정신을 훼손한다며 반대하는 견해를 피력해 온 전 헌법재판관 안창호가 윤석열 정부 시절인 2024년 국가인권위 위원장에 임명되는 '사건'이 있었다. 이들은 동성애와 이를 지지하는 페미니즘 및 젠더퀴어 이론, 포스트모더니즘 등이 공산주의자(마르크스주의자)들의 세계 공산화 전략이라는 이상한 주장을 하기 시작했다. 여기에 '종북'까지 끌어들여 이른바 '종북 게이'라는 차별과 혐오의 용어를 만들어 내면서 급기야 동성애자들을 빨갱이로 만들어 버렸다. 성적 불평등을 비판하고 성평등을 추구하는 학술 이론들에 반공주의 잣대를 들이대기 시작하고, '젠더'라는 단어만 사용해도 공산주의로 낙인찍었다.

보수 개신교가 동성애라는 성적 지향과 젠더/퀴어/페미니즘에까지 색깔론을 덧씌운 이유는 반공주의만으로는 교권과 교세, 우파 결집을 통한 정치적 영향력을 더 이상 유지하기 어렵게 되었기 때문이다. 교세를 유지, 강화하고 내부를 단속하기 위해서도 공동체 외부의 적이 필요하기 마련인데 보수 개신교는 자신들의 주적으로 공산주의와 더불어 동성애(자)를 지목한 것이다. 빨갱이 혐오만으로는 부족해지자 사회적으로 가장 약자인 성소수자LGBTQ를 희생양으로 삼고, 혐오를 감정적 연료로 삼아 세력을 조직화한 것이다. 색깔론과 반동성애 담론 모두 국가 내부의 적을 상정하고 타자를 폭력적으로 배제하는 낙인찍기와 혐오의 정서를 기반으로 한다는 점에서 동일하다. 이는 한국 사회에서 반공주의의 효력이 약해졌다는 반증이기도 하다. 1990년대와 2000년대에는 민주화와 대중문화의 발전 속에서 다원화된 가치와 문화가 대두되기 시작하면서 반공주의 헤게모니는 약화됐다. 따라서 약화된 반공주의를 만회할 만한 반공 이상의 강력한 혐오 동기가 필요했다. 아울러 활력을 잃은 보수 신앙에도 열정을 불러일으킬 감정적 동력이 필요했다. 그래서 보수 개신교는 동성애를 교회와 국가의 새로운 '주적'으로 삼았고, 무슬림, 이주민, 중국인 등 혐오의 대상들과 그 이유를 발명해 내며 반공주의적이면서 동시에 인종주의적인 혐오의 논리와 감정을 확장해 나갔다. 마르크스주의를 신본주의에 대적하는 '인본주의'와 '유물론'으로 규정했던 반공 개신교의 '전통적' 믿음이 반동성애를 통해 더욱 강력한 혐오 동기로 무장한 채 돌아온 셈이다. 보수 개신교의 이 같은 전략에 탄핵 이후 극우화 길을 걷고 있는 보수, 수구 정치 세력도 올라탔다.

앞서 언급한 것처럼 보수 개신교는 차별금지법 제정을 좌초시키면서 자신들의 종교적 신념이 정치·사회적으로도 옳고 정당하다는 믿음과, 그것을 사회와 국가에 그대로 관철시킬 수 있다는 자신감을 갖게 됐다. 개신교와 정치권의 보수 동맹은 서로 영향을 주고받으면서 평등과 보편적 공공성보다 차별과 특수한 종교 교리를 민주적 공론장과 대의제 정치에서 지배적 규칙으로 인정하게 만든 것이다. 결국 차별 금지라는 평등할 권리는 차별할 수 있는 권리로 뒤집어졌다. 보수 개신교는 종교적 차별과 혐오를 사회와 정치 속에서 관철시킴으로써 정치적 힘을 과시할 수 있었다.

문화 전쟁론의 등장

보수 신학, 혐오의 이론화·전면화 통해 극우의 길로

2015년경에 들어 보수 개신교는 동성애를 세속 문화와 공산주의 세계관의 상징적 대표 또는 전위로 삼아 보다 강한 정치적인 의미를 부여하기 시작했다. 1990년대 초반부터 보수 개신교 내부에서는 현실 정치와 문화에 과거보다 더 전투적으로 대응해야 한다는 인식이 나타났는데, 이를 '영적 전쟁Spiritual War'으로 불렀다. 이 개념은 이후 '세계관 전쟁'론으로 광범위하게 유통되었고, '문화전쟁Culture War' 개념으로 이어지면서 더욱 정교해졌다.

'문화전쟁' 개념은 본래 사회학자 제임스 헌터가 자신의 저서 『문화전쟁』(1991)에서 미국 사회가 오랫동안 전통적 가치(기독교 우파)와 진보적 가치 사이의 전쟁 상태로 있어 왔다는 진단을 내리면서 사용한 가치중립적인 학술용어였다. 그런데 미국의 복음주의 우파가 이 용어를 비기독교적 가치에 대한 전투적 저항 담론의 핵심 개념으로 사용하기 시작했다. 그들은 낙태, 동성애, 페미니즘, 진화 과학, 세속 교육 등을 기독교 국가의 전통적 가치를 파괴하는 문화로 규정하고, 이에 맞서 싸워야 한다고 주장했다. 근본주의적 복음주의 목사들이 정교분리 원칙 위반 논란을 피하기 위해 개인 자격이라는 편법을 사용해서 '도덕적 다수Moral Majority(1979)', '기독교인 연합Christian Coalition(1991)'과 같은 선거운동 단체들을 결성하고, 공화당과 긴밀히 협력하면서 선거에서 승리해온 역사가 이러한 문화 전쟁론의 실천적 결과물이었다.

아울러 한국 보수 개신교의 극우화 과정에 뉴라이트 세력과 이념이 큰 영향을 끼쳤다. 2018년에는 기독교 뉴라이트 지식인들이 『월드뷰』라는 복음주의, 칼뱅주의 교양 신학지의 편집권과 발행권을 접수하면서 극우적 색채를 강화했다. 이 과정에서 중도 복음주의와 뉴라이트 사이에 갈등이 발생했고, 기독교세계관학술동역회라는 모체로부터 『월드뷰』는 분리 독립된다. 이 학술지는 뉴라이트 의제뿐만 아니라, 반동성애와 차별금지법 등을 주요 이슈로 다루며 트루스포럼 등의 개신교 우파 청년 인사들을 참여시키기 시작했고, 마침내 내란 시기였던 2025년에는 매호마다 역사 강사 출신 전한길, 극우 정치 집회를 조직하는 빌드업 코리아와 세이브 코리아의 기독 청년 인사들을 전면에 등장시키게 된다. 이렇게 보수주의/복음주의/칼뱅주의 신학에서 출발한 '기독교 세계관'은 2010년대에 이르러서는 트루스포럼(2017), 샬롬나비, 빌드업 코리아, 세이브 코리아, 개신교 유튜버 등에 수용되어 이론적으로 보다 정교한, 동성애와 차별금지법에 대한 '문화전쟁'론으로 발전했고, 감정적으로는 소수자와 이주민(이슬람)에 대한 혐오가 짙어져 갔다. 나아가 이러한 극우주의는 신비주의 신앙 운동의 강렬한 열정까지 물려받았다. 에스더 기도운동본부, 빌드업 코리아, 전광훈, 손현보는 성령과의 합일이나 예언, 치유와 같은 신비적 은사 체험, 열광적 예배와 기도를 강조하는 '오순절 카리스마 성령 운동Pentecostalism'의 전통을 이어받으면서 동시에 이러한 신비주의의 한 분파이자 정치적으로는 우파 반공주의인 미국 '신사도 운동The New Apostolic Reformation'의 영향도 받았다. 신사도 운동은 '7개의 산'(정치, 경제, 미디어, 예술, 문화, 교육, 종교)의 정복 교리를 가지고 있는데, 이는 모든 세속 영역에 신의 주권(기독교적 가치)을 관철시켜야 한다는 신칼뱅주의 '영역 주권론'✚과도 매우 유사하다. 이들의 '신정정치' 욕망은 이처럼 이론적, 감정적, 신비적 차원 모두에서 읽어낼 수 있다.

　한국 기독교의 혐오 선동 세력은 미국 복음주의 우파의 기독교 세계관, 문화 전쟁론, 영역 주권론 등을 다시 적극적으로 공부하여 논리를 정련하고 행동 전략을 짜기 시작했다. 차별금지법과 동성애는 단지 성, 결혼, 가정에 국한된 문제가 아니라 비기독교적인 인본주의적 가치, 세속적 문화와의 전면적인 전쟁의 문제라는 점이 강조되었다. 기독교(개신교)와 비기독교(세속)의 전면 대립을 전제한 이러한 논리 또는 담론은 비기독교적 문화 전반에 대한 저항의 동기와 이유를 확립시킬 수

✚ 네덜란드 신학자이자 정치인인 아브라함 카이퍼가 주장한 영역 주권론은 하나님의 주권이 교회를 포함하여 국가, 가정, 교육, 경제, 예술 등 삶의 모든 영역에 미치며, 각 영역은 고유한 목적과 법칙을 가지고 서로에게 종속되지 않고 독립적인 권위를 가진다는 사상이다.

있는 이론적 자원이 되었다.

코로나 팬데믹을 거치며 손현보, 전광훈 등은 차별금지법을 종교의 자유, 즉 예배와 설교(표현)의 자유를 침해하는 법으로 단정 짓고, 반동성애 설교를 하면 무조건 처벌 받는다는 가짜뉴스를 유포함으로써 주류 교단 내 불안을 자극하고, 신자들의 공포심을 유발했다. '네오마르크스주의자'들이 젠더퀴어, 페미니즘과 인권 담론을 내세워 '유물론', '포스트모더니즘', '인본주의 세계관'으로 세계와 한국을 다시금 공산화하고, 동성애자가 에이즈를 감염시킬 것이라는 거짓된 공포가 확산되었다. 이러한 공포 서사는 결국 보수 개신교인을 소극적인 방관자에서 적극적인 혐오주의자로 변신시키고, 더 많은 신자와 교단들을 동원하는 데 기여했다. 혐오 선동 세력의 적극적인 공포 마케팅(담론 정치)과 행동주의는 주류 교단 내부의 '보수적'이지만 나서기를 꺼리던(행동주의적이지 않은) 다수의 지역 교회 목회자들까지 움직이게 했다.

극우 개신교의 최종 진화 : 신정국가 프로젝트

보수 개신교는 대한민국을 전면적으로 반공주의 기독교 국가로 만들고자 배타주의와 혐오에 기댄 극단적 행동을 거리낌 없이 함으로써 극우 기독교 세력을 탄생시켰다. 정치 참여의 기독교적 동기는 보편적 공공성 확장으로 이어지지 않았고, 차별주의와 혐오의 응축, 즉 극우화를 낳았다. 극우화된 개신교가 주도하는 혐오 선동은 조직적으로 자행됐고, 극우 단체들과 극우 유튜버들을 키워 주는 결과로 이어졌다.

앞서 언급한 것처럼 1987년 민주화는 역설적으로 보수 개신교의 정치화에 결정적 계기가 되었다. 민주화 이후 보수 개신교는 '하나님의 나라'라는 신학적 개념을 현실 정치와 사회 참여를 포괄하는 개념으로 재조명하기 시작했다. 이는 진보 개신교가 일찍이 추구했던 인간화와 복지로서의 선교 개념인 '하느님 나라', '하느님의 선교' 신학에 대한 보수 개신교 나름의 대응이었다. 영혼 구원이라는 좁은 의미의 복음 개념에서 벗어나 사회·정치 참여를 정당화하는 신학적 논리가 발전했다. 이 과정에서 전통적으로 '하나님 나라'를 이 세상에 속하지 않은 것으로 이해하던 신앙 고백적, 은유적 해석은 약화되고, 세속 국가를 기독교화하려는 구체적 정치 프로젝트로 이해하는 신자들이 나타났다. 전통적으로 개신교 신학은 '하나님 나라'가 이 세상에 속한 것이 아니라는 예수의 은유적 이해를 발전시켜 왔고, 이러한 '영적' 이해는 일선 교회 목회 현장에서 현실 정치와 이념에 거리를 두는 탈정치적 신앙으로 나타나곤 했다. 하지만 이제 보수 개신교는 '하나님의 나라' 건설을 단순한 신앙고백이 아니라 기독교 원리로 세속 국가를 재편하려는 정치적 의제로 전환시켰고, 극우 개신교는 이를 단지 믿는 것에서 나아가 배타주의와 혐오 선동, 심지어 민주주의를 폭력적으로 위협하는 행동을 통해서 관철시키려 하고 있다.

극우 개신교는 더 나아가 반공주의와 함께 죽어가는 개신교의 보수적 신앙을 되살리고자 사회적 약자들의 인권을 공격했다. 그들은 반공주의를 살리고 '반기독교 세력'을 척결하면 개신교도 살아나리라는 헛

된 희망을 품고 있었다. 성소수자, 여성, 이주민, 외국인 혐오라는 극우주의 행태를 기독교의 정체성으로 받아들이며 나아가 사회와 국가의 정체성으로 삼으려 하는 것이다. 기독교 국가는 단순히 기독교인이 많은 나라가 아니다. 국가의 법과 제도, 교육과 문화 모두가 기독교 원리에 따라 운영되는 나라를 의미한다. 성경이 헌법보다 우위에 있고, 기독교인이 국가 정책에 직접적인 영향력을 행사하며, 기독교적 가치가 국민 모두에게 강제되는 나라이다. 즉, 극우 개신교인은 '기독교 국가주의자christian nationalist'인 것이다. 한국 극우 개신교의 기독교 내셔널리즘은 자국의 기독교적 정체성과 그것의 기독교적 기원에 대해 강조하는데, 특히 미국을 기독교 국가의 현실 모델로 간주한다. 그들은 한국과 미국이 기독교 국가로 건국되었다고 믿는다. 대한민국이 기독교 국가로서 건국되어야만 한다는 이승만의 비전, 이른바 '기독교 입국론'은 개신교 보수주의자들의 일관된 주장이었는데, 지금의 극우 개신교는 과거 어느 때보다 전면적으로, 적극적으로 이런 세상을 추구하고 있다.

독재정권과 반민주적 정치는 극우의 산실이었다. 이승만 정권은 개신교에 많은 특혜를 주었다. 교회 건축용 땅을 불하해 주고, 군대에 군목 제도를 만들어 목사들을 배치했다. 미국에서 온 구호물자의 상당 부분이 교회를 통해 배분되었다. 이 과정에서 정권은 교회를 지원하고, 교회는 정권을 지지하는 유착 관계가 형성되었다. 개신교는 이승만을 기독교 국가를 세우기로 하나님과 언약(계약)을 맺은 조선 민족의 대표자로 신화화했다. 예컨대 그들의 논리는 이런 식이다. "한국은 하나님께서 특별히 선택하신 나라입니다. 이승만 대통령은 독실한 기독교인이었고, 대한민국을 기독교 정신으로 세웠습니다. 한국전쟁에서 살아남

은 것도, 경제발전을 이룬 것도, 선교사를 전 세계에 파송하는 나라가
된 것도 모두 하나님의 축복입니다. 그런데 지금 한국은 세속화되고 있
습니다. 동성애, 이슬람, 페미니즘 같은 반기독교적 세력들이 한국을
타락시키고 있습니다. 우리는 이에 맞서 싸워 한국을 다시 기독교 국가
로 만들어야 합니다.”

　　물론 이것은 민주공화국의 원리와 정면으로 충돌한다. 민주공화
국에서는 국민이 주권자이고, 종교는 개인의 자유 영역이다. 국가는 특
정 종교를 우대하거나 차별해서는 안 되며 종교 역시 국가를 접수할 수
없다. 공적인 영역에 종교라는 사적 신앙은 민주적으로 표현되고 관철
되어야 한다. 이것이 국교 금지로 대표되는 민주공화국의 정교분리 원
칙이다. 그러나 극우 개신교는 이러한 공화주의와 인민주권을 거부한
다. 그들에게 세속 국가의 실체적 주권자는 국민이 아니라 유대-기독
교의 신이다. 즉, 하나님은 단순히 신앙 고백적 차원에서 기독교 신자
의 주인인 것만이 아니라, 비기독교 신자의 주인이며 세속 권력의 주인
이다. 신은 기독교인의 삶과 비기독교인의 삶 모두를 지배할 권리를 갖
는다. 따라서 신의 주권 아래에서 그 주권을 믿고 실천하는 기독교인만
이, 그 자신이 주권자는 아닐지라도, 신의 주권을 올바르게 해석하고
그에 접근할 특권을 가지게 된다.

　　극우 개신교의 신본주의 신정정치 추구는 세속 국가라 할지라도
그것의 정치신학을 용인할 수 없게 만든다. 즉, 세속 정치 질서와 사상
들을 인본주의라는 정치 종교로 간주하기에 적대적 관계로 인식한다.
미국의 근본주의적 (신)복음주의자 빌리 그레이엄은 “우리는 이성, 합
리주의, 지적 문화, 과학 숭배, 정부의 운영 능력, 프로이트주의, 자연

주의, 인문주의, 행동주의, 실증주의, 유물론, 이상주의 등을 도입했습니다. 이른바 지식인들이 한 일이지요. 이 수많은 '지식인'들은 도덕이 상대적인 것이라고 공공연하게 말합니다. 규범이나 절대적인 기준 같은 건 존재하지 않는다고요."라고 비판하면서 모든 세속적 가치를 배격했다. 이러한 이분법은 보수적 신학, 기독교철학, 창조과학 등 보수 개신교 담론 전반에서 광범위하게 관찰된다.

흥미롭게도 극우 개신교가 북한과 종북좌파를 적대시하는 주요 이유는 북한을 '하나님 나라' 또는 '기독교 국가'의 적대 국가로 인식하기 때문이다. 독재자 김정은은 세상의 진정한 '독재자' 하나님의 정적이기 때문이다. 보수-극우 개신교인들은 하나님은 세상의 독재자라고 믿는다. 북한은 세속 독재국가이지만 주체사상이라는 종교와 절대 주권자를 중심으로 구축된 일종의 사이비 신정국가인 셈이다. 극우 개신교인이 국가나 권위주의를 비판하면서 동시에 국가권력을 욕망하여 권위주의자가 되는 역설은 여기에 있다.

극우 개신교는 혐오를 주요 동력으로 삼지만 단지 감정에만 충실한 열광주의라고 보면 안 된다. 그들은 국가라는 세속 정치 체제와 기독교라는 종교 체제를 국가 자체에 통합시키려는 국가주의자이다. 그리고 이들의 차별금지법 반대는 바로 이러한 맥락에서 이해해야 한다. 만약 차별금지법이 통과되면, 공적 영역에서 동성애를 죄악이라고 가르치는 것이 차별로 규제될 수 있고 이것은 기독교적 가치를 사회 전체에 강제하기 어려워지는 사태를 의미한다. 손현보 목사의 기독교 대안학교나 '리박스쿨'도 같은 맥락이다. 공적 영역에서 다원주의적 가치와 보편적 공공성이 아니라 기독교 국가의 가치를 구축하기 위한 것이다.

혐오를 선동하고 차별을 제도화하는 개신교 극우화의 과정은 신정국가의 야망을 키워 온 과정이다. 사학법 개정 반대부터 시작된 광장 동원과 차별금지법 반대 선동은 보수 개신교에게는 일종의 연습 경기였던 셈이다. 이들은 이 과정에서 대중을 동원하는 법, 조직화하는 법, 정치권에 압력을 넣는 법을 배웠다. 그리고 성취감을 맛보았다. 12.3 계엄의 실패는 이 야망의 좌절이다. 반공 국가의 부활과 신냉전체제로의 회귀는 기독교 국가의 이상에 부합하는 것이기 때문이다. 기독교 국가론은 단지 '하나님 나라'에 대한 신앙고백이 아니라, 민주공화국에 도전하는 구체적인 정치적 가치 지향이자 정치권력 획득 프로젝트이다. 헌법을 바꾸고, 교육을 바꿔서 국가와 사회를 개신교(특정 교파)의 신학적 원리로 지배하려는 시도이다.

맺음말 : 극우 개신교가 던지는 질문들

극우 개신교는 기독교인들이 국가 대부분의 주요 직책을 맡아 기독교적 가치와 문화를 법 위에 있는 원칙으로 삼고, 이를 제도적으로 강제하고 문화적으로 지배하는 정치 체제와 사회질서를 꿈꾼다. 이러한 질서는 그들에게는 천국일지 모르겠지만 다른 사람들에게는 지옥일 수 있다. 우리는 이들이 주장하는 '기독교 국가'가 대체 무엇인지, 기독교 국가로서 대한민국에서 비종교인과 이웃 종교인들의 권리, 공공성은 어떻게 인정될 수 있는지 비판적으로 질문해야 하며 이러한 신념을 조금이라도 믿고 주장하는 사람들은 이에 대해 진지하게 대답해야만 한다.

우리는 개신교의 극단적 신앙 정치, 신정국가에 대한 믿음(기독교 내셔널리즘)이 왜 위험한지 명확히 이해하고 비판해야 한다. 종교의 자유는 중요한 민주주의 가치이자 권리이다. 그런데 특정 종교의 자유가 다른 사람의 권리를 침해하고, 다원성을 존중하지 않으며 민주주의 자체를 파괴하는 데 이용된다면 어떻게 해야 하는가. 민주주의는 민주주의를 부정하는 세력을 어디까지 용인해야 하는가.

우리는 해법을 모색해야 한다. 극우 개신교의 도전에 어떻게 대응할 것인가? 정치적으로, 법적으로, 사회문화적으로 무엇을 해야 하는가? 그리고 더 근본적으로, 왜 이렇게 많은 사람들이 극단적 신앙에 매달리게 되었는지, 그 사회적 뿌리는 무엇인지 돌아봐야 한다.

차별금지법 제정은 극우 개신교를 극복하는 첫걸음이다. 그러나 그것만으로는 충분하지 않다. 사회와 교회 현장 내의 구체적인 차별들을 철폐하고 인권 교육에 힘쓰지 않는다면, 극우 개신교는 그러한 사회의 모든 부조리한 현실을 자양분 삼아, 또 다른 반인권적 이슈들을 찾아 나서며 혐오 운동을 벌이는 것으로 생명을 연장하려 할 것이다.

그리고 극우 개신교의 발생과 그 위협은 단순히 기독교 신앙 자체의 오류나 신자들의 편협한 신념의 문제만은 아니다. 이것은 사회적 가치 규범에 대한 회의감과 삶에 대한 불안 그 자체이고, 민주주의나 평등, 자유에 관한 질문이며, 한국 사회와 체제의 부조리에 대한 항의이기도 하다. 개신교의 극우화는 우리 사회가 지금 어떤 사회인지, 그리고 앞으로 어떤 사회가 될 것인가에 대한 질문을 던지고 있다. 또한 민주공화국에서 정치와 종교의 관계를 다시금 고민하게 한다. 우리는 차별과 혐오가 아닌, 평등과 존중의 가치 위에서 내란을 극복하고 민주공화국을 재건하여 더 나은 사회체제로 나아가야 하는 중요한 길목에 서 있다. 이것이 극우 개신교가 우리에게 던지는 진정한 과제다.

5장

"누구 찍느냐로 극우 판별 곤란"
"극우 인물 낙천·낙선 운동 필요"
"페미니즘, 여성 덜 극우화 기여"
"총선·지방선거 결선투표 도입을"

좌담 +

| 참석 | 권수정_ 아시아나항공 노조위원장, 승무원
　　　　박선경_ 고려대 교수
　　　　손희정_ 경희대 교수
　　　　전홍기혜_ 〈프레시안〉 이사장
| 진행 | 김윤철_ 경희대 교수

+ 이 좌담은 2025년 7월 노회찬재단 사무실에서 진행됐다.

극우에 대한 정의, 섬세하고 신중해야

| 김윤철 | 오늘 참석해 주신 분들 소개해 드리죠. 권수정 선생님은 노조위원장, 서울시 의회 의원을 지내셨습니다. 아시아나항공 승무원 일을 하고 계십니다. 전홍기혜 이사장님은 〈프레시안〉 기자, 편집국장, 워싱턴 특파원을 지냈습니다. 박선경 교수님은 고려대학교 글로벌한국융합학부 소속이고, 한국 정치 전공자이십니다. 영화평론가, 문화연구자이신 경희대 손희정 교수님을 모셨습니다.

오늘 나눌 얘기의 큰 주제는 어떻게 하면 극우 세력의 정치적 진출을 저지할 수 있을까, 정치·사회적으로 굉장히 위험한 극우화 흐름을 약화, 주변화시키는 방안은 무엇인가, 하는 데에 집중하려고 합니다. 하지만 시작은 아무래도 현재 상황을 잠깐 진단하고 넘어가는 게 좋을 것 같습니다. 12.3 계엄령 선포와 이후 전개되고 있는 일련의 사태를 보고 느낀 생각, 단상 같은 것들을 먼저 이야기해 주시죠. 그리고 우리 앞에 나타나는 다양한 현상의 이면에 잠복해 있는 실체는 무엇인지, 한국 극우의 특성은 무엇인지, 극우화가 위험한 이유는 무엇인지, 그리고 현재 진행되고 있는 극우 관련 논의의 성과나 한계도 한번 짚어보는 순서로 이야기를 나눠보기로 하겠습니다. 먼저 비행기 승무원으로 현장에서 겪었거나, 느낀 것들이 많을 것 같으신 권수정 위원장님이 말씀해 주시죠.

| 권수정 | 항공사 승무원의 특성상 전 세계를 배경으로 다양한 현장을 맞닥뜨릴 기회가 많습니다. 최근 LA 공항에서 승무원들이 묵어

야 하는 호텔까지 가는 도로가 폐쇄돼 공항 가까운 곳에서 머물게 된 상황이 발생했어요. 전체 도시인구의 34%, 135만 명이 이민자인 LA에서 대대적인 이민세관단속국ICE의 단속이 있었고, 이에 저항하는 대규모 시위가 벌어졌기 때문이거든요. 도널드 트럼프 미국 행정부가 이야기하는 불법 이민자 체포, 추방이라는 말에 숨겨진 목적은 트럼프가 리트윗한 한 인종주의자의 "약탈이 시작되면 총격이 시작된다."라는 말에서 찾을 수 있다고 봐요. 미국인들을 분리하고 서로를 혐오하게 만들고, 그 갈등을 파고들면서 병력 투입과 비상사태 선언의 빌미를 만들어 독재를 강화하려는 의도라고 봅니다. 그 당시에는 이런 배경에 대한 이해와 인식보다는 눈앞의 안전이 위협받는 상황이기에 대단한 긴장감을 가지고 LA를 다닐 수밖에 없었어요. 민주적 방식으로 선출된 권위주의 정부의 극우적 행태가 만든 현장을 경험한 것이죠.

이뿐 아니라 팔레스타인-이스라엘, 이스라엘-이란, 러시아-우크라이나 등의 분쟁으로 항공기 보안 활동에 대한 요구도 높아지고 있고, 대응해야 하는 지침들도 많아졌죠. 항공기 테러는 심각한 인명 피해와 상처를 남기기 때문에 사전 예방과 교육이 필요하기 때문이죠. 그래서 관련된 교육의 강도도 유례없이 높아졌는데, 국제사회의 선입견과 다른 나라에 대한 한국 사회의 기울어진 시선이 교육 내용에 들어 있습니다. 특히 최근 들어 한국은 미국, 영국, 호주 다음인 테러 대상 2순위 국가로 지정됐다는 내용이 추가됐습니다. 승무원들에게 국제 정치의 복잡한 이면을 모두 교육할 수는 없겠지만, 최소한 편견을 주는 내용은 없어야 하는데 그렇지 않아요. 예를 들면 팔레스타인 하마스를 테러 집단이라고 교육하는데, 미국과 유럽 등에서 그렇게 지정한 건 사실

이웃집 극우

이지만, UN이나 우리나라는 테러 조직으로 지정하지 않았어요. 또 이슬람 국가나 문화권에 대한 편견과 선입견을 갖게 하는 교육 내용이 적지 않습니다. 편향된 인식에서 나오는 공포는 혐오를 정당화합니다. 또 최근 들어 우리 사회에 중국에 대한 심각한 수준의 혐오가 나타나기 시작했고, 정치권 일각에서도 이를 적극 활용하는 부류들이 있지요. 이런 사회적 분위기 속에서 중국 비행 일정에서 만나는 몇몇 안 좋은 사례, 예컨대 막말 승객, 안정 규칙 무시 행위 등을 겪으면, 이런 행위가 다른 나라 노선에서도 발생하는 일임에도 불구하고, 사회적 편견에 얹혀서 확증편향을 강화하게 되는 거죠.

함께 일하는 승무원들에게 최근의 정치 상황과 연계하여 '극우' 이슈에 관해 어떻게 생각하는지 일부러 물어봤어요. 극우 집단의 행동이나 발언에 대해서 제가 예상했던 것보다는 걱정이나 우려가 크지 않은 것 같더라고요. 그분들이 저한테 이렇게 반문하더라고요. "극우요? 그럼 극좌도 있나요?", "극우냐 아니냐, 하는 문제는 자기가 서 있는 위치에 따라 다르게 볼 수 있는 거 아닌가요?", "위원장님이 볼 때는 '극단적'이라고 생각할 수 있지만, 제가 볼 때는 동의 여부를 떠나서 있을 수 있는 생각이라고 봐요." 제 주변에는 이 문제를 심각하게 생각하지 않는 분들이 꽤 많았는데, 일반 시민에 비해 국제적 감각을 조금은 더 가졌을 거라고 생각했던 동료 중에는 극우의 심각성에 대해 저와 견해가 다른 분들도 많았습니다.

이 문제와 연관된 최근의 사례 한 가지 말씀드릴게요. 공항 외곽에 있는 제가 다니는 회사 앞에서 '전국장애인차별철폐연대'라는 단체가 집회를 열었습니다. 당시 미국에서 열리는 국제 장애인 대회에 참석하기 위해 회원이 비행기 표를 샀는데, 항공사 쪽에서는 동행 보호자 없이는 안 된다는 방침을 내세웠고, 이에 항의하는 집회였죠. 장애인의 이동권 보장은 가장 기본적인 인권이며 우리 사회가 함께 해결해야 한다는 주장에 많은 사람이 동의한다고 생각해요. 하지만, 그들의 기본권을 보장하는 행위가 내가 가진 무언가를 희생해야 하고, 나눠 가져야 하는 것으로 인식되는 순간 태도가 변하는 것 같았어요. 장애인 단체의 주장이 주변 사람의 불편을 생각하지 않는 극단적 요구라고 생각하는 것 같더라고요.

꼭 정치적 사안이 아니고, 극우라고 규정하기는 어렵더라도, 일상에서 사회적 약자들을 배려하기보다 배제하는 태도를 보면 걱정이 됩니다. 그리고 이런 태도가 일상화돼 있는 것 같습니다. 극우 세력의 공통된 특성이 바로 혐오와 배제라는 점에서 주목해야 할 부분이라고 봐요. 우리 사회는 지금까지 절차적, 형식적 민주주의는 어느 정도 자리가 잡혔고, 이제 다음 단계인 사회경제적 민주주의로 발전해야 하는데, 이 부분에 대해 다수 국민이 공유하는 바람직한 사회상이 정립돼 있지 않은 것 같아요. 이런 조건에서 적잖은 사람들은 방금 예를 든 것처럼 장애인 이동권 투쟁에 대한 비판적 태도를 극우라고 '몰아가는' 것에 동의하지 못하는 거죠. 자신들도 살아가기 힘들고 배려받지 못하고 있는데 왜, 내가 먼저 그래야 하는지 받아들이기 힘들다는 게 극우적 태도냐는 거죠. 극우의 정의, 극우라는 표현의 사용에 섬세하고 신중한 태도가 필요하다는 생각이 들었습니다.

| **전홍기혜** | 언론 쪽 이야기는 아니고, 권 위원장님 얘기와 약간

연결된 면도 있고, 일상에서 겪거나 느낀 얘기도 편하게 하라 하시니까 생각이 난 게 있어요. 저희 아이가 이제 남고 3학년입니다. 이번 대선 때에는 투표권이 없었지만, 같은 반에서 투표한 친구들에게 누구를 찍었는지 궁금해서 물어봤대요. 결과는 투표한 아이들의 절반이 이준석, 나머지 절반은 이재명, 이렇게 정확하게 갈라지더래요. 이준석을 지지한 아이들 사이에서는 이재명은 안 되는데, 그렇다고 해도 김문수는 아니잖아, 뭐 이런 정도의 공감대가 있다고 하더라고요.

지금 이른바 '이대남'이 극우 이슈와 관련돼서 계속 이야기되고 있잖아요. 그런데 이 친구들은 학교 안에서 서로 되게 평화롭게 지내거든요. 자신들은 그냥 정치적 의견을 표현했을 뿐이고, 이재명이 싫어서 이준석을 찍었을 뿐인데, 그 이유만으로 어떤 사람들에게는 자신들이 극우로 분류된다는 걸 알면 굉장히 놀랄 것 같다는 생각이 들더군요.

| 김윤철 | 고등학교 3학년이면 18세인데, 그러면 이대남은 아니고 열여덟남, 이렇게 불러야 하나요? (웃음)

| 손희정 | '장기 이대남' 범주에 들어갈 수 있을 것 같아요. (웃음)

| 전홍기혜 | 우리 언론은 정치적으로 보수에 편중됐다는 의미로 기울어진 운동장이라는 표현을 되게 많이 하잖아요. 윤석열의 비상계엄을 계기로 극우라는 말이 눈에 띄게 부각됐고, 특정한 정치의식 가진 사람들을 극우라고 표현하는 것에 어느 정도 정서적 공감대가 형성됐다고 보는데, 언론 중에는 특히 조중동을 중심으로 한 보수 언론의 논조

는 줄곧 극우적 사고의 바로 한 계단 아래에 있었던 것 같습니다. 보수 언론 입장에서는 그들이 우리 사회의 주류이기 때문에 자신들의 이익 수호에 유리한 규칙이라서 법과 질서를 지켜온 거지, 그런 것들을 수호해야 한다는 어떤 보편적 원칙이 있어서 지켜온 건 아니었습니다. 군사 독재 시절 권력에 부역한 언론의 부끄러운 역사는 이를 보여줍니다. 윤석열 불법 계엄 때도 보수 언론의 이런 행태가 잘 드러났죠. 우리 헌법과 민주주의를 훼손한 윤석열의 행위에 대해 보수 언론들은 초기에만 비판하다가 이후에는 자신들의 이해득실을 따져 슬그머니 그들 편을 드는 행태를 보였습니다.

보수 언론이 이런 입장에 설 수 있는 원인 중 하나로 언론사 내부의 비민주적 구조도 꼽을 수 있습니다. 언론은 상명하달의 위계질서가 아직도 통용되는 조직 중 하나인데요, 데스크들이 기사 방향 등에 대해 지침을 내리면 그대로 따라야 합니다. 취재 기자가 쓴 기사가 데스크 손을 거치면서 내용이나 핵심 논지가 완전히 바뀌기도 합니다.

게다가 요즘은 유튜브 때문에 언론 환경이 급변하면서, 정치적 사안에 대한 언론 보도 행태도 양극단으로 치닫고 있습니다. 〈김어준의 겸손은 힘들다〉, 〈매불쇼〉와 같은 친민주당 성향 채널 못지않게 자기 진영에 영향력을 행사하는 〈신의 한 수〉, 〈고성국 TV〉 등 극우 성향 채널의 구독자 수도 100만 명을 훌쩍 넘어갑니다. 이들은 법적으로는 언론이 아니기 때문에 규제나 감시에서 벗어나 있습니다. 그러다 보니 최소한의 금도도 없고, 사실이 아닌 말들, 혐오와 증오를 부추기는 말들을 쏟아내는 데 아무 거리낌이 없습니다. 이런 유튜브 콘텐츠는 기존 언론에도 영향을 미쳐서 언론들도 과거보다 더 기울어지고, 강한 논조,

이웃집 극우

선정적 표현으로 보도하게 되는 거죠.

급진 우파와 극단 우파 구분 필요

| 박선경 | 잠시 딴 얘기인데 저는 TV 예능 프로그램인 〈알쓸신잡〉 같은 거 되게 좋아하거든요. 거기 보면 사회자와 출연자 4명이 앉아서 얘기하는 형식인데, 그 자리에는 항상 학자가 끼어 있잖아요. 그분들은 누군가가 질문하면 무조건 첫 대답은 개념에 대해 먼저 정의하면서 논의를 시작하거든요. 그래서 제가 오늘 여기서 그 짓을 할 것 같은데, 사실은 저도 극우를 오래 연구한 것은 아니고 계엄 이후부터 열심히 들여다보기 시작했고, 새로운 것들을 많이 보는 중입니다. 서유럽은 엄청 오랜 시간 동안 누적된 극우 연구들이 많습니다. 근데 거기서는, 우리말로 번역하면 자연스럽지 않은데, 급진 우파와 극단 우파로 구분해서 얘기해요. 우리말로 하면 되게 비슷하게 들려서, 할 수 없이 영어를 쓰자면, 급진 우파는 래디칼 라이트radical right, 극단 우파는 익스트림 라이트extreme right로 구분하고 있습니다.

이념 스펙트럼을 쫙 펼쳐서 봤을 때 가장 오른쪽에 있는 게 극우냐, 꼭 그렇게 보지는 않습니다. 물론 가장 오른쪽에 있는 건 맞아요. 근데 가장 오른쪽에 있는 것들 중에서 래디칼과 익스트림을 구분하는 기준은 민주주의 체제의 인정 여부입니다. 정치적 목표가 이민자 축출이든, 순수한 민족국가 건설이든, 그것을 달성하기 위해 폭력을 사용해서라도 민주주의 체제를 다 뒤엎을 수도 있다고 생각하는 게 극단 우파

인데, 이 길은 그냥 파시즘으로 가는 길이죠. 이에 반해 그건 아냐, 일단 민주주의 질서는 인정하고, 그 안에서 게임을 할게, 근데 우리가 가장 극단적인 이념을 가졌어, 이런 입장이 급진 우파죠. '독일을 위한 대안Afd'이나 유럽에 있는 여러 극우 정당이 여기에 해당하죠. 초창기 연구자들을 보면 이 둘을 구분하려고 많은 애를 쓰더라고요. 특히 독일 같은 경우는 법적으로 정당 해산을 할 수 있는 요건들이 있는데 익스트림 라이트로 규정되면 헌법재판소 판결을 거쳐 정당을 해산할 수 있거든요. 그래서 이게 되게 예민한 문제가 되죠.

그러면 한국에서 이 둘을 구분할 수 있는 기준이 있는가? 이 문제는 사실 애매한데, 우리뿐 아니라 유럽 대부분의 국가도 마찬가지인 것 같습니다. 심지어 '독일을 위한 대안'도 자기들은 민주주의자라고 말하거든요. 그러니까 사실 대놓고 명백하게 우리는 체제 전복을 꿈꾼다, 이렇게 말하는 극우는 없는 거죠. 근데 이 사람들이 하는 말을 잘 들어보면, 이걸 도그 휘슬dog whistle이라고 하는데, 아는 사람들만 딱 알아차리는 말들, 그들만의 언어가 있죠. 자기들끼리 통하는 일종의 시그널을 주고받는 거죠. 실제로는 극단 우파에 가까운데 급진 우파인 척하는, 겉으로는 멀쩡한 척하면서 사람들을 계속 극단을 몰고 가는 이런 조직이나 사람들이 경계선을 넘어서 왔다 갔다 하는 거라, 딱 잘라서 극단이다, 급진이다, 이렇게 말하기가 어렵게 되는 거죠. 독일의 경우 정당 해산의 요건에 걸리지 않기 위해 경계선을 넘나드는 일들이 많이 벌어지는 것이고요.

우리는 어떨까요. 우리가 집회에서 보는 한국의 극우는 극단 우파이거든요. 제가 보기에 그들은 현재의 체제를 깨부수려고 하는 것 같아요. 그러니까 1987년 이후에 만들어져 왔던 기본적인 한국의 민주주의 합의를 정말 아무것도 아니라고 생각하는 거죠. 민주주의라는 경계선을 확 넘어가는 얘기들을 하면서도 막상 "너희들 지금 민주주의 안 할 거야?"라고 물어보면 "아니, 아닌데요." 이렇게 얘기를 하죠. 서부지법 폭동 때 국회의원 윤상현 같은 사람은 전날에는 "해버려, 들어가, 내가 변호사비 대줄게." 이렇게 말했다가 다음 날 되니까 그런 것은 위험하고 어쩌고 막 이러잖아요. 아까 아시아나항공 얘기 때 나온 것처럼 어떤 사람들의 생각이나 말이 장애인의 기본권을 부정하고, 민주주의를 부정하는 행동인 것처럼 보이지만, 자신들은 그게 문제라고 생각하지 않는 것도 애매한 경계선을 왔다 갔다 넘나드는 것과 같다는 거죠. 좀 웃기는 표현일 수도 있지만 정상적인, 합리적인 보수와 극우의 경계도 왔다 갔다 하는 것 같아요.

그래서 저는 이준석에게 투표한 그 청년들이 "내가 이준석에게 투표한 게 왜 극우냐?"라고 반문할 수 있을 것 같다고 생각하거든요. 왜냐하면 이준석은 계엄을 비판했고, 어쨌든 탄핵에 찬성했고, 어떻게 보면 민주주의 질서를 전복할 생각을 전혀 하지도 않고, 그냥 민주당이 싫은 거고, 밖으로는 또 공정을 외치는 거잖아요. 그러니까 보수의 스펙트럼 안에 있는 거예요.

그래서 저는 이 선을 어디까지 그을 건가, 그러니까 우리가, 여기서 말하는 우리라는 게 좀 애매하긴 하지만, 어쨌든 민주주의 발전을 바라는 사람들, 어떤 건강한 공존을 바라는 사람들이 어느 선까지를 극우로 이름을 붙일 것인가, 현실적으로, 전략적으로 그 경계선을 잘 그어야 한다고 보는 기죠. 그러니까 너무 넓게 그으면 온 사방이 적이고,

너무 좁게 그으면 내가 차마 못 견딜 것 같은 인간들이랑 같은 범주 안에 포함된 채 살아야 하는 거죠. 경계선이라는 게 유동적이기 때문에, 선을 긋는 작업은 전략적으로 매우 중요하다고 생각합니다.

혐오와 배제가 돈이 되는 사회

| 손희정 | 꼭 '극우화'가 아니더라도 한국 사회가 보수화되고 있고, 그런 흐름 속에서 소수자에 대한 공격이 놀이가 되고, 돈이 되는 사회가 열렸다는 진단이 나온 지는 꽤 되었습니다. 특히 나와 다른 존재는 밟아도 괜찮다고 아무렇지 않게 이야기하고, 그런 태도와 생각을 대변하는 정치인을 찾아 나서는 경향을 우려하는 목소리는, 여성학계나 청년 담론 연구자들 사이에서는 적어도 15년 전부터 나오기 시작했거든요. 하지만 아무리 이야기해도 "남성 청년들이 그렇게 나쁘지는 않아, 그저 농담일 뿐이야, 남성 청년들 안에도 스펙트럼이 얼마나 다양한데." 이런 식으로 두둔해 왔죠. 21대 대선 결과 그런 보수화 현상이 수치로 분명하게 나왔음에도 불구하고, 이런 분위기는 여전하죠. 대선 직후에 "20대 남성 74%가 김문수 아니면 이준석을 찍었는데 더 이상 무슨 증거가 필요해."라고 생각했는데, 그렇게 수치가 나와도 보수화가 아니라고 하더라고요. 낙인찍지 말라, 하면서요. 이런 반응에 좀 놀랐습니다. 보수화 또는 극우화라고 하는 현상을 포착해서 원인을 발견하고 문제를 해결하자는 얘기가 도대체 왜 이렇게까지 안 먹히는 걸까, 이런 고민을 했습니다.

극우를 어떻게 정의할 것인가에 대해서는 박선경 선생님이 잘 정리해 주셨어요. 한국의 극우는 유럽의 극우와는 다른 역사가 있습니다. 특히 식민지를 경험한 나라 가운데 드물게 소위 말하는 1세계가 됐기 때문에 다른 경향성을 띨 수밖에 없고요. 제국이었던 나라가 아니니까요. 이런 점을 고려했을 때 저는 21세기 한국의 극우는 뉴라이트(new right)와 얼트라이트(alt-right, alternative right)(대안 우파)로 구분할 수 있다고 생각해요. 그리고 뉴라이트와 얼트라이트는 기본적으로 역사 인식에서 차이가 나죠. 뉴라이트는 한미일 공조 체제를 중심으로 기꺼이 역사 왜곡을 하는 사람들, 그러니까 일본군 '위안부'는 자발적인 매춘부였다거나, 일본 덕분에 조선은 근대화될 수 있었다고 주장하는 사람들, 이승만 되살리기를 하는 극우 기독교 등이 연결되어 있죠. 이런 목소리를 대변하는 정치인을 꼽자면 12.3 내란 직후의 정국에서는 김문수를 떠올려 볼 수 있겠고요.

다른 쪽에 있는 얼트라이트는 계엄에 반대하고 탄핵에 찬성하는 사람들, 공정이야말로 민주주의의 꽃이라고 말하는 사람들, 그러나 이 공정 담론을 빌미로 장애인 권리에 반대하고, "페미니스트는 정신병"이라 말하면서, "극단적 페미니스트를 처단하기 위해서는 폭력을 사용할 수 있다."고 말하는, 온라인 남초 커뮤니티, 즉 매노스피어(manosphere)에 모여 있는 사람들이죠. 이 사람들이 바로 이준석 지지자들이에요. 이준석은 이 매노스피어를 들여다보다가 여기에서 나오는 이야기들을 주워서 정치적으로 의제화하죠. 메갈 손가락 찾기나 '알페스(RPS, Real Person

Slash✚ 처벌법' 같은 것들을 정치의 장에 올려놓잖아요. 이거 다 온라인에서 나오는 이야기거든요. 이준석이 이런 이야기를 받아서 거기에 목소리를 부여해 주는 순간, 매노스피어의 영웅이 되는 거죠. 그랬을 때 문제가 뭐냐면, 이런 정치적, 사회적 효능감을 주는 정치인들이 내뱉는 극우적 발언이 다시 이 커뮤니티 사용자들에게 영향을 준다는 거예요.

그래서 "이재명이 싫어서 이준석을 찍었어."라고 이야기하는 사람들이 있을 수 있지만, 결과적으로 이준석이 큰 영향력을 가진 사람으로 성장했을 때, 그가 선동하는 폭력이 다시 이들에게 영향을 끼치게 된다고 생각해요. 악순환의 고리가 만들어지는 거죠. 그러니까 20대 남성들이 중심이 돼 이준석을 만들기만 한 것도 아니고, 이준석이 그들을 선동하는 것만도 아닌 거예요. 이들 사이에 만들어져 있는 이 극우 담론 재생산의 연결고리를 어떻게 끊을 것인가, 이게 정말 중요하다는 생각이 들어요.

〈시사인〉에서 재미있는 기사를 쓴 적이 있어요. 이준석 지지자들은 폭력에 동의하지 않는다, 계엄에 반대한다, 그런데 딱 한 가지 경우에는 폭력에 찬성할 수 있다는 내용인데, 그 딱 한 가지 경우가 바로 페미니스트들을 제거하려고 할 때예요. 그러니까 안티페미니즘을 빼놓고는 지금 한국의 젊은 (남성) 세대의 극우화를 말할 수가 없어요. 하지만 주류 담론에서는 페미니즘에 대해서 언급하기를 꺼리죠. 이거 얘기 안 하려고 하다 보니까 굉장히 오래된 보수화의 흐름을 못 보는 거예요.

✚ 주로 남성 아이돌이 주인공이 된 허구의 애정 관계를 다룬 글, 그림 등 창작물을 말한다. 이준석, 하태경 의원 등이 입법, 제작 유포자 처벌 활동에 앞장섰다.

한국 사회의 여성 혐오가 한국 사회의 극우 담론에 대한 제대로 된 진단을 막고 있는 셈이에요.

다른 하나는, 아마 이 자리에서는 얘기를 제대로 하지 못할 것 같은데, 사실 여성 극우화 문제가 있죠. 이번에 봤잖아요. 나경원, 김민전, 김계리, 애니챈, 그리고 별로 끼워주고 싶지는 않지만 이수정, 이런 사람들이 극우의 아이콘으로 부상하고, 버림받고 했죠. 근데 지금은 다들 이대남 얘기에만 집중하느라 여자들은 뭘 하든 관심이 없어요. 여성들은 남성들과는 다른 경로로 극우화되고 있는데, 이 문제를 우리가 어떻게 다룰 것인가, 이런 고민도 남아 있는 거죠.

| 김윤철 | 우리 사회의 극우화 현상, 극우 담론의 한계를 지적해 주셨는데, 여기에는 정치적 리더십 문제가 있습니다. 말씀해 주신 젠더 이슈는 정치적으로 동원된 것이기도 하죠. 아스팔트 동원은 전광훈 같은 사람이 주도했지만, 정치적으로는 이준석이 젠더 균열을 적극적으로 동원하고 이용하고 있죠. 이 문제와 관련해 민주적 규범에 따른 정치 리더십 비판이나 문제 제기는 잘 보이지 않는 것 같습니다. 김문수와 이준석을 가르는 기준 가운데에는 페미니즘 문제가 있는 거죠. 페미니즘 공격을 위해서는 폭력도 허용된다는 의견이 많다는 결과를 보고, 소름도 끼치고, 정말 큰 일이다, 이런 생각이 들었는데, 이런 배제와 혐오를 동원하는 정치적 리더십에 대한 본질적 문제 제기는 없는 상황입니다. 이준석이 TV 토론에 나와서 한 충격적 발언도 심각한 정치 리더십의 문제가 아니라, 잠깐의 말실수나 전술적 오류라는 식으로 말하고 넘어간다는 말이죠. 극우화 현상, 극우화 담론을 다루면서 정치 리더십

문제나 페미니즘 이슈를 피해 가려고 하는 것은 논의의 폭을 얇게 만들거나, 일종의 비겁함을 드러내는 거 아닌가 생각합니다.

아주 위험한 정치인, 이준석

| 전홍기혜 | 제가 2022년에 『아노크라시-극우의 반란, 미국 민주주의의 탈선』이라는 제목의 책을 쓴 거는 미국 워싱턴에서 특파원 생활 3년 하고 귀국했을 때였어요. '아노크라시'는 민주주의와 독재의 중간쯤에 있는 무질서 상태를 뜻하는 말입니다. 미국 극우 세력이 트럼프라는 정치 리더를 중심으로 똘똘 뭉쳐 일사불란하게 움직였을 때 나라가 어떻게 망가지는지 현장에서 목격하면서 너무 무서웠어요. 근데 우리는 늘 미국 민주주의를 찬양했잖아요. 그래서 책을 써야겠다고 생각했죠. 우리도 극우 세력이 사회적으로 존재는 했지만, 정치 리더를 중심으로 정치세력화가 되지는 않았었잖아요. 극우 세력의 유력한 정치 지도자가 있느냐, 없느냐, 이건 정말 중요한 차이를 가져오는 요소 같습니다.

저는 이재명 정부에서는 극우 세력이 좀 약화될 거라고 기대는 하거든요. 미국도 트럼프 때보다 바이든 때에 조금 약화됐어요. 하지만 사회 세력으로서 극우가 사라지는 건 아니기 때문에 트럼프 재집권 기에 미국이 확실한 극우화의 길을 걸을 수 있게 된 것 같습니다. 정치 리더십이 정말 중요한 거죠. 한국에서는 윤석열 같은 정치 리더십을 경험한 적이 없었고, 국민의힘도 일부 의원들이 극우적 이념을 가질 수는

있지만 그 당 자체가 극우는 아니었잖아요.

물론 트럼프 2기에는 공화당 자체가 완전히 물갈이돼서 지금은 되게 극우 성향의 정당이 된 것처럼 국민의힘도 어떤 방식으로 변화할지는 모르겠지만, 아직은 그런 상황은 아니라고 봐요. 그래서 정치적 리더십은 너무 중요한 변수 같고, 이런 맥락에서 이준석은 너무나도 위험한 정치인이죠. 근데 이준석을 도대체 어떻게 볼 것인가라는 문제는, 말씀하신 것처럼 그 위험성을 그냥 TV 토론에서 드러난 단발성 문제로만 생각하는 부분이 분명히 있는 것 같아요. 그런데 여의도 '엄친아' 이준석은 특히 언론이 키워준 측면이 있습니다. 이준석은 언론이 받아쓸 만한 '워딩'을 계속 던져주는 능력이 있고, 젊은 보수라는 상품성이 있는 정치인이었기 때문이죠. 대선 후보 시절 TV 토론 발언 이후 지지와 관심의 우상향 그래프가 꺾이기는 했지만, 앞으로 또 어떻게 될지 모르는 거잖아요.

극우의 정치세력화가 짧은 기간 급성장하고 자리를 잡은 것은 사실은 기존 정당이 제대로 작동하지 못했고, 개별 정치인들도 정치 자영업자 수준의 정치를 하다 보니까 나타난 현상입니다. 언론도 사실 비슷해요. 생존이 과제인 다수 언론은 돈 때문에 극우화 현상을 조장, 방조한 측면도 있습니다. 사실 극우 유튜버들은 돈을 엄청나게 많이 벌고 있어요. 유튜브 매체나 레거시 미디어의 유튜브 채널도 정치인을 평가할 때 리더십 내용을 중심에 놓고 보는 게 아니라 상품성을 더 중요하게 여기거든요. 이준석은 이런 과정의 산물이죠. 윤석열도 마찬가지였습니다. 극우를 대표하는 정치 리더십 존재와 이들을 발굴하고 키워나가는 변화된 언론 지형의 중요성은 아무리 강조해도 지나치지 않을 것 같아요.

| **권수정** | 새로운 개념이나 용어가 대중들에게 널리, 깊이 전파되고 침투되려면 일단 쉬워야 하거든요. 지금 말씀하시는 내용들은 학술적 담론 차원에서는 깊이 있고, 의미도 있지만 현장에서 극우라는 단어가 어떻게 받아들여지고 있는가, 하는 것은 다른 문제라고 봐요. 일상에서 보면 우리 사회의 극우는 예전부터 있어 왔다는 거죠. 드러내는 표현이나, 형태는 변화했을지 몰라도 조직이나, 세력이나, 사람들이 없었던 게 아니죠. 과거 이승만, 박정희 정권 때는 '빨갱이'를 앞세운 반공 극우가 있었고, 이후 각 정권을 지나면서 사라지지 않고 지금까지 왔습니다. 반공은 반북, 반중 형태로 지속돼 오고 있고, 이제 젠더, 페미니즘 같은 이슈와 결합돼 혐오와 낙인을 앞세우면서 양적으로 외연을 확장하고, 질적으로는 내포도 진화해 온 거죠. 현대 사회는 점점 다양한 이해와 가치가 부딪치는 다원주의 사회로 가고 있고, 이에 따라 성별, 종교, 인종 등 다양한 기준들이 상호 존중되고, 지금보다 더 성숙한 사회적 합의가 필요한데, 극우는 이런 것들을 기본적으로 인정하지 않고 있습니다. 이런 점에서도 아까 언급하신 대로 극우를 분별하는 기준선을 어떻게 그어야 할지는 중요한 작업이라고 봅니다. 이준석을 어떻게 볼 거냐 하는 문제도 이것과 맞물려 있는 것이죠.

저는 진보정당에 몸을 담고 활동해 온 정치인으로서 기존의 두 거대 정당 바깥에서 우리들의 언어를 가지고 국민을 설득해서, 동의와 지지를 모아내야 했지만 그럴 만한 역량과 영향력이 부족했다고 평가합니다. 우리가 그 일을 이뤄내지 못한 데 반해, 오른쪽이라고 할까요, 이준석으로 대표되는 우파들은 나름의 영역을 확보했습니다. 극우 세력의 등장과 세 확산은 진보정당이 자신의 역할을 제대로 하지 못했기 때문

이기도 한 거죠.

왜 우리는 현재의 구조, 제도를 넘어서는 대안을 마련하고, 이런 것들을 우리의 언어로 대중과 소통하는 데 성공하지 못했나, 하는 부분에 대한 성찰이 필요합니다. 이와 함께 진보정당과 친화력을 가지고 있다고 여겨지는 사회운동 단체 중 대표적인 조직들, 예컨대 민주노총의 행태, 방향성 같은 것들도 우리 사회의 우경화 또는 극우화에 일정 부분 영향을 미쳤다고 생각합니다. 깊이 들여다봐야 할 대목이라고 봅니다.

한국 극우, 전혀 다른 두 세력의 동거

| 박선경 | 포퓰리즘을 연구하는 학자들은 포퓰리즘 태도가 대중의 심리에 깔린 잠재된 성향이라고 봅니다. 실제로 여러 나라에서 측정해 보면 포퓰리즘 태도와 관련된 지수가 다 비슷비슷하게 나옵니다. 그런데 왜 유사한 정치 환경에 있거나, 유사한 경제 위기를 겪은 나라들 가운데 어떤 나라는 포퓰리즘 정당이 표를 엄청 많이 끌어모으는 데 반해 다른 나라는 보수와 진보정당이 교차 집권을 하는가? 이 질문에 대해 포퓰리즘 연구의 대가인 카스 무데와 크리스토발 로비라 칼드바서는 "그건 역사적 우연이다."라고 말합니다. 역사가, 운명이 그 나라에 뛰어난 포퓰리즘 선동자를 던져주면 그 나라는 포퓰리스트 나라가 되는 거고, 아니면 아닌 거죠. 그러니까 미국에 트럼프가 태어난 건 미국의 불운이고, 윤석열이 여기에 있는 건 우리의 불운인 거죠. 일본이라고 극우가 없겠어요. 사실 숫자로 따지면 우리보다 많이 있을 수 있는데,

일본에서는 탁월한 포퓰리스트가 안 나타나는 건, 물론 선거 제도의 영향이 제일 크긴 하겠지만, 그냥 일본은 운이 좋은 거라는 얘기죠. 이게 맞는 이야기일지 모르겠지만 왼쪽에서 운동하는 사람들이 아무리 좋은 언어와 표현을 만들고 아무리 열심히 활동해도 사실 지금은 전 세계적으로 다 반동의 시대잖아요. 그걸 거스를 수는 없다고 봅니다. 위 학자 주장에 따르자면, 우리는 재수 없게도 윤석열이라는 우연적 변수를 만나 이런 국면을 겪고 있는 거라고 볼 수 있죠. 이게 연구하는 사람이 할 말은 아닌 것 같지만 사실 모든 게 항상 인과관계로 연결되는 건 또 아니잖아요. 그래서 그런 포인트를 한번 말씀드리고 싶었습니다.

그리고 저는 한국의 극우는 완전히 다른 두 개의 세력이 붙어 있다고 이해하고 있거든요. 먼저 유권자 차원에서 보면, 정량적으로 어떻게 추산할까에 대해 고민을 많이 해야 하겠지만, 다수의 연구가 극우의 내용에 관한 정의 중 첫 번째로 내세우는 게 민주주의 규범에 대한 부정입니다. 그 내용에는 선거 원리부터 시작해서 아까 말한 기본권에 대한 부정, 다원주의에 대한 부정, 이런 것들이 모두 들어가죠. 그다음이 권위주의적인 태도 그리고 마지막에 붙는 게, 유럽의 맥락에서 보면 이민자에 대한 반감, 혐오 이런 것들이죠. 첫 번째와 두 번째는 우리한테도 있는데, 세 번째는 별로 없는 게 한국의 특수성인 것 같거든요.

그러니까 보수와 극우의 결정적인 차이는 민주주의, 그러니까 민주 체제 전복을 주장하는가 여부, 구체적으로 보면 지금 상황에서는 부정선거를 주장하는가 여부에 있다는 게 제 생각입니다. 왜냐하면 우리 사회가 잘하고 있던 게임의 기본 규칙을 부정하는 사람들인데, 이게 극우로 가는 거니까요. 민주주의 규범과 기본 원칙을 부정하느냐, 안 하느냐, 아무리 자기가 싫은 사람이라고 할지라도 그 사람에게 보장돼야 하는 기본권을 부정하면 그것도 극우로 가는 거잖아요. 그리고 극좌와 극우를 나누는 기준으로 많이 인용되는 것이 권위주의적인 태도입니다. 이게 두 번째 기준이죠. 우리나라에서 적용될 수 있는 세 번째 기준은 흥미롭습니다. 한국 극우를 전체적으로 아우르는 것은 첫 번째와 두 번째 기준인데, 세 번째를 기준으로 하면 완전히 종류가 다른 두 집단이 지금 일시적으로 붙어 있다고 봅니다. 하나는 소위 이대남과 이준석으로 대표되는, 반 페미니즘을 핵심 기치로 삼고 있는 극우이고, 다른 하나는 소위 말하는 태극기 할아버지, 할머니들이라고 부르는 기독교 복음주의를 중심으로 한, 장년 세대이며 경제적 기반이 조금 더 취약한 극우 세력인데, 이 둘이 지금 붙어 있다고 생각해요.

이런 현상을 좀 거칠게 말하면 이준석과 김문수의 동거인데, 사실 지금 저희가 운이 좋았다고 생각하는 건, 상대적으로 합리적 보수일 수도 있지만, 페미니즘 가치에서 봤을 때는 극우라고 볼 수 있는 이준석을 위시한 이 세력이 어쨌든 계엄을 찬성하는 극우와 손절했기 때문에 그나마 무사히 탄핵이 되고, 계엄이 망가지고, 선거도 어쨌든 평화롭게 치를 수 있었다는 거죠. 사실 남미에서 우리와 비슷한 일이 발생했을 때 보면 거의 나라가 망하기 직전까지 가거든요. 우리 경우 그 정도로 안 내려간 것도 사실은 엄청난 성과라고 생각해요.

어떻게 보면 재수는 없지만 어느 정도 균형을 잡아줬던 이 사람들과 함께 할 수 있었고, 이들이 태극기 세력과 손절하고 나왔다는 사실은 평가해야 한다는 주장을 이해할 수도 있다고 생각해요. 하지만 다시 이들이 하나의 세력으로 붙었을 때 어떻게 해야 하나, 하는 과제가 남아 있다고 봐요. 이제 완전하지는 않지만, 계엄과 내란 국면에 비하면 평화 국면이 왔잖아요. 헌정 위기는 끝났고, 정상적인 헌정 질서 안에서 극우로 묶이는 이 세력들을 우리가 어떻게 이해하고, 이걸 어떻게 분리하고, 약화시킬 것인가에 대한 전략적 고민을 해야 한다고 봅니다.

분명히 이대남은 페미니즘을 싫어하는 만큼은 아니지만 아스팔트의 태극기 어르신들을 못지않게 싫어해요. 그리고 기성세대에 대한 반감도 있습니다. 이 반감 대부분이 86세대를 향한 것으로 생각하지만, '태극기 노인'을 향한 부분도 만만치 않습니다. 그런데 극우라는 이름으로 이 둘을 섞어서 이야기하는 경우가 많은 것 같고, 다른 한편으로는 극우 논의에서 20대 극우만을 너무 과하게 다룬다는 느낌을 받습니다. 아까 〈시사인〉 설문 조사 결과에 대해 언급이 있었는데, 그 결과를 뒤집어서 해석하면 페미니즘에 대한 것 말고는 폭력을 용인하지 않겠다는 이야기가 되죠. 근데 제가 가지고 있는 자료에 따르면, 70대 이상, 저소득, 저학력 그리고 경상도에 살고, 기독교를 믿는 이 집단의 어르신들은 모든 항목에 대해 폭력을 용인할 수 있다고 응답합니다. 그 앞에 전제가 몇 개 들어가긴 해요. 윤석열의 탄핵을 막기 위해서, 선거 승리를 위해서, 이런 전제만 깔리면 무조건, 뭐든지 다 할 수 있다는 거죠. 폭력뿐 아닙니다. 가짜 뉴스 퍼뜨리는 거 괜찮다, 온라인 협박 괜찮다, 민주적 규범 따위는 다 어겨도 괜찮다는 응답이 15%에서 20% 사이를 왔다 갔다 합니다. 두 그룹은 이렇게 서로 달라요.

그래서 아스팔트 태극기 극우를 쳐내는 게 가장 중요한 작업이라고 생각합니다. 우리가 진짜 극우에 대해서 걱정하고, 이 사람들을 우리 사회에서 받아들일 수 없는 세력이라고 생각한다면, 20대 젊은이들에 대한 조명 못지않게, 이 그룹에 대한 조명이 더 중요하다고 봅니다. 이들은 아주 오래된 권위주의 정권 때부터 이어져 온 극우의 역사가 있기 때문에 가장 단단하고, 깊은 뿌리가 있어서 바뀌지 않을 가능성이 가장 크고, 파괴력도 가장 큰 사람들이라고 생각하거든요. 또 영남 보수라는 지역적 기반도 단단해서 해당 지역 국회의원들이 극우적인 말을 함부로 할 수 있는 배경이라고 봐요. 이 부분에 대한 고민이 있어야 합니다. 반면에 젊은이들은 앞으로 상황에 따라, 정치가 어떻게 돌아가느냐에 따라, 어떤 정치적 리더십이 등장하는지에 따라, 어떤 방식으로 정치적 동원을 할 것인가에 따라 여전히 유동적일 수도 있다고 보거든요.

누구 찍느냐가 극우 판별 기준 되면 곤란

| 손희정 | 제가 오늘 좌담회에 참석 요청을 받았을 때 노회찬재단이 아니었으면 안 왔을 거라고 말씀을 드렸는데요. 그 이유 중 하나는 극우를 둘러싸고 지금 우리 사회에서 촉발되고 있는 다양한 논의들이 누가, 어떤 정당을 찍느냐 하는 문제로 휘말려 들어가 버렸기 때문이에요. 그래서 정말 중요한 이야기를 하기가 어려워져 버렸죠. 극우가 왜 문제인가? 간단히 말하면, 그들은 타인의 목숨을 하찮게 여기고, 죽어도 혹은 죽여도 괜찮다고 생각하기 때문이에요. 예컨대 혐중 시위에 등장한 "빨갱이는 죽여도 돼." 같은 구호는, 그냥 재미 삼아 하는 말이

아닌 거죠. 그러니까 이준석을 찍으면 극우인가, 김문수를 지지하면 극우인가, 이런 방식으로 얘기해 버리면 온라인에서 형성된 그 보수화의 흐름 안에서 실제로 여자들이 이틀에 한 명씩 친밀한 파트너한테 살해당한다거나 스토킹 범죄가 심각해지고 있다거나, 하는 문제를 이야기할 공간은 없어집니다. 그래서 극우를 정확하게 규정하고, 그 원인을 제대로 규명하려는 노력이 필요한 것 같아요. 물론 대통령이 누가 되는지 너무 중요하다는 걸 이번 12.3 사태로 뼈저리게 깨달았지만요. (웃음) 장애인 이동권 문제나 교육권 문제, 여성들의 안전 문제 등, 왜곡된 평등의 문제를 바로 잡아 나가는 것이 아주 중요한, 과정으로서의 민주주의인데 이런 민주주의에 대해 제대로 이야기하자고 할 수가 없어서, 어디서부터 이런 문제를 풀어가야 할지 너무 막막해요.

박선경 선생님이 말씀하신 것처럼, 극우 논의가 20대 남성 이야기로만 귀결된다는 현실이 저로서는 참 답답해요. 왜냐하면 2025년 여성의 날을 맞춰서 '여성의 전화'에서 발표했었던 통계를 보면, 한국 여자들은 2024년 기준으로 이틀에 한 명씩 친밀한 남자한테 살해당했다고 해요. 이것도 공식 통계는 아닙니다. 한국에는 이런 여성 살해에 대한 공식 통계가 아직 없어요. 그저 언론에 보도된 내용만을 가지고 계산한 수치예요. 10년 전 발표된 같은 조사에서는 사흘에 한 명씩이었어요. 이 통계를 보고 바로 떠올리게 되는 건 디시 갤러리나 일베 같은 매노스피어를 중심으로 유행했던 '삼일한'이라는 말이에요. 지금도 여전히 건재한 '농담'이죠. "여자랑 북어는 3일에 한 번씩 때려야 맛있다."는 말을 줄인 거예요. 이런 이야기를 농담이랍시고 해대며 낄낄거리는 사람들이 모여서 정치세력화를 하겠다는 사회에서 여자가 이틀에

한 명씩 죽는 거는 이상하지 않은 일 아니겠어요? 근데 이런 이야기를 할 때 주목해야 할 핵심은 뭐냐면 그때 일베에서 그 이야기하면서 낄낄거렸던 남자들이 20~30대였다면, 그 사람들이 지금도 20~30대겠냐는 거죠. 아니거든요. 이 사람들 이제 40~50대거든요. 얼마 전에 헬마우스 임경빈 작가와 방송 녹화를 했는데, 이런 이야기를 하더라고요. 펨코보다 엠팍 보는 게 더 힘들다는 거예요. 저는 엠팍은 안 보고 펨코만 보거든요. 엠팍은 40~50대 남자가 모여 있고, 펨코는 20~30대 남자가 모여 있는 덴데 치어리더 사진이 한 장 올라오면, 이 사진 가지고 성희롱하고 낄낄거리는 수위가 엠팍이랑 펨코는 질적으로 다르다는 거예요.

그러면 이재명 찍어놓고 나는 진보요, 아, 요즘은 진보가 아닌가요. 나 합리적 중도 보수요, 나는 민주주의자요, 이렇게 쉽게 얘기하는 남성 중에 도대체 어느 정도를 우리가 동료 시민으로 믿고 함께 갈 수 있는가 하는 고민이 생기는 거죠. 우리가 이 뿌리에 대해서 얘기하지 않고, 이준석 찍었네, 김문수 찍었네, 하는 걸 극우를 가리는 어떤 기준으로 얘기한다면 우리의 진정한 목표가 뭔지, 저는 잘 모르겠어요. 그래서 저는 "극우다, 아니다."를 그저 표심으로만 가르는 것이 아니라 옆에 있는 사람이나 이웃을 사람으로서 존중하는 태도를 어떻게 만들어 갈 것인가 같은 '민주시민 의식'부터 구체적으로 타깃팅해서 이야기를 해나가야 하지 않겠나, 이런 고민을 하고 있어요.

또 한 가지 말씀을 드리면, 전홍기혜 기자님께서 극우 유튜버가 떼돈을 벌고 있다고 하셨는데, 사실은 떼돈 버는 사람은 극우 유튜버뿐만 아니라, 민주당계 유튜버들도 마찬가지라는 사실을 너무 잘 아실 겁니다. 진보 언론이라 불리는 신문, 잡지들도 모두 유튜브 시장에 진출해 콘텐츠를 만들고 있습니다. 이들 매체도 타깃이 분명합니다. 민주당 지지하는 사람들을 위한 방송을 만드는 거예요. 보수 언론이 극우를 선동하는 거 맞는데, 진보 언론은 뭐 하고 있느냐, 이런 질문도 해야 합니다. 유튜브가 언론을 주도하고 있는 상황에서 도대체 무엇을 해야 하는가. 게다가 똑같은 사람들이 하루 종일 MBC, KBS, 〈시사인〉, 〈한겨레〉 같은 데를 돌면서 자기들끼리 형님, 아우 하면서 낄낄거리는데, 과연 이걸 계속 보고 있어야 하나 싶기도 해요. 제 주변에서 뉴스 안 보던 사람들도 계엄과 그 이후 과정에서 혼란과 공포를 겪으면서, 이런 종류의 방송을 들으며 위로를 받고 있거든요. 혼란스럽고, 고민되는 부분이죠.

| 권수정 | 20대 남성에게 과도하게 초점을 맞추고 있다는 지적에 전적으로 동의합니다. 그렇게 되면 극우의 주체로 지목되는 것에서 조금 자유롭게 놓이게 될 집단이 생기게 되는 거고, 극우 극복이라는 대안을 찾아가는 경로가 실제보다 단순해지는 문제가 생길 수 있다고 봅니다. '제노사이드 워치'의 창립자인 그레고리 스탠튼이 고안한 집단 학살의 10단계 지표를 살펴보면 1단계가 '구별 짓기'입니다. 사람 사이 차이를 존중하지 않고 편견에 기초해 구분하는 거죠. 이어 2단계가 '상징화'입니다. 집시와 이슬람, 이주민, 여성, 소수자 등에게 멸칭과 부정적 상징을 부여하는 방법입니다. 이후 '차별', '비인간화', '조직화' 등의 단계를 거치게 되는데요. 현재와 같이 특정 집단을 구분 짓는 행위는 무서운 결론에 이르는 길로 접어들었다는 것을 뜻할 수도 있습니다.

이웃집 극우

한때 진보정당을 지지했던 사람들도 민주당 지지 성격의 유튜브를 보면서 구독과 '좋아요'를 누르는 경우가 많은 것 같습니다. 같이 살고 있는 '남의편'님도 저와 사안별로 조금씩의 입장 차는 있었지만, 민주당 정부가 집권하면서부터 이런 모습으로 경도되고 있어서 아주 힘이 듭니다. 또 다른 선동 매체, 특히 거대한 권력이 된 김어준 류 등의 편향된 매체에 함께 몸을 싣고 목소리를 냅니다. 그 권력으로 혐오와 배제의 칼날을 휘두르는데도 말이죠. 이런 부분에 대한 비판의 목소리는 작습니다.

젊은이들의 우경화, 극우화 현상은 자신들과 비교해서 더 노력한 것도, 잘난 것도 없는 것 같은 사람들이 훨씬 더 많이 가지고 있는 것을 보면서 분노가 쌓이고, 이것들이 특정 집단에 대한 화풀이로 나타나는 결과로도 볼 수 있는데, 우리 사회의 가장 큰 문제인 불평등의 산물이죠. 여기에다 노동에 대한 가치를 인정해 주지 않는 사회적 분위기도 있습니다. 우리가 이처럼 심각한 불평등 구조를 넘어서기 위한 사회적 담론 형성이 현재의 언론 지형에서 제대로 이뤄지지 않고 있어서 되게 답답하거든요. 이 자리에서 언급되는 것처럼 극우 문제와 관련해 특정 세대나 집단을 향한 낙인찍기는 대안 마련하는 데 도움이 되지 않는다고 봅니다. 문제 해결을 위한 가장 쉬운 방식 가운데 하나인, 책임 집단 또는 문제 집단을 지정하고, 그들만 교화시키면 되는 것처럼 접근하는 게 지금 극우 논쟁의 한계이면서 불편한 지점입니다. 이런 문제 틀은 구조적인 측면을 건드리지 못하게 하는 장벽이죠.

극우와 극좌, 공통점과 차이점

| 김윤철 | 지금까지 극우에 대한 정의와 주체, 그리고 다양한 현상에 대한 분석을 중심으로 얘기가 진행됐는데, 권수정 위원장 말씀해 주신 것처럼 이런 현상의 원인을 진단하고, 전망이나 처방 부분으로 넘어갔으면 좋겠습니다.

| 전홍기혜 | 원인을 이야기하기 전에 짚고 넘어가고 싶은 게 있어요. 민주당 지지자들에게 보이는 일종의 한계 같은 것들을 잠깐 말씀해 주셨는데, 이재명을 찍은 40~50대 남성들은 누구인가, 어떤 상태에 있나, 이 부분과 관련해서 제가 굉장히 놀란 것은 이른바 '윤석열 사형론'이거든요. (모두 공감 표시) 이게 딱 이분들이 어떤 상태인지를 너무 잘 보여주는 거죠. 〈노컷뉴스〉 기자가 칼럼에 썼어요. 첫 문장은 '사형에 반대한다.'입니다. 전두환을 살려줬기 때문에 윤석열이 나왔고, 언젠가는 감형이 돼서 나올 것이기에, 다시 이런 일이 일어나지 않도록 '오직 한 사람을 위한 사형이라면' 찬성할 수 있을 것 같다는 내용입니다. 이런 주장을 하는 사람들의 논리는 민주주의를 지지하기 위해 사형에 찬성한다는 것입니다. 정치가 지지 정당별로 양극화됐을 때 지지하는 정당만 다를 뿐이지 민주주의나 인권에 대한 태도에서 과연 얼마만큼의 차이가 있는지 의문이 들 수밖에 없습니다.

| 박선경 | 100% 동의합니다. 우리도 그렇지만 외국에서도 극우 연구와 함께 극좌 연구도 있을 거잖아요. 그런데 똑같은 이야기가 나와

요. 아까 제가 말씀드린 극우 분류의 세 가지 기준에서 그러니까 민주주의에 대한 규범을 부인하거나, 권위주의적인 태도를 가지고 있는가, 이 부분에 대해서는 극우와 극좌가 같습니다. 다만 세 번째가 다른 거죠. 극우가 이민자에 대한 혐오, 자민족 중심주의를 내세운다면 극좌는 불평등 해소를 위해서는 인권의 기본적 가치에 대한 유보까지 고민할 수 있다고 하거든요. 그러니까 세 번째 경계 요소, 다시 말하면 정책적인 입장은 다르지만, 첫 번째와 두 번째 입장을 공유하면 이게 극우이고 극좌인 거죠. 민주주의를 부인한다는 점에서 둘은 같은 태도를 가진 집단입니다. 사실 근데 이렇게 파고 들어가면 한국 사회에 극우와 극좌가 아닌 사람이 별로 없는 것 같아 조금 걱정도 되긴 합니다.

지난 대선에서 이준석 지지율이 높았던 곳을 투표소별로 보면 기흥, 용인에서 많이 나왔고, 그다음이 안암동, 신림동, 신촌동 순서였습니다. 투표소별 득표율이 성별, 세대별로 나눠서 공개되지는 않기 때문에 정확한 이유는 알 수 없지만, 아마도 그 지역에 있는 대학교를 거주지로 한 대학생들이 이준석을 지지한 걸로 짐작됩니다. 이런 결과를 놓고 교수들끼리 얘기를 나눈 적이 있어요. 외국에서 오래 살다가 온 어느 교수께서 이런 현상을 어떻게 이해해야 할지 모르겠다고 했어요. 제가 그랬죠. 옛날부터, 제가 학생일 때도 여기는 그랬다고. 그러니까 여성주의 시각에서 보면 한국 사회 주류 또는 다수는 한 번도 진보적이었던 적이 없었다고 생각합니다. 다만 공식적인 자리에서는 그런 얘기를 하지 않았는데, 이제는 그런 위선조차도 떨지 않는 정치인들이 등장하고 있습니다. 그동안 하지 못했던 이야기들을 마음껏 할 수 있는 장이 펼쳐졌다는 게 큰 문제인 거지, 기저에 깔린 시장, 다시 말하면 유권자들의 수요는 항상 있었다고 저는 보거든요. 만약 20년 전에 이준석 같은 정치인이 있었다면 그때 당시 20대 남자들은 아마도 이준석을 찍었을 거라고 저는 생각해요. 대학 분위기는 지금도 그렇게 많이 바뀌지 않았어요.

차이가 있다면 숨어서 말하느냐, 당당하게 말하느냐의 정도이죠. 저는 여론조사를 가지고 연구하는 사람인데, 어떤 규범이나 도덕적인 얘기를 물어보는 문항을 짤 때마다 소위 사회적 바람직성 편향social-desirability bias을 걱정하거든요. 그러니까 미국인들한테 "너 흑인 차별하니?" 이렇게 물어보면 아무도 "응, 차별해." 이렇게 말하지 않는다는 거죠. 실제로는 하면서도. 그래서 저희 연구 분야에서는 이처럼 숨겨져 있는 편견과 혐오를 드러낼 수 있게 문항을 어떻게 설계할 것인가가 중요한 과제인데 요새는 고민할 필요가 없어요. 직접적으로 물어보면 바로 직접적으로 대답을 해요. 이제 사람들이 눈치 보거나, 숨기는 일이 없어질 정도가 된 거죠. 이게 약간 거울상mirror image이라고나 할까, 이쪽이 그렇게 가면 저쪽도 덩달아서 계속 극단적으로 가는 거죠. 그러니까 우리 쪽의 정치적 목적을 달성하기 위해서 '이 정도는 할 수 있지 뭐'라고 말하는데 사실은 바로 그게 자기네들의 핵심 가치를 부정하고 반박한다는 사실을 깨닫지 못한다는 겁니다.

심상정→윤석열, 박근혜→이재명, 선택 바뀐 까닭은?

| 손희정 | 지난 대선 때 이준석이 높은 득표율을 기록한 곳을 말

쓱해 주셨는데, 고려대가 있는 성북구 안암동에서 18%~22%, 관악구 신림동(서울대) 17%, 서대문구 신촌동(연세대) 16%, 성동구 사근동(한양대)이 20%로 전국 득표율 8.3%에 비하면 2배를 웃돌았습니다. 삼성이나 LG 등 대기업 사옥이 있는 동네에서도 평균이 넘는 득표율을 기록했고요. 이 결과를 놓고 보면 무엇인가를 박탈당한 사람들, 혹은 불안한 사람들이 자신을 대변할 정치인으로 이준석을 뽑았다고 설명하는 것은 딱 맞는 이야기는 아닌 거죠. 사실은 아직 박탈이 시작되지 않은 사람들, 그러니까 삼성 다니고, LG 다니고, 서울대 다니고 이런 사람들이 이준석을 상대적으로 많이 지지한다는 거예요. 분석이 필요한 대목이라는 말이 나오고 있어요. 근데 또 전문가들이 한 가지 더 덧붙이는 건 뭐냐 하면, 이준석을 지지한 사람들이 많이 나온 건 좀 더 들여다보면, 서울에서 서울대를 간 학생들이 이준석을 뽑는 게 아니라는 거예요. 물론 그런 사람들도 있겠지만, 기본적으로 지역에서 공부 잘해서, 능력주의의 사다리를 타고 서울로 입성한 사람들이, 혹은 삼성에 입성한 사람들이 이준석을 찍는다는 거죠. 자기가 노력해서 어렵게 달성한 무엇인가가 박탈될지도 모른다는 불안 때문에 그런 정치적 선택을 한다는 거예요.

이 부분이 뭘 의미하는가는 좀 살펴봐야 한다고 생각합니다. 일베를 오랫동안 연구한 사람들은 무임승차론을 이야기하고 있잖습니까. 우리 아버지가 이룩해 놓은 대한민국의 위대한 과실을 군대 안 가는 여자들이, 세금 안 내는 외국인 노동자들이, 산업화에 기여도 하지 않은 전라도 사람들이 뺏어간다, 이런 인식이요. 물론 다 거짓말이지만, 이렇게 설명된다는 것이 흥미로운 거죠. 원래 내 거였던 것을 빼앗아 가는 소수자들에 대한 불만이 혐오를 구성한다는 거니까요. 그런데 다른 한 편으로 남성들은, 자신의 미래 모델로서 아버지 같은 사람이 될 수 없다는 박탈감이 '하버드 나온 이준석'을 새로운 모델로 삼고 싶어 한다는 분석도 있어요.

사실 똑같은 불안을 겪고 있지만 청년 여성들은 왜 그런 선택을 안 하는가. 이건 하나의 요인으로만 설명할 수는 없겠지만, 페미니즘의 역할도 있겠죠. 엄마처럼 살지 않아도 돼, 고양이랑 둘이 살아도 돼, 다른 삶의 모델이 있어, 이런 이야기들을 꾸준히 듣고 또 실천하는 사람들을 보면서, 모델 상실에 따른 불안감이 줄어들고, 그 결과 남성보다 극우적 세계관에 덜 빠지게 되는 것이 아닌가 싶은 거죠. 물론, 여성 중에서도 극우적인 성향인 사람들이 있죠. 저는 한국 여성이 극우화되는 중요한 원인 중 하나는 여성에게 너무 안전하지 않은 한국 사회 환경이라고 생각합니다. N번방 사건이나 딥페이크 성범죄 사건이 터졌을 때마다 트랜스젠더에 대한 혐오가 온라인에서 강해지는 경향이 있거든요. 어쨌거나, 피케티가 이야기했던 것처럼 노동으로 돈을 버는 것보다 자본으로 돈을 버는 것이 더 빠르게, 더 많은 이윤을 남기는 시대가 초래하는 불안이 극우화를 가속화시키는 것 같아요.

재미있는 사례를 하나 소개할게요. 제가 10년 정도, 정기적으로 만나는 50대 남성과 40대 여성이 계세요. 50대 남성은 10년 전에 심상정 후보를 찍었어요. 정치는 잘 모른다면서 맨날 저한테 정치에 관해서 이것저것 물어보신 분이죠. 그런데 어느 날 대선 후보 TV 토론을 봤더니 심상정이 자기를 제일 잘 대변하는 것 같다는 겁니다. 그래서 문재인, 홍준표, 안철수, 유승민이 붙었을 때 심상정을 뽑았던 거죠. 반면에 40대 여성은 그 당시 〈조선일보〉를 구독하고, 박근혜를 지지하고, 중국인 노동자에 대해 거부감을 가지고 계셨어요.

10년 정도 지난 지금 두 사람은 지난 대선에서 어떤 선택을 했을까요? 50대 남성은 윤석열을 뽑았고요, 트럼프 당선을 기뻐했어요. 40대 여성은 이재명을 찍었고, 윤석열이 너무 싫어서 어쩔 줄을 몰라 해요. 도대체 왜 이런 변화가 생겨났는지, 관심을 가지고 알아봤더니 그 사이 남성은 주식을 시작했고, 여성은 트위터를 시작했어요. 주식 종목은 2차 전지였습니다. 알고 보니 그 남성은 2차 전지에 투자하는 사람들의 커뮤니티와 유튜브 알고리즘 안에서 보수화 혹은 극우화가 된 거죠. 여자분은 클래식 음악 듣고, 책도 많이 읽는 분이었어요. 그러다가 트위터에서 대중문화 팬덤과 만나고, 그러면서 민주당 지지자가 된 거죠. 제가 아까 말씀드린 것처럼 여성과 남성이 극우화되거나, 민주당 지지자가 되는 경로들은 꽤 다른데, 이 경로를 섬세하게 들여다볼 필요가 있다고 봐요.

많은 사람이 "월급은 노예들이나 좋아하는 것"이라고 말하는 투자 구루들을 따르면서 "노동해서 돈 벌어봐야 소용없어, 진짜 돈을 벌려면 투자하라."는 세계관 안에서 극우 커뮤니티를 만나게 되고, 그 세계관을 내면화하는 것 같아요. 그리고 특히 청년 남성들의 경우에는 이런 코인적 세계관이 게임적 세계관과 붙어 있어요. 그러니까 모든 걸 승패 가르는 게임으로 보고, 나에게 주어진 경쟁의 룰을 적극적으로 내면화하는 세계관 말이죠. 여기에 게임하는 사람들이 모여 있는 매노스피어가 그런 세계관에 현실적 감각을 더해주죠. 무슨 말이냐면, 김민하 평론가가 그런 이야기를 한 적이 있어요. 게임 유저들이 모이는 루리웹 같은 사이트에 들어가면 "나는 게임만 하는 루저가 아니야, 나는 현실에서도 열심히 살아서 삼성에 다니고, 이런저런 투자를 해서 어디에 아파트를 샀고" 등등, 이런 것들을 자랑하는데, 이것이야말로 게임적 세계관에서 비롯되는 성공과 승리의 스토리라고요. 이준석이 잘 가지고 노는 건 바로 이 세계관입니다. 승자독식의 세계이기도 하겠고요.

| 김윤철 | 지금까지 학술 담론, 실천 담론은 소득과 자산 등의 통계 수치를 내세우면서 불평등과 극우의 관련성을 논의해 왔는데, 이런 접근 방법의 허점이나 부족한 부분을 지적해 주신 것 같습니다. 삶의 구체적 현장에서 일어나는 여러 가지 관계 맺기의 양상과 경로를 통해 드러내 주는 현실에 밀착된 이야기는 굉장히 흥미롭고 영감을 주는 것 같습니다. 우리 사회의 극우화 원인을 파악하기 위해 이런 접근법이 지금보다 많이 필요하지 않을까 생각합니다. 우리 사회는 게임이라든지 코인과 주식 같은 것들이 지배하잖아요. 이런 조건과 환경 속에서 극우화의 구체적 경로나 원인을 찾아내는 데 소홀한 채 추상화된 개념이나, 역사적이거나 거시 구조적 접근만으로는 그 실체를 파악하기는 어려울 것 같다고 생각합니다. 아까 언급된 피케티의 말처럼 노동보다 자본이 돈을 더 버는 세상에 대한 진단과 극우화 경로의 연관성도 규명해야겠지만요.

게임과 관련해서 잠깐 말씀드리자면, 제가 수업할 때 보면 요즘은 여학생들도 게임을 하더라고요. 제가 대학 현장에서 15년 있으면서 느낀 변화입니다. 남학생들은 당연하고요. 그런데 재미있는 건 게임 채팅창에서 게임과는 무관한 살아가는 문제에 대해서도 게임 상대와 상담한

다는 겁니다. 그러니까 그냥 게임만 하는 게 아니라는 거죠. 그 게임을 하면서 어떻게 살아야 한다는 삶의 규범과 태도도 서로 배우는 거죠. 게임 상대방이 때로는 동지이고, 선생이기도 한 관계가 되는 겁니다. 이런 얘기를 처음 듣고 깜짝 놀랐었는데, 이런 현상을 구체적으로 연구하는 것도 필요하다는 생각입니다.

게임 서사와 여성 혐오

| 전홍기혜 | 저는 옛날 사람이어서 대학 때 종이에다 리포트 썼어요. 그러다가 3~4학년 때 컴퓨터를 막 쓰기 시작한 세대였는데, 당시 수업 시간에 우리들은 '온라인의 자아와 오프라인의 자아가 연결된 것인가, 분리된 것인가?' 이런 되게 촌스러운 주제를 놓고 얘기를 나눴죠. 우리는 '디지털 원주민'이 아니기 때문이었죠. 그런데 지금 젊은이들한테는 이런 걸 물어보는 게 너무 이상한 거잖아요.

통상적으로 극우를 이야기할 때 경제적인 요인이나 불평등 같은 부분이 주요 원인으로 지적되지만, 주변에 젊은 기자들한테 물어보면, 예를 들어 이준석을 열심히 지지하는 젊은이들의 행동을 경제 요인으로만 분석하고 설명할 수 없다고 말씀하신 것과 같은 맥락인데, 온라인상의 각종 커뮤니티, 게임 커뮤니티와의 관계가 중요한 것 같다고 말해요. 왜냐하면 거기서 만나는 사람들이 나와 같이 삶을 살아가는 사람들이고, 동지이고, 선배이고, 이런 거예요. 근데 오프라인 현실에서는 선배라는 건 존재하지 않는 것 같아요. 그리고 부모 같은 경우는 자식 세

대와 경험이 너무 다르니까 소통이 잘 될 수 없습니다. 저 같은 경우는 온라인 자아, 오프라인 자아를 따로 갖고 있는 사람인데, 디지털 원주민들에겐 온라인 커뮤니티가 너무 중요한 거 같아요. 그런데 현실에서 내가 파괴되고 무너지는 것보다는 온라인에서 파괴되고 무너지는 게 조금 더 가볍지 않을까요.

| 손희정 | 과연 가벼울까요? (웃음)

| 전홍기혜 | 예를 들면 정말 내가 죽는 것과 게임 캐릭터로서의 내가 죽는 건 다른 거잖아요. 극단적으로 예를 들면 그렇게 설명할 수 있지 않을까, 하는 생각이 얼핏 들었어요. 그 친구들이 그런 이야기를 했을 때, 그러니까 나의 정체성이 만들어지는 과정이 가상의 공간이었을 때 갖는 극단주의는 물리적인 공간에서, 말하자면 가투하면서 짱돌 던질 때의 폭력과는 조금 다르지 않을까 하는 생각도 들었다는 거죠.

| 김윤철 | 온라인 세상에서도 게임을 하다가 "야, 너 나와." 이렇게 시작돼서 실제로 사람을 죽이는 그런 사례가 있잖아요. 실제와 사이버 공간의 경계선이 애매해지는 거죠.

| 전홍기혜 | 그리고 한국 사회의 우경화, 극우화 현상에 언론이 너무 중요한 변수입니다. 우리나라 사람들은 뉴스를 소비할 때 가장 수동적이고, 가장 편리한 형태를 선택합니다. 한국이 다른 나라와 다른 점입니다. 스스로 선택하는 것보다 선택된 것 중에서 고른다는 것인데,

이건 포털 때문입니다. 우리나라 사람들이 디지털 뉴스를 이용할 때 포털 등 검색 엔진을 활용하는 비율은 63%인데, 일본(69%) 다음으로 높은 수치예요. 조사 대상 48개 주요 국가 평균 33%에 두 배 가까운 수치죠. 전에는 일본보다 더 높았다고 합니다. 근데 이게 조금 떨어진 건 젊은 세대는 포털을 안 보기 때문입니다. 포털이 보여주는 뉴스만 보는 거죠. 뉴스 웹사이트나 앱을 통해 직접 접근하는 비율은 6%였는데, 조사 대상국 가운데 꼴찌입니다. 또 유튜브를 통해 뉴스를 접하는 비율은 우리가 50%로 전체 평균 30%보다 20%포인트 높습니다. [+] 유튜브에서 뉴스를 보면 알고리즘에 의해 비슷한 내용의 뉴스가 추천 영상으로 뜹니다. 〈신의 한 수〉 채널 영상을 봤다면 〈고성국 TV〉 영상이 추천 영상으로 나오고, 〈김어준 겸손은 힘들다〉를 봤다면 〈매불쇼〉가 추천 영상으로 뜨는 식이죠. 이런 뉴스 소비 성향이 개개인의 확증편향과 정치적 성향을 강화하는 방향으로 작용하고 있다고 생각합니다.

| 김윤철 | 게임을 잘 모르는 사람을 위해 대신 질문을 드리겠습니다. 지금 말씀하시는 건 대부분의 게임 이야기 전개나 구성이 우경화 또는 극우화에 영향을 많이 주고 있다는 건가요?

| 손희정 | 게임 서사만의 문제는 아니고요. 게임에도 다양한 서사들이 있거든요. 한동안 정치적 올바름을 고민하고 페미니스트의 문제의식을 담은 게임 같은 것들도 제작이 되곤 했는데요. 그럼 또 남자 유

[+] 한국언론진흥재단. '디지털 뉴스 리포트 2024 한국'

저들이 "꺼져라." 하면서 공격했었죠. 디지털 남성성을 연구했던, 문화평론가이자 사회학자인 최태섭 작가가 그런 얘기를 하는데요. 게임에는 '돈 터치 룰'이라는 게 있다는 거예요. 게임 중인 내가 방해받는 것도 싫고, 내 게임의 내용을 망치는 것도 너무 싫다, 근데 누군가 방해한다, 이런 심리에서 여성 혐오가 비롯되기도 한다고요. 그러면 게임을 방해하는 자는 과연 누구인가? 그 사람이 엄마든지, 여자 친구든지, 부인이든지, 그렇다는 거죠. 게다가 여가부(여성가족부)가 청소년 심야 게임을 금지하는 내용의 게임 셧다운제도를 도입한 것도 큰 영향을 줬어요. 이게 사회적으로 문제가 되자 권인숙 의원이 총대를 메고 이 제도를 없앴거든요. 그런데도 페미니스트들이 이 제도를 만들었다는 오해가 너무 심했어요. 사실 이 제도는 여성가족부의 '가족 정책'이었어요. 그런데 사람들이 '페미니스트들의 정책'이라고 생각했죠. 10여 년 전 10대 남성들의 가장 큰 여성 혐오 이유가 게임 셧다운제였거든요.

이런 게 하나 있고요. 다른 하나는 게임이란 건, 약속된 세계관 안에서 주로 내가 타인을 짓밟고 이겨야 하는 거고, 그 승패 결과가 점수로 환산되는 것들인데요. 이런 세계관을 바탕으로 실제 세계를 일종의 게임으로 보는 거죠. 그래서 이준석 같은 경우에 무슨 말을 해서라도 상대방을 짓밟으면 승리하는 서사가 만들어지니까, 이거를 되게 좋아하는 게 한쪽에 있고, 그 세계관이 한번 세팅되면 그 바깥으로 나가지 않는 문제도 있어요. 게임 노하우를 공유하는 남초 커뮤니티 안에서 공유되는 이야기들이 사실은 꼭 게임 내용과 관계가 되지 않더라도, 보수화되는 내용들이 있어요. 최태섭 작가는 게임 과정에서도 능력주의가 작용한다고 분석해요. 그리고 여기에 또 놀라운 현실이 개입되는데, 어떤 게임은 목적지까지 도달하려면 한두 달이 걸리기도 해요. 그런데 돈을 많이 쓰면 쓸수록 더 빨리 성공하고, 더 높은 위치에 올라갈 수 있어요. 소위 '현질'이라고 하죠. 게임 유저들은 이렇게 돈을 쓸 수 있는 것조차 '능력'이라고 생각하고, 돈을 쓰는 행위 자체가 '공정'이라고 본다는 거예요. "부모님 경제력도 내 능력"이라던 최유라의 말과 비슷한 거죠. 그런 세계관이 게임의 바탕에 깔려 있다는 거예요. 특정한 게임 하나의 서사 문제가 아니라 게임이라고 하는 미디어가 존재론 자체를 바꾼다는 것이죠.

광장 기독교, '싸가지'와 '틀딱' 연결

| 박선경 | 아까 말씀드린 대로 저는 한국의 극우를 구성하는 중요한 두 집단은 성격이 너무 다르고, 극우화되는 과정에는 전혀 다른 원인이 작용했다고 봅니다. 물론 경제 문제가 기반이 되었다는 건 공통의 사실입니다. 우리나라만 극우가 창궐한 건, 창궐이라는 표현이 좀 그렇긴 하지만, 아니죠. 계엄 사태 이후에 너무 갑자기 등장한 것처럼 보여서 사람들이 놀란 거죠. 극우가 힘을 키워가는 것은 전 세계적 흐름입니다. 미국의 언론인이자 외교정책 전문가인 파리드 자카리아의 말처럼 경제 개방economic openness이나 정치 개방political openness 세계는 끝나고 폐쇄 지향의 세계가 시작된 것 같아요. 자유무역주의가 만든 시장 질서가 붕괴하고, 이제 세계화에 따른 패자loser들이 생기는, 이 객관적인 물적 기반을 당사자들이 어떻게 느끼고 해석하는가 하는 문제가 중요한

데, 여기서부터 두 집단이 서로 완전히 다르게 이해하는 것 같습니다.

요즘 시대 청년들이 무한한 경쟁의식 속에 느끼는 불안감은 다른 세대가 항상 가지고 있던 청년 시기의 불안감과는 다른 것 같아요. 요즘 학교 현장이나, 온라인 커뮤니티를 보시면 알겠지만, 청년들은 모두가 자신을 패배자라고 생각합니다. 그게 어느 학교에 다니든 상관없어요. 심지어 의대 진학을 했어도 자기들이 패배자라고 생각하는 묘한 대목이 있습니다. 물론 스스로 자부심을 느끼는 사람들도 있긴 하겠죠. 그 패배 의식을 들여다보면 내 동료들 사이에서 일어나는 경쟁에서 내가 이기고 지고의 문제라기보다는 우리는 가장 불리한 세대이고, 가장 불리한 위치에 있다, 이런 의식이 너무 널리 공유되고 있는 것 같아요. 물론 이게 근거 있는 거라고는 생각하지 않습니다.

특히 우리나라 어른들은 "요즘 청년들이 다들 어렵지."라는 얘기를 너무 쉽게 하는 것 같아요. 근데 저도 청년일 때 하나도 안 쉬웠어요. (웃음) 저는 IMF 이후에 대학에 들어간 세대니까 이미 저희 때부터 엄청난 스펙을 쌓아야 취업할 수 있는 환경이 이미 시작됐었어요. 제가 20년 전에 대학에 다녔거든요. 그때도 충분히 어려웠습니다. 사실 거의 절반 이상은 취업이 안 됐던 걸로 기억하는데, 그때 비하면 지금이 그렇게까지 나쁘지는 않거든요. 근데도 일단 그렇게 한 번 의식이 세팅되니까, 그리고 이게 세계관으로 형성되니까, 우리는 무조건 피해받은 세대인 거예요. 그러니까 내가 가질 수 있었을 것 같은 어떤 허상의 이득을 조금이라도 뺏어가는 것 같은 자들에 대한 무한한 혐오가 생기는 거예요. 그게 세대든, 동료 여성이든, 장애인이든, 이주민이든, 모두를 향해 화살이 돌아가는 거죠.

근데 광장의 다른 쪽에 있는 사람들, 연령대가 높은 분들의 세계관으로 보면, 어쨌든 과거의 나는 그래도 괜찮은 사람이었고, 세상에서 그런대로 한자리를 차지했는데, 이제 은퇴하고 돈도 못 벌고, 내 말을 들어주는 곳도, 갈 데도 없었는데, 광장에 나갔더니 너도 나도 동지인 거예요. 새로운 관계를 발견하게 되는 거죠. 이거는 요즘 유럽이나 미국에서 연구를 많이 하는 부분이기도 한데, 과거의 향수를 베이스로 한 박탈감이라고 해요. 그래서 박탈감의 뿌리가 되는 구체적 내용이 명확하지는 않아요. 막연하게 과거에 잘 나갔던 나, 혹은 과거에 인정받았던 우리 세대, 근데 지금은 아무도 우리들의 말을 들어주지 않아, 이런 데 대한 박탈감이 있거든요. 그러니까 서로 성격이 다른 어떤 박탈감이, 그 둘 모두가 허상이지만, 이들을 같은 극우로 묶을 수 있게 되는 거죠. 하지만 저는 그들의 내용이나 스타일로 볼 때 이 둘은 서로 친해질 수 없는 집단이라고 보거든요. 어르신들이 보기에 이준석은 싸가지 없는 아이고, 이준석이 보기에 어르신들은 그냥 '틀딱'인 거예요. 서로 만날 일이 없는 집단인 겁니다.

그런데 현실에서 어떻게 이들이 같은 광장에서 있을 수 있을까. 저는 기독교 세력, 특히 기독교 복음주의 세력 얘기를 빼고는 이들이 붙을 수 있는 이유를 설명할 수 없을 것 같아요. 광장에서 윤석열을 탄핵시키자며 뭉쳤던 소위 말하는 86 운동권 세대와 20대 청년 여성이 만났을 때 서로 너무 반가워하고 되게 잘 화합할 수 있었던 건 민주적 가치에 대한 옅은 연대라고 볼 수 있는데, 이쪽은 내용은 너무 다르지만, 복음주의 기독교 스타일, 말하자면 "믿어라, 그러면 보여줄 것이다." 이게 먹히는 집단이기 때문에 서로 만나서 말은 안 하더라도 그냥 믿는 거예요. 대화가 잘 안될 게 뻔한데 그냥 서로 같이 믿고, 얼싸안고, 울고 있는 거잖아요. 윤석열이 나오면 막 울고. 그런데 미국도 마찬가지예요. 미국의 복음주의 기독교도 되게 탄탄하죠. 이 세력이 티파티 운동과 결합하면서 트럼프를 만든 가장 강력한 심리적인 베이스가 됩니다. 우리도 유튜브나 언론 이야기 많이 했지만, 상당 부분 개신교 세력들의 역할이 결정적이라고 봅니다. 사실 대부분 극우 유튜버도 기독교가 전도하고, 세력을 키워나가는 노하우를 그대로 차용하고 있습니다. 이런 문제를 어떻게 이해하고, 그들의 영향력을 해소할 수 있을지 하는 문제가 새로운 숙제인 것 같습니다.

| 김윤철 | 피해의식을 가진 청년들은 주로 20대 남성을 말씀하신 건가요?

| 박선경 | 남녀 다 있어요. 20대 여성들도 그런 정서는 다 공유하고 있죠. 공정 담론을 강조하는 이준석을 지지하는 20대 청년 여성 중 대부분은 페미니즘이 문제라기보다 공정하지 않다는 인식 때문이죠. 우리가 가장 불리한 세대다, 우리는 무한 경쟁에 빠져 있다, 평가를 지속해서 받고 있다, 소위 '꿀빤' 옛날 세대와는 다르다, 이런 이야기들을 완전히 받아들이는 거죠.

| 김윤철 | 여성 극우화의 원인, 경로의 다양성에 대해서 잠깐 언급하셨는데, 부연 설명을 해주시죠.

여성 극우화 경로

| 손희정 | 저는 온라인을 오랫동안 봐온 미디어 연구자로서 한국에서 여성들은 어떻게 극우화되고 있는가 하는 문제를 요즘 들여다보고 있습니다. 2016년 촛불 광장 열렸을 때 워마드라는 사이트가 있었습니다. 메갈리아와는 또 다른 사이트인데 거기서는 박근혜가 여자라서 탄핵당했다고 주장했어요. 박근혜 '해님론'도 나왔죠. 문재인이 달이니까, "우리 근혜는 해님이야." (웃음) 이런 얘기까지 나온 겁니다. 하지만 당시 일베와 비교하면 그 규모가 매우 작아서 대중적으로 영향력이 있었다고 보기는 어렵습니다. 워마드는 공공연하게 '여성우월주의'를 내세우는 집단이기도 했고, 생물학적 본질주의와 반퀴어 정서를 가지고 있기도 했습니다. 물론 난민 반대나 '꿘혐오'(운동권 혐오), 중국인 혐오 등도 공유하고 있었죠. 이런 의미에서 극우적 세계관을 공유한 여성들이었습니다. 근데 이제 10년의 세월이 지나면서 일베가 자신들의 담장을 넘어서 온라인 세계에 스며들었던 것처럼 워마드 세계관도 '내가 피해자다.'라고 하는 감각과 만나면서 온라인상에 스며드는 부분들이 있다고 생각해요.

좀 더 대중적인 차원에서는 '온라인 민족주의'라는 것도 있어요. 2021년에 〈조선구마사〉라는 드라마가 있었어요. SBS에서 만든 사극인데, 조선 사람들이 뱀파이어를 잡는다는 줄거리였던 것 같아요. 근데 등장인물이 중국 복식을 하고 있다든지, 아니면 중국을 찬양한다든지, 시청자들이 이런 증거들을 찾아서 항의하면서 단 2회 방영하고 중단됩니다. 시청자들이 온라인을 통해 여론을 조직하고, 〈조선구마사〉 드라

마 제작에 협찬한 기업을 공격하는 방식을 사용했는데, 이건 온라인 페미니스트들이 그간 사용해 온 공격 방식이기도 하거든요. 이런 과정을 거치면서 '온라인 민족주의'가 강해지고 있고, 이 밑에서 군불을 때주는 건 혐중 정서인데, 이런 것들이 극우의 세계관을 형성하는 요소가 되고 있죠.✝

여성의 극우화는 양적으로는 남성보다 훨씬 적고, 움직이는 방식도 남성들과 다릅니다. 극우 남성들은 사이버 레커들을 중심으로 실제로 사람을 죽이기도 하거든요. "얘 페미야." 하고 낙인찍으면 죽을 때까지 괴롭혀요. BJ 잼미의 사례처럼 낙인찍힌 사람도, 심지어는 그 어머니도 자살하는 일이 벌어졌죠. 남성들이 폭력을 자원으로 삼아서 실제로 사람을 괴롭히고 짓밟으면서 주목을 받고, 돈을 버는 상황까지 갔다면, 여성들은 자신의 안전 같은 것을 근거로 성소수자 등 사회적 약자들을 괴롭히고 있는 것 같습니다. 그래서 더 사회적인 의제로 부각이 되지 않죠. 제가 요즘 여성 극우 유튜버들을 보고 있는데요, 남성 유튜버보다 숫자가 많지 않아요. 확실히 극우는 여자를 키워주지 않는다는 걸 알 수 있습니다. 이게 극우의 본질이기도 해요. 그들은 여자를 사람으로 취급하지 않기 때문에, 여성 스피커의 선정성은 즐겨도 그들 자체를 키워주지는 않아요. 그런 곳에서 살아남아서 큰 사람은, 예컨대 개인 역량이 아주 뛰어난 배승희 정도입니다.

✝ 신정원, 오예주, 홍석경. (2022) "여성 주체와 온라인 민족주의 : 〈조선구마사〉 방송 중단 운동을 중심으로", 『언론정보연구』 59권 3호.

| **박선경** | 거기에 거의 기독교가 들어가 있지 않나요?

| **손희정** | 그럼요.

| **박선경** | 윤석열 탄핵안이 국회에서 통과되고 나서 대학 캠퍼스에 처음으로 탄핵을 반대하는 대자보를 붙인 게 각 대학의 기독교 단체 동아리들이었거든요. 그리고 거기에는 사실 여학생들이 훨씬 더 많았어요. 이 부분이 가장 큰 그릇이었죠. 거기에다 반중 정서가 붙었는데, 반중 혐오 정서는 우리의 오래된 반공 이데올로기의 새로운 버전으로 저는 이해를 하고 있어요. 똑같은 반공을 말하지만 60대 이상 되신 분들의 반공과 지금 젊은이들의 반공은 느낌이 조금 다르거든요. 이전의 반공은 실제로 경쟁 상대가 되는, 실존하는 공산주의 세력에 대한 반대이고 혐오라면, 지금은 북한을 혐오하기에는, 젊은 애들 말을 빌자면, 레벨이 안 맞는 거예요. 그래서 중국인 거죠. 중국이 점점 강해지고, 한국에 미치는 경제 분야 영향력이 커지고, 실제로 대학에는 엄청나게 많은 중국인 유학생이 있거든요. 근데 이제 이 친구들과 일상에서 겪는 경험들이 그렇게 '해피'하지는 않은 거예요. 예컨대, 조별 과제 같은 것들을 하다 보면 높은 수준의 외국인 혐오들이 막 나타나거든요. 그러면서 북한에 대한 혐오보다 중국에 대한 혐오가 훨씬 더 깊고, 잘 팔리는 것 같아요. 거기에다가 동성애 혐오가 같이 붙으면서, 기독교가 이런 내용들을 덧붙여 내세우며 사람들을 끌어들이는 전략, 이게 20대 여성들의 극우화를 설명할 수 있는 기제인 것 같아요.

| 김윤철 | 2023년 여성 단독으로는 최초 노벨경제학상을 받은
클라우디아 골딘 교수의 연구에 따르면 자본주의가 돌아가면서 만든 금
융 분야 등 좋은 일자리는 사실상 돌봄을 할 수 없게 하는 특성을 가졌
습니다. 이 분야 일자리는 대부분 남성이 차지하고 여성은 소수에 불
과합니다. 남성들 편에서 보면 이런 일자리를 잡기 위해서는 자기 대신
돌봄 노동을 해줘야 할 사람이 필요하겠죠. 하지만 여성은 돌봄 부담
때문에 거기에 갈 수 있어도, 가고 싶어도 못 가는 경우가 많게 된다는
겁니다. 페미니즘이 남성에게도 돌봄의 의무가 있다는 점을 강하게 주
장하면서, 가치관이나 이해관계의 충돌이 발생한다는 거죠. 극우가 경
제적 어려움이나 불평등뿐 아니라 현재 경제적 부를 누리는 계층에서도
발생하는 이유죠.

| 권수정 | 말씀에 동의가 됩니다. 아까 말씀 주셨던 젊은 극우와
나이 든 극우 모두 같이 가지고 있는 게 박탈감이라고 말씀하셨는데,
저는 그것과 함께 불안감이 더 큰 거 아닌가 생각합니다. 사이버가 아
닌 실제의 삶에서 노동에 대한 혐오나 가치 폄하, 이런 것들과 불안감
이 맞물려 있다고 보는 거죠. 자신의 재력으로 노후를 잘 보내는 분들
이 소수 있긴 하지만, 훨씬 많은 수의 노인은 가진 것 없이 빈곤의 세계
에서 벗어나지 못하고 있어요. 지표상으로도 노인 빈곤율은 세계 최고
를 달리고 있고요. 청년 세대 역시 미래가 담보되지 못하는 데 따른 불
안감이 크다고 봅니다. 이런 문제가 현장에서 노동을 통해 해결되지 못
하고, 사회적 보장도 믿을 만한 것이 못 되는데, 주류 정당들도 노동의
중요성과 가치보다 금융 등 자산에 대한 투자를 강조하고, 우리 사회

분위기도 전반적으로 그런 쪽으로 흐르니까 불안감은 더 커지고 곳곳에서 충돌하는 일이 벌어지는 거죠.

| 전홍기혜 | 극우화 현상의 원인이 무엇인가 찾는 건 쉬운 일은 아닌데, 극우의 시각에서 보면 현존하는 우리 사회 시스템을 파괴하고 싶어 하는 욕구는 어디에서 나오는 것인가, 이걸 따져봐야 한다고 봅니다. 나와 생각이 같은 사람을 제외한 모두를 믿을 수가 없으니까 파괴해야 해, 이런 욕망이 가장 깊은 밑바닥에 깔려 있는 심리라고 봐요. 불안감도 사실은 거기서부터 오는 거죠. 따라서 사회 시스템에 대한 신뢰를 회복하지 않으면 근본적인 해결책은 없다고 봅니다. 너무 큰 이야기이긴 한데, 이 자리에서 얘기를 해봐야 할 내용이라고 생각해요.

박탈감, 불안감 그리고 파괴 본능

| 김윤철 | 결국은 정치 리더십의 작동 방식에 관한 얘기가 다시 나올 수밖에 없을 것 같습니다. 적어도 민주주의의 골간 체제와 규범 같은 게 지켜지는 게 중요한데, 이를 고려하지 않고 정치 지도자들이 분열을 조장하면서 사회적 갈등을 증폭시키고 있습니다. 또 사법부부터 행정부의 여러 부문까지 국민의 신뢰도가 높지 않습니다. 그런데 민주주의 체제와 규범에 대한 신뢰 회복도 정치 리더십과 밀접한 관계가 있습니다. 신뢰를 못 받는 부문에 대해서는 확 바꿔서 다시 '세팅'을 해야지, 이런 생각을 하는 저 같은 사람을 급진주의자라고 해야 할지 모르겠습

니다. 물론 사회적 토론과 합의를 통해서 이런 목표가 이루어져야 하겠죠. 여하튼 신뢰 회복이 중요한 당면 과제인 것은 분명하다고 봅니다.

극좌, 극우 등 이념 간 상호 관계에서 극단으로 가지 않을 수 있게 해주는 것도 신뢰입니다. 그런 점에서 신뢰는 이익을 가져다주는 건데, 우리 사회는 정반대 현상이 나타나고 있습니다. 지금 우리는 신뢰보다는 불신이 돈이 되는 사회에서 살고 있습니다. 불신을 조장하는 사회적 분위기가 점점 강해질 수밖에 없는 거죠. 게다가 불신은 또 표가 되기도 하니까 정치적으로 이용되는 것이죠.

흔히 말하는 산업화 세대들한테는 '시간의 고향'이라는 게 있습니다. 고향 상실의 시대에 연대할 대상도, 비빌 언덕도 없고, 믿음을 공유할 대상도 사라진 환경에서 살아가던 이들이 태극기 들고 극우 세력의 집회 현장에 가는 것 같습니다. 그들에게는 고향처럼 기억하고, 공유하는 시간대가 있습니다. 이를 통해 집회 현장에서 연대와 친밀감을 느끼게 되는 거죠. 이런 현상을 모두 좌우 문제로 환원시킬 수는 없겠지만 말이죠. 반면에 지금의 젊은 세대들은 그런 고향조차 만들 수 없게 된 세대들입니다. 평안하고, 안온하게 삶을 구가할 수 있는 무엇, 이걸 박탈감이라고 얘기할 수 있을지도 모르겠습니다만, 그 무엇이 없다는 거죠.

우리가 이제 논의하게 될 극우 '문제'를 해결하기 위한 처방과 대책을 마련할 때 극우에 대한 경계 설정이 중요하다는 말씀도 있었는데, 이와 함께 구체적 개인이 처해 있는 삶의 처지를 정확하게 이해하는 것도 매우 중요한 것이 되겠죠. 이것은 경계 설정을 중시하는 태도와 같은 맥락의 문제의식이라고 생각합니다. 그냥 둔탁하게 경계선을 그려

놓고, 그걸 하나로 묶어서 확 몰아가거나, 규범을 들이대면서 야단치듯 극우를 다뤄서는 어렵지 않겠는가 하는 생각이 듭니다. 산업화 세대의 '시간의 고향'이나 젊은 세대의 박탈감 등을 떠올리면 우리 사회가 신뢰나 안도감 같은 것을 줄 수 있는 접근이 필요하다고 보는 거죠. 물론 실제 만나서 얘기해 보면 말도 잘 통하지 않고, 아예 상종을 말아야지 하는 생각을 하게 됩니다만, 보통 사람들은 몰라도 특히 정치인들은 그렇게 하면 안 됩니다. 정치의 세계에서는 절대 상대 못 할, 안 해도 될 사람은 없어야 합니다.

| **손희정** | 아직도 급진주의자라고 얘기할 수 있다니, 대단하세요. 저는 계엄 국면을 지나면서 나야말로 보수 아닌가, 이런 생각을 했거든요. 이렇게까지 현존하는 시스템이 지켜지기를 갈망할 수 있을까. 2016년 박근혜 퇴진 촛불집회 때만 해도 지금같이 파괴적이지 않았거든요. 경찰 버스에 스티커 붙이고, 이걸 다시 떼어 가는 걸 민주시민 의식을 보여주는 자랑거리로 삼았잖아요. 저는 그게 조금 부끄럽기도 했던 것 같긴 해요. 그런데 이번에 서부지법 때려 부수는 걸 보면서, 제 마음속에서는 '저 새끼들 다 잡아넣어', 이런 말이 나오더라고요. 여기서 우리가 확인할 수 있는 건 진보와 보수의 사회적 위치가 바뀌었다는 것입니다. 이제 진보가 기득권으로 여겨지고 소위 보수가 박탈당한 자들로서 불안으로 더 내몰리고 있다는 거죠. 물론 현실은 진보, 보수 다 불안으로 내몰리고 있고, 그래서 한국에서 우파 포퓰리스트가 가능했다고 저는 생각해요. 그러니까 운때가 맞아서 등장한 것이기도 하지만 보수가 스스로 자신들을 소수자라고 얘기할 수 있는 상황이 되어버린 거죠.

그렇다면 이 뒤집힌 걸 어떻게 바로 잡을까, 이런 고민이 좀 되기는 하죠. 근데 불안과 신뢰의 문제로 다시 돌아가서 얘기한다면 신뢰 회복, 너무 필요합니다. 이것이 무너졌기 때문에 음모론이 창궐하는 거잖아요. 15년 전에는 김어준이 음모론을 얘기할 수 있었지만, 이제는 극우가 음모론을 얘기하고 있어요. 왜냐, 김어준은 그야말로 왕이거나, 적어도 킹메이커가 됐기 때문이에요.

이런 상황에서 신뢰를 회복한다는 게 어떻게 가능한가. 개인 수준의 작은 관계들과 공동체성 그리고 공동체 내부의 신뢰를 회복하는 방안들은 찾아봐야죠. 하지만 현실 정치적인 차원에서도 대의제 민주주의가 제대로 작동하기 위한 시스템을 점검하고 바로 잡아야 한다는 생각이 드는데요. 도대체 이 시스템을 어떻게 잡을 것인가, 이런 고민을 하다 보면 제가 보수라는 생각이 들거든요. 공교육을 다시 세우고, 복지를 튼튼하게 만들고, 소수자의 권리를 확장하고, 양당제를 극복하고, 숙의의 과정을 되살리는, 이런 것들 있잖아요.

이것과 더불어 우리가 말한 불안이 어디에서 오는가에 대해 저는 이렇게 생각해요. 내가 몸을 움직여 기술을 익히고 쌓아서, 다른 대단한 변수가 생기지 않는 한 내가 주도하고 이끌어갈 수 있는 삶을 살아야 불안을 없앨 수 있을 텐데, 그런 기술이란 건 사실 교육과 노동을 통해서 쌓을 수 있는 거였죠. 하지만 이제 이런 게 다 의미가 없다고 얘기하고, 사람들은 모든 게 비물질적인 공간에서 해결되는 것처럼 여기게 되었죠. 근데 사실 세계에서 제일 불안정한 게 코인이랑 주식, 부동산 투자잖아요. 이거는 심지어 한 국가의 정책만으로는 어떻게 할 수 없는 국제적, 거시적 환경 안에서 결정되고요. 개인은 아무것도 할 수 없는 무기력하고 고독한 존재가 될 수밖에 없는 게 현재의 경제 시스템인 것 같거든요. 그렇다면 이런 경제 시스템에 기대지 않을 수 있는 사회적 안전망을 만들지 않고서는 문제가 해결되지 않는다고 생각해요.

근데 이 자리에서 거시적 해법은 논의할 수는 없는 것 같지만, 저는 타깃을 분명히 잡아야 한다고 생각해요. 그러니까 어떻게 하면 불안을 줄일 수 있는 아주 구체적인 실천들을 사람들이, 구성원들이 해나갈 수 있는가. 바로 그것을 잡아 내야 하는데, 이와 관련해서 제가 지금 제일 고민하는 게 중독 경제 문제거든요. IT 글로벌 대기업들은 사람들을 중독되게 만들어서 돈을 벌어들입니다. 이게 단순히 숏폼에 중독되게 하는 것뿐 아니라, 도박, 포르노그래피, 마약 이런 것까지 다 연결돼 있고, 코인과 주식까지도 관련돼 있어요. 이런 연쇄 고리 어디쯤에서 뭔가를 끊어내 줘야 합니다. 그리고 이건 온라인 공간에서 조금이라도 덜 머물게 하는 사회적 장치를 만들지 않는 한 어렵다는 생각이 들어요.

| 김윤철 | 그런 부분에서 보면 저는 좀 절망적이긴 해요. 지금 이재명 정권에서도 이제 결국 주식밖에 없다는 신호를 시장과 개인들에게 계속 주고 있거든요. 그러면 사람들이 모두 그쪽으로 쏠려가는 거죠. 명색이 학자라는 이들도 모여 앉으면 서로 물어보는 게 방산 주식 사야 하나, 서울 강남으로 이사 가야 하나, 이런 얘기를 주로 나눕니다. 중요한 것은 정치도 그런 욕망을 따라간다는 거죠. 그래서 사회적 토론이나 합리적 제도 또는 정책을 통해 우리 사회의 과제를 풀어나갈 수 있을지 강한 회의감을 갖고 있어요. 제가 급진적인 면을 아직도 가지고 있다면 그건 이런 회의와 절망과 연결돼 있을 겁니다. 예컨대 정

말 예기치 않고, 의도하지 않은 그러나 전략적 이점 확보를 위해 일어
난 정치 세력 간의 경합 과정에서 생겨난 전쟁이나 혁명 같은 대격변에
따른 현상이나 사건들을 겪어야만 뭔가 달라지지 않을까, 이런 생각도
드는 거죠.

아까도 우리가 극우나 불평등 문제는 사람들의 정치적 선택으로
해소할 수 있는 단순한 일이 아니라는 얘기를 했는데, 정치학에서는 아
무도 그런 얘기를 잘 안 하고 있습니다. 예를 들자면, IT 경제와 금융
경제 성장은 정치가 그 환경과 조건을 만들어 주었기 때문에 이루어진
것입니다. 그 산업과 업종에서 이득을 보는 자본의 분파를 위한 제도와
정책들, 가령 고용 문제를 염두에 두지 않은 과도한 디지털화와 헤지
펀드 합법화, 주식 공매도 같은 것들이 있습니다. 그런데 현실 정치 분
석에 중요한 이런 부분에 대한 논의는 실종된 거죠.

이재명 정부에서 버려진 20대 여성

| 전홍기혜 | 저희가 20대 남성 애기를 많이 했는데, 그렇다면 20
대 여성은 지금 무엇을 겪고 있을까요. 그들은 이재명 정부에서 버려진
것 같습니다. 아직 명시적으로 버리지는 않은 것 같아 보이긴 하지만.

| 손희정 | 실제로는 노골적으로 버리지 않았나요? 대선 기간에
는 여성을 위한 정책을 이야기하면 청년 남성들이 등을 돌릴 것 같아
서, 성평등이나 페미니즘, 심지어는 '청년 여성'이라는 단어도 가능하면

 이웃집 극우

입에 올리지 않으려고 했어요. 아예 민주당 당 차원에서 선거 기간 동안 여성 의원들에게 여성과 관련된 행보는 조심하라며 단속했다고 하니까요. 게다가 이재명 정부의 첫 여가부 장관 후보자는 여성학이 아니라 가족학 전공자를 지명했죠. 그분이 여러 논란 끝에 낙마한 후에 여성계에서 오랫동안 활동한 법조인이 '성평등가족부' 최초의 장관이 되었죠. 그런데 성평등가족부의 첫 행보가 "남성 '역차별' 해소"라니, 좀 당황스럽기는 합니다. 정부 부처 이름에 처음 들어간 '성평등'이 다양한 존재들 사이의 평등을 말하기 위해서가 아니라 '여성'을 지우기 위해 선택된 단어가 아니길 바랄 뿐입니다.

| 전홍기혜 | 네, 그렇게 평가할 수도 있습니다. 이재명 정부가 지금 '우리가 진짜 중도 보수다.'라고 선언한 의미는, 우리가 주류다, 우리가 주류가 된 세상은 코스피 지수가 5,000인 세상이고, 소버린 AI 만드는 그런 나라다, 이런 뜻이죠. 저는 20대 남성들이 민주당에 투표하지 않은 이유에 대한 설명이 너무 단편적이고, 편의적이라고 봅니다. 그들의 정치적 선택의 핵심 배경으로 이른바 '조국 사태'를 얘기합니다. 조국은 사회적 지위, 부, 명예 등 다 가지고 있는데, 가진 것을 자식들한테 물려주려고 편법까지 사용했고, 이에 대한 실망과 분노로 젊은 남성들이 대거 돌아섰다고들 하잖아요. 이때까지만 해도 민주당은 보수 정당과는 도덕성이나 정책 방향이 다르다는 걸 전제로 하고 있었어요. 그런데 이제 이재명 정부와 민주당은 2030 남성들을 포함해 중도 보수를 잡겠다면서 "우리도 똑같아, 우리가 너희를 더 잘 살게 해 줄게." 이러는 상황인 거죠. 그렇다면 진보적 가치와 인권을 이야기하고 싶은 사

람들은 도대체 어디로 가야 하느냐, 걱정되는 대목이죠. 다른 한편으로
는 그러면 20대 여성들은 도대체 어디로 가야 하나, 이것도 너무 걱정
되고요.

| **박선경** | 조금 다른 얘기인데, 신뢰의 문제로 다시 돌아가 보면
이 문제는 정말 중요한데, 제가 경험 연구자니까 통계 모델을 수십 개,
수백 개까지 돌려봐요. 그런데 어떤 변수를 집어넣어도 가장 강력하게
살아남는 것은 음모론입니다. 무슨 말이냐, 예컨대 극우나 폭력을 용인
하는 개인, 집단과 상관이 있는 종속 변수에 무엇을 넣고 돌려도 무조
건 살아남는 게 음모론이었어요. 부정선거 주장을 믿는 사람들의 압도
적 비율이 폭력을 용인하는 극우라는 말이죠. 우리가 얘기했던 다양한
변수들, 소득 같은 경제적 요인, 과거에 대한 향수 등등 별별 것을 다
집어넣어도 상관성이 왔다 갔다 하는데, 얘들은 가장 단단하게 살아 있
습니다. 부정선거 음모론은 결국 시스템에 대한 근본적 신뢰의 문제잖
아요. 그러면 어떻게 신뢰를 회복하나, 이 문제인데 저는 부정선거를
믿는 사람들은 어차피 구해낼 수 없는 존재라고 생각해요. 하지만 부정
선거 주장도 레벨이 있어요. 중국이 한국 중앙선관위 서버 시스템을 해
킹했다고 믿고 있는 분들, (웃음) 이들은 끝난 겁니다. 돌아오지 못할
사람들이죠. 그런데 보수적인 사람 중에서도 시간이 지나면서 부정선거
론? 이거 뭔가 좀 이상한 거 아냐? 이런 정도 의심을 하는 사람은 제법
있단 말이죠. 이런 사람들은 윤석열이 담화문 발표를 통해 선관위 비밀
번호가 어쩌고 하고 말하면서부터 부정선거 주장에 확 쏠렸습니다. 내
가 찍었던 대통령이 저렇게까지 얘기하는 걸 보면 뭔가 수상하다 이거

죠. 그러나 계엄령 이후 과정을 크게 보면 어쨌든 헌재에서 탄핵 인용이 되고, 대통령 선거도 무사히 치러졌어요. 물론 서부지법 사태 같은 것도 있었지만 사실 다른 나라에 비하면 그 정도는 또 뭐 사소해요. 유럽 나라들의 집회 시위는 폭동에 가깝고, 정말 전쟁 같은데, 우리는 시스템이 오히려 잘 돌아갔기 때문에 극우의 경계선에서 애매하게 서 있던 사람들이 다시 원래 자리로 돌아왔다고 생각하거든요. '그렇지. 우리 민주주의는 제대로 돌아가는 거잖아.' 이렇게 생각하는 거죠. 물론 이때 민주주의는 최소한의 절차적 민주주의이기는 하겠습니다만, 우리나라 시스템이 이 정도면 잘 굴러간다고 평가하면서 일정 부분 신뢰를 회복했다고 볼 수도 있습니다.

사실 많은 사람이, 저도 그랬고, 윤석열 탄핵 인용되는 날에 온 거리에서 난리가 날 줄 알았잖아요. 제2의 서부지법 사태까지 걱정했는데 아무 일도 안 생겼다는 건, 그런 효과인 것 같거든요. 우리는 불신을 말하지만, 어찌 보면 다시 시스템이 차곡차곡 제대로 돌아가고 있고, 윤석열은 구속돼 감옥 가고, 이런 것들이 보여주는 게 회복의 시그널이라는 거죠. 많이 잡아도 국민 10% 정도는 중국의 선관위 해킹을 믿고, 절대로 넘은 선을 다시 넘어올 수 없겠지만, 이런 사람을 제외하고 윤석열을 지지했으나 계엄은 좀 잘못한 거 같다고 생각하는 사람들, 민주당이 싫어서, 이재명이 싫어서, 윤석열을 찍은 사람들은 극우의 경계선을 넘어 보수로 다시 돌아올 수 있다고 봐요.

더 많은 사람이 그런 선택을 하게 만들기 위해서는 뭐가 필요한가. 일단 우리 시스템 안에서 해결하는 방안을 찾아야 합니다. 정치 신뢰를 연구하는 분들은 신뢰 회복은 '퍼포먼스 베이스'라고 하거든요. 어떤 과업을 잘 처리해야 신뢰도가 올라가는 거고, 정해진 민주주의 규칙대로 돌아가는 게 가장 기본이면서 잘하는 거잖아요. 우리는 지금 그 경로를 가고 있는 겁니다. 저는 앞으로 다시는 그렇게 엄청나게 큰일은 생기지 않을 거라고 예상합니다. 저는 주식, 이런 건 잘 모르겠고, 하나만 잘하면 된다고 봅니다. 제가 정치학자라서 그런 게 아니라 선거를, 투표를 정말 잘해야 한다고 거죠. 앞으로 있을 지방선거, 총선을 말하는 겁니다.

보수의 자정 기능 상실과 윤석열 '빌려오기'

어쩌다가 윤석열 같은 인간이 나왔는가를 다시 돌이켜보면, 윤석열은 빌려온 사람이잖아요. 국민의힘이라는 한국의 오래된 전통의 보수 정당이 이렇게까지 찌그러질 수밖에 없었던 것은 자정 기능을 상실했기 때문이거든요. 합리적 보수라고 불렸던 사람들이 점점 사라지고, 극단적인 정치인들만 다수 남아 있었기 때문에, 국민의힘이 지금 이 지경까지 온 거죠. 어떻게 해서라도 살아남기 위해서 윤석열 같은 사람을 데려온 건데, 결과적으로 폭망한 거잖아요. 이런 연속적, 인과적 상황을 봤을 때 중요한 건 극우 엘리트 정치인들과 이들이 동원하려고 하는 대중들과의 연결고리를 최대한 끊어내는 것입니다. 사실 저는 개인적 성향은 바꿀 수 없다고 생각해요. 사람을 대화로 바꿀 수 있다는 생각은 너무 나이브한 거죠. 우리가 만나서 대화하면 사람들을 바꿀 수도 있다? 그러면 모든 결혼 생활이 정말 행복하죠. (웃음) 남편도 어쩌지 못하는데. 시민사회를 어떻게 바꿔야 한다? 저는 그것도 어려운 게, 한국은 시민사회 수준이 아주 높기 때문에 더 이상 어떻게 바꿀 수가 없다고 생각해요.

이 정도 수준, 그러니까 넓게 보면 30%, 좁게 보면 10%의 잠재적 극우, 보수 세력은 세계 모든 나라에 있습니다. 정말 중요한 건 방금 말씀드린 대로 극우 정치인들과 이들의 관계를 잘 끊어주는 거죠. 대선은 좀 다른 얘기고, 총선과 지방선거에서 이 극우 정치인들이 사라지게 만드는 투표가 제일 중요합니다. 너무 정치적 진단과 해법이라고 말할 수 있겠지만, 가장 현실적인 해법이라고 생각합니다. 이거는 선거제도를 바꾸는 것과는 다른 문제입니다. 만약에 우리나라 국회의원 선출 방식이 지금처럼 소선거구제가 아니라 비례대표제였으면 자유통일당 같은 정당은 진작 국회에 들어갔겠죠. 역설적이지만 한국이 소선거구제라서 그래도 이 정도 최소한의 절차적 민주주의는 지켰다고 보거든요. 유럽 국가 중 극우 정당이 일정 비율로 존재하는 나라들을 보면, 비례대표제를 시행하는 경우가 많은 편입니다. 우리로 치면 자유통일당 같은 정당도 의석을 차지하는 거죠.

| 김윤철 | 소수 정당의 국회 진입을 어렵게 만든 선거제도는 극우 정당뿐 아니라 진보 정당의 독자적 생존과 의회 진출을 막는 역설적 효과도 있습니다. 그러면서 현행 선거제도는 지역주의를 기반으로 하는 양당 구도를 유지해 주는 데 결정적으로 기여하고 있는 셈이죠. 이런 정치적 환경의 영향 때문에 극우 세력이 국민의힘 같은 기존 보수 정당으로 직행했는데, 이건 유럽 극우 정당과 비교되는 경로입니다. 그런

데, 진보 정치 세력들이 주장하는 비례성이 강화되는 선거제도 도입은 극우 진출의 가능성을 크게 높여줄 것이라는 전망을 하는 정치학자들도 있습니다. 이제 극우의 세력화를 막기 위한 처방 부분을 제도, 특히 선거제도만이 아니라, 주체, 전략 측면의 과제도 이야기를 해보죠.

　　| 권수정 | 전망과 해법은 다양할 수밖에 없고, 이 자리에서 나오는 얘기도 서로 다르잖아요. 투표를 통해 극우 세력을 분리 또는 주변화하는 것이 현실적인 방안이라는 말씀도 있었는데, 저는 비관적 전망을 하는 사람 중 한 명입니다. 국가 운영 시스템, 다양한 제도를 말할 때 정치를 빼놓을 수 없는데, 정치에 영향력을 행사하는 사회운동 조직들의 방향성을 보면 우리 사회는 토양 자체가 신자유주의적 질서 아래 무한 경쟁 중심입니다. 이런 조건에서 저는 민주당에 대한 정확한 인식과 비판, 또 민주당을 넘어서는 운동이 아니면 이런 토양을 바꿔내기 어렵다고 봅니다. 민주당은 극우가 자라고 성장할 수 있는 토양 자체를 바꿔내려는 의지가 없다고 생각합니다. 이런 사회를 바꾸겠다며 나섰던 진보 정당 운동이나 노동 운동 진영의 많은 부분도 우경화되거나 민주당에 편입되면서 원래의 지향성을 많이 상실한 상태라고 봅니다. 극우의 토양은 오히려 더 비옥해질 것이고, 이게 제가 희망적이지 못한 이유이죠. 이런 것들에 어떻게 대응할 건가, 하는 부분이 어떻게 투표를 잘할 것인가 하는 문제보다 더 고민해야 할 일이라고 생각합니다. 또 우리가 비판해야 할 지점들을 정확하게 설정할 필요가 있지 않을까. 예컨대 민주당 주류, 남성 중심이며 반노동, 아니면 금융자본주의 중심 체제를 지지하는 이 세력에게 언론이나 사회운동 세력도 제대로 과녁을

겨뤄야 한다고 보는 거죠.

　며칠 전에 우리 노조 대의원 30명 정도가 모여서 대의원대회를 열었습니다. 제가 나름 교육도 하면서 회의를 진행하고 있었는데 뒤에서 계속 딴짓하는 사람들이 있었어요. 나중에 보니 그 시간에 다들 주식을 한 거였어요. 그 가운데 한 명은 조만간 휴직할 예정인 외벌이 여성이었는데, 회사에서 버는 돈보다 주식으로 번 돈으로 가족을 먹여 살린다고 하더라고요. 이런 사례에서 볼 수 있는 것처럼, 노동자는 하나다, 라는 고전적인 주장만을 하고 있을 수는 없다고 보지만, 그럼에도 우리 사회의 공존과 지속을 위한 노동의 역할에 대한 대안을 이야기하고 조직화하는 것은 포기할 수는 없습니다. 노동자 정치세력화가 대중들의 결의 속에 실행된 지도 수십 년이 지났습니다. 민주노총의 전폭적 지지 속에서 민주노동당을 추동하고 계급적 요구를 담아냈던 역사는 참으로 소중하지만, 지금은 환경이 너무도 많이 바뀌었죠. 좋지 않은 쪽으로.

　또 최근 어떤 유튜브를 보니까 혼자 사는 젊은이들이 인공지능 인형과 함께 사는 모습, 옷도 입혀주고, '깊은' 이야기도 나누는 그런 모습들이 많이 나오거든요. 근데 이런 건 또 유튜브를 통해 한국에 머무르지 않고 전 세계적으로 공유되죠. 이처럼 사이버 세계 속에서 개별화된 생활을 촉진하는 미디어 환경 속에 놓인 노동자들과 연대의 광장에서 함께 하는 건 쉽지 않을 것입니다. 노동 운동의 앞날도 예측하기 어렵고, 여기에 맞는 담론 생산도 되지 않고 있어요. 앞으로 어떻게 해야 할지, 한동안은 암흑기를 맞이할 것 같아요.

　| 김윤철 | 우리 사회의 당면 과제를 풀기 위한 새로운 담론을 만

들고 이를 광범위하게 공유할 수 있는 다양한 차원의 전략적 움직임이 필요합니다. 아까 말씀하셨던 통합 대상으로 칠 수 없는 소수의 사람은 논외로 한다 해도, 담론 형성 과정에 다양한 사람들이 함께 참여할 수 있는, 하지만 아직은 널리 퍼지고 있지는 않은 개념 또는 담론인 '돌봄 사회'를 주목할 필요가 있다고 생각합니다.

우리나라는 2024년 12월부터 65세 이상이 인구의 20%를 넘어서는 초고령 사회에 진입했고, 2040년이 되면 전체 노인 인구의 50% 이상이 75세 이상 후기 고령자예요. 그리고 노인이 인구의 40%에 육박하는 사회가 됩니다. 돌봄이 필요한 사람들이 다수가 되고, 젊은 사람들도 나이가 들어가면서 돌봄 제도의 필요성과 심각성을 느끼게 될 것입니다. 당사자, 자녀를 포함한 가족, 후속 세대들 모두에게 돌봄 가치의 중요성이 자연스럽게 인식될 수 있다는 거죠. 그런데 돌봄의 문제는 자본주의 시스템이 바뀌지 않으면 실현되기 어려운 가치이기도 하고, 탈성장론이나 페미니즘과도 친화적이라는 점에서 담론 확산을 위한 여러 가지 고민이 필요하지 않을까요?

돌봄 공백 파고 들어온 극우

| 손희정 | 여성학이나 페미니즘, 장애학, 퀴어 이론, 이런 분야에서 돌봄에 대해서 적극적으로 얘기하고, 이 담론들이 대중화되기 시작한 지 한 5년쯤 된 것 같아요. 특히 극우화의 흐름과 더불어 코로나 사태를 지나면서 돌봄 얘기가 많이 나오기 시작했는데, 저는 너무 충격

적이었던 게, 코로나 시기 한 라디오 시사 프로그램에서 전문가들을 불러서 사회 전환을 주제로 토론하는데 그 자리에 나온 전문가 6명이 모두 남자더라고요. 젠더 관점이 완전히 실종된 거나 다름없었어요. 게다가 모두 정치니, 경제니, 건축이니, 하는 거대 담론들만 얘기할 뿐 아무도 돌봄의 문제는 언급하지 않았어요. 이것이 돌봄 공백 문제를 제대로 다루지 못하는 한국 사회의 현주소를 보여줬다고 생각해요. 그래도 그즈음에 정의당 이정미 의원이 '돌봄 대통령'이라는 의제를 들고나왔는데, 저는 그 논의가 꽤 훌륭했다고 생각하거든요. 국가 돌봄제와 같은 이야기도 나오는데, 대중적 수준에서 설득할 수 있을 만한 내용이 필요하지 않나 싶어요.

돌봄이라고 하는 게 여전히 누군가에게 전가되고 귀찮은 일이고, 그래서 아까 김윤철 선생님이 말씀하신 것처럼 남성들이 돌봄을 회피하기 위해서도 페미니즘을 부정하게 되는데, 이런 태도에서 벗어나려면 돌봄과 의존에 대한 의미를 다시 쓸 수 있어야 합니다. 그런데 지금처럼 한 번 미끄러지면 나락이라고 말하는 사회에서 누가 돌봄을 위해 시간을 내고, 누가 기꺼이 나의 취약함을 드러내면서 의존하고 싶어 할까요? 이게 큰 문제인 것 같아요.

이 문제를 해결하기 위해서 구체적인 과녁을 말하자면, 저는 개인적으로는 국민의힘 조정훈부터 제명해야 한다고 생각해요. 조정훈은 돌봄 공백을 메꾸기 위해서 필리핀 같은 나라에서 저렴한 노동자를 사 와서 해결하자고 얘기합니다. 돌봄 노동자한테는 최저임금을 주지 않아도 되는 법을 발의한 사람이에요. 돌봄을 그렇게 취급하면 남성뿐만 아니라 여성도 기피하게 되고, 그래서 돌봄 공백이 생기는데, 이 돌봄 공백을 파고 들어온 것이 극우입니다. 리박스쿨은 정확하게 여기를 치고 들어간 건데, 리박스쿨의 행보는 조정훈과도 연결되어 있죠. 조정훈은 스스로 '기독 의원'이라고 이야기하는 사람인데, 리박스쿨이 돌봄 시장에 진입한 시기와 조정훈의 돌봄 노동자 관련 입법 시기가 묘하게도 맞아떨어집니다. 조정훈은 한편으로는 경제 전문가로도 통하는데, 돌봄과 노동을 우습게 여기는 상징적인 인물이기 때문에, 이 사람의 행보를 문제 삼을 필요가 있다고 생각해요.

| 권수정 | 현재 우리 사회에서 가장 중요한 담론은 돌봄에 관한 것입니다. 우리가 이 자리에서 얘기했던 불안감, 배제, 신뢰 구축 같은 문제와 연동해서도 돌봄을 국가 시스템화하는 것이 중요하죠. 2022년 정의당 서울시장 선거 때 후보였던 저는 일자리 보장제를 가장 주요한 공약으로 내세웠습니다. 일상의 삶을 영위하기 위해서는 자신의 조건에 기초하여 노동할 수 있도록 뒷받침하는 것이 국가 운영의 기본이라는 철학에 따른 것이죠. 한 마디로 일자리를 사회가 보장하라는 것이었습니다. 이때 핵심적으로 주목하고 확대해야 할 일자리가 바로 돌봄 영역의 일자리였습니다. 지금의 자본주의는 누군가의 노동을 위해 다른 누구의 돌봄이 필요합니다. 모든 생명은 생존하기 위해 필연적으로 돌봄을 요합니다. 내가 성공하기 위해 너의 희생이 필요한 것이 아니라 너와 내가 함께 성장할 수 있다는 구조를 만드는 것이 바로 돌봄의 확대입니다. 이를 인정하고 확대할 때 사회적 불안감과 배타성을 줄여갈 수 있다고 확신합니다. 돌봄의 확대는 극우의 준동을 약화시키는 토양을 조성하는 일입니다. 그런데 우리 사회가, 지금 주력 정치 세력이 국가

이웃집 극우

정책 수립과 자원 투입을 이 방향으로 우선하는 데 합의할지 매우 비관적입니다. 이들은 한국 사회를 견인해 왔던 자본주의 성장 담론의 열차 속도에 더욱 가속하고 있는 것처럼 보이거든요.

| 김윤철 | 제가 절망적이라고 얘기한 것은 사회경제적 격차를 양산하는 구조, 그리고 일상 삶에서의 어떤 정향, 예컨대 안티페미니즘 등등의 흐름 같은 건 금세 바뀔 거 같지 않기 때문이죠. 이런 상황에서 정치 리더십도 그런 흐름을 오히려 강화하는 방향으로 작용하고 있습니다. 그럼에도 앞서 언급된 것처럼 선거와 투표를 잘하는 게 굉장히 중요하다는 데 동의합니다. 다만 우리가 이번 윤석열 내란 사태를 통해서 확인한 건 뭐냐 하면, 우리 국민이 '어디까지는 못 봐주겠다.'라고 하는 선을 다시 확인시켜 준 거라고 보거든요. 이 점이 어떤 희망이라기보다는, 우리 사회가 딱 여기까지는 도달해 있다는 걸 확인해 준 거죠. 극우는 사회경제적, 문화적인 부분에서 우리 사회의 상수이며, 불가피한 환경이라는 사실을 어느 정도 전제로 한 상태에서 돌봄 같은 우리가 지향해야 할 가치도 만들어 가고 전파를 해야 합니다. 그러기 위해서는 상수인 그들이 정치사회적 영향력을 가질 수 없게 해야죠. 이때 핵심적으로 중요한 것은 극우 세력이 정치권력에 접근할 수 없게 해야 한다는 것입니다.

저는 한국 정치의 특성을 사회경제적 불평등 문제는 방치한 채, 그냥 절차와 형식만 지키려는 민주주의로 보고 부정적으로 평가했습니다. 저는 그런 정치 특성을 '마지노선 민주주의'라고 이름을 붙이기도 했습니다. 그런데 최근에는 마지노선이 있어서 그나마 다행이다, 이렇

게 생각하게 됐죠. 왜냐하면 일단 지켜내야 다시 계속 발전의 기회를 만들 수 있고, 또 지키려면 경계를 확인해야 하는데, 12.3 사태에 대처하는 한국의 정치와 사회의 양상이 그걸 확인시켜 주었기 때문입니다. 아까 신뢰 회복을 위한 전략에 관한 이야기도 있었는데, 우리 체제가 너무 엉망이어서 윤석열 같은 사람이 나타난 거라고 비판하고 성찰해야 하는 부분도 있겠지만, 우리의 민주적 체제가 요동치는 속에서도 지켜낼 마지노선을 지켜내면서 사회 안정을 선호한다는 걸 확인했고, 사회적 자본으로서 그 정도의 신뢰는 우리가 가지고 있다는 걸 확인했다는 거죠. 정치 리더십도 소모적이거나 불필요한 갈등이나 우려보다 이런 부분을 강조하고 키우는 쪽으로 작용해야 한다고 봅니다. 또 학술적, 실천적 담론 측면에서도, 디스토피아와 유토피아, 그 사이 어디쯤엔가 우리는 있을 수밖에 없다는 현실을 바탕으로 대안 정치와 사회의 상을 그려줘야 한다고 봅니다. 사람들은 대부분 드라마 〈폭싹 속았수다〉에서 나오는 양관식과 학씨 사이 어디엔가 있는 것과 마찬가지죠.

이전 논의에서 손희정 선생님께서 '타깃팅'의 중요성을 말씀해 주셨는데, 경계와 경계 사이 어딘가를 잡아내려면 구체적이어야 합니다. 이런 문제의식으로 보니 예전에 총선 국면에서 등장했던 '낙천, 낙선운동'의 복원이 필요하지 않나, 하는 생각을 하게 됩니다. 이런 운동적 에너지가 '이제 극우는 안 된다'라고 하는 부분들은 분명히 해줘야 한다는 거죠. '극우 정치인 낙선, 낙천운동' 정도가 되겠죠. 물론 괜히 이들을 과녁으로 삼음으로써 오히려 막 키워주는 거 아닌가, 그래서 의도적 무시도 좀 있어야 하는 거 아닌가 생각도 들긴 하지만요.

| **손희정** | 이제 무시할 때는 지났어요.

| **김윤철** | 지역 분열이 공고화되고, 만성화된 양대 정당 중심의 경쟁 구도도 정당, 특히 국민의힘의 극우화를 비교적 쉽게 만드는 조건이 아닐까요. 진보 정당이 이 같은 구도에 균열을 내는 대안 정당으로 자신을 규정하기도 했지만, 성공하지 못했고요.

| **전홍기혜** | 그 문제와 관련해 결선투표제가 있었으면 어땠을까 하는 생각이 들었거든요.

전략 없는 국민의힘, 극우 정당으로

| **박선경** | 대선에 국한해서 보면 결선투표제는 의미가 없다고 생각합니다. 이미 행태적으로는 사실상 결선투표제 비슷하게 해오고 있기 때문이죠. 그러니까 각각의 정치 세력들이 그때그때 상황을 보고 단일화라고 하는, 제도적으로 존재하지 않지만 거의 제도화되어 버린 경로를 밟아 왔기 때문에 효과가 그렇게 극적으로 클 것 같지는 않아요. 아까 제가 투표를 잘해야 한다고 한 것은 총선을 말한 것입니다. 개개인 국회의원들의 역량과 질이 중요한 베이스라고 생각하기 때문에 총선과 지방선거가 중요하거든요. 따라서 결선투표 효과는 총선이나 지방선거와 관련해서 제기돼야 할 질문이라고 생각합니다. 이 제도가 도입되면 재미있는 일들이 많이 생길 것 같기는 해요.

그리고 진보 정당의 실패를 언급하셨는데, 지금처럼 판이 짜이면 마이크가 돌아오지 않고, 메시지 전달도 어렵게 되는 거죠. 근데 총선에 결선투표제가 도입되면 그래도 조금 더 다양한 목소리를 들을 수 있는 공간이 약간이라도 열리는 효과는 있을 것 같습니다. 하지만 그렇다고 막 엄청나게, 극적으로 바뀔 것인가 하면 그렇지는 않을 것 같습니다. 프랑스나 칠레 등을 보면 결선투표제를 도입했다고 해서 그 나라의 정치나 정당이 완전히 바뀌었나, 그렇지는 않았거든요. 저는 사실 선거 제도에 한해서는 제도가 그렇게 많은 것을 바꿀 수 있을 거라고는 생각하지 않는 편인데, 정치학자 중에서는 이런 견해를 가진 사람은 소수파입니다.

또 국민의힘이 극우화되고 있다는 점에는 100% 동의합니다. 하지만 진단은 조금 다릅니다. 권위주의 체제에서 집권당을 하다가 민주화 이후에도 존속하는 정당을 학술용어로는 '권위주의 후신 정당'이라고 합니다. 국민의힘이 바로 권위주의 후신 정당인데, 이 계열의 정당이 아직 살아남을 수 있었던 것은 그때그때 되게 똑똑하게 전략들을 잘 바꿔왔기 때문이거든요. 권위주의 후신 정당의 비교 연구를 보면 한국이 성공한 사례로 나와요. 민주화 이후 변신에 성공한, 그래서 민주화가 됐음에도 불구하고 계속, 한참 집권했잖아요. 항상 여당 하다가 가끔 야당이 되고, 그랬다가 지금 최근 몇 년 총선에시 연달아 지면서(의석 비율 : 2016년 40.6%, 2020년 34.3%, 2024년 36.0%) 수도권 내에 소위 말하는 중도 보수 세력 의원들이 다 떨어졌잖아요. 당선된 상당수 의원은 말씀하신 것처럼 지역주의에 의존한, 아무것도 아닌 자들, 오로지 공천만 바라보는 이들이었잖아요. 명태균 사례에서 명백하게 드러난 거죠. 이런 사람들만 남아 있기 때문에 국회의원이라는 사람들이 세상을 이해하기 위한 노력도 하지 않고, 그러니 전략이 없는 거예요.

전에는 수도권을 중심으로 한 중도, 보수 의원들이 '보수는 이렇게 가야 한다.' 하면서 나름대로 전략을 짜고, 판을 키우고, 내용을 채워줬어요. 그런데 이 사람들이 사라진 거죠. 그러니까 남은 자들은 뭘 해야 할지 모르고 있었는데, 다행스럽게도 아직 박근혜가 남아 있었던 거죠. 근데 박근혜가 탄핵됐잖아요. 이제 아무도, 아무것도 없는 거예요. 그러다가 얻어걸린 게, 문재인 정부에 반기를 들었다는 이유만으로 인기를 얻은 사람을 끌어와 앉혀서 대통령 한 번 더 시켰다가 지금 이 사달이 난 겁니다. 이런 식으로 간다면 자연 공멸할 수 있을 거라고 저는 보는데, 문제는 그렇게 만들 만큼 민주당이 잘하지는 않겠죠. (웃음) 그러면 다음번 총선이 되면 또 분위기가 확 바뀌겠죠. 수도권에서는, 국민의힘에서 이름이 바뀐 정당의 후보가 돼서 출마하고, 누군가는 살아 돌아오겠죠. 그럼 또 1990년대 초나 2000년대 초로 돌아가는 거죠. 저는 이런 사이클이 왔다 갔다 할 거라고 봅니다. 국민의힘 계열의 정당은 영원히 사라지지 않을 것이기 때문에 우리는 그 당에 극우 의원들이 없어지고 그나마 합리적 보수 성향 의원들이 많이 뽑히기를 바라는 수밖에 없는 거죠.

| 손희정 | 저는 구체적 과제로 두 가지 정도를 꼽을 수 있을 것 같아요. 먼저 포괄적 성교육을 해야 합니다. 온라인에서는 여성을 짓밟고 괴롭히는 일이 너무 당연한 것처럼 여겨져요. 일종의 놀이처럼 받아들여지고, 이 놀이가 원형이 되어서 다른 소수자를 짓밟는 놀이로 확장

됐습니다. 이런 일을 바로잡으려면 사람을 사람으로 보는 교육을 해야 하는데, 이 바탕이 되는 것으로 포괄적 성교육을 진행하고, 차별금지법 제정 역시 이뤄져야 합니다. 그리고 이를 위해서는 정치 영역에서 극우 기독교를 견제할 방안을 반드시 마련해야 하는데, 지금은 그게 안 되는 상황이죠. 스스로 자신을 '기독 의원'이라고 말하는 사람, 또 자신을 '기독교적 세계관을 가진 민주주의자'라고 말하는 사람들은 정치인으로 활동하면 안 된다고 생각해요. 정교분리를 할 수 있어야죠. 신앙을 가진 거는 시민이자 유권자들이 알 필요가 없는 일 아닌가요? 일요일마다 교회 가는 건 아무런 문제가 아닙니다. 하지만 총리 청문회에서 성경책을 꺼내서 읽고, 훌륭한 신자라며 서로 치켜세우는, 이런 건 못 하게 해야 합니다. 그리고 무엇보다 극우, 보수 성향 기독교가 교육 정책에 개입하지 못하게 해야 합니다. 리박스쿨 같은 건 견제되어야죠.

| 전홍기혜 | 저도 두 가지 말씀드리고 싶어요. 첫 번째는 우선 무엇보다 부지런해야 한다. (웃음) 저는 리박스쿨 사태를 보면서 되게 소름 끼쳤던 부분이 있었거든요. 이건 돌봄과도 연결돼 있는데, 돌봄을 우리가 지향하는 가치와 정책 의제로 만들고, 이어서 구체적 실행 계획을 짜는 게 굉장히 중요하고도 시급한 일입니다. 근데 이미 극우, 보수는 시스템 안에 들어와 있는 거예요. 그게 리박스쿨이잖아요. 그리고 이 사람들이 부지런하고 잘 베끼는 것이, 저는 "Stop the steal" 팻말을 처음 봤을 때 정말 깜짝 놀랐어요. 많은 사람이 알고 있는 것처럼 이들의 부정선거론은 트럼프의 부정선거 음모론에서 베낀 것이죠. 근데 돌봄도 마찬가지예요. 미국 보수들이 트럼프 1기 때 교육위원회와 일선

이 웃 집 극 우

학교에 엄청나게 들어갔어요. 거기서 한 일들이 금서 목록 만들고, 성교육이나 동성애 금지 운동하고, 이런 거 굉장히 많이 했거든요. 우리가 어, 어, 하는 동안에 이런 일이 벌어질 수 있습니다. 아니 이미 벌어지고 있었다는 걸 리박스쿨을 보고 안 거죠. 이재명 정부에서는 윤석열 정부 때처럼 노골적으로 하지는 않겠지만, 이들의 침투 가능성을 염두에 두고 우리도 부지런히 움직여야 할 것 같다는 생각이 들어요. 그런데 저희는 조금 덜 부지런한 것 같아요.

두 번째는 언론인데, 이게 답이 정말 안 보여요. 왜냐하면 글로벌 플랫폼인 유튜브, 페이스북, 구글을 향해 뭐라고 할 수도 없고, 해도 안 먹히고, 여기에 인공지능까지 합세하면 진짜 뭐가 나올지 무섭거든요. 언론 부분에 대해서는 이재명 대통령에게 기대가 있습니다. 본인도 많이 당했기 때문에, 솔직히 사실은 정말 도를 넘어선 언론에 대한 제재는 필요하다고 생각해요. 저는 미디어 리터러시 교육 같은 거는 크게 소용없다고 보거든요. 이 대통령이 취임 100일 기자회견에서 정보통신망법을 통해 '징벌적 손해배상제도'를 도입해 언론뿐 아니라 유튜브 등에 대한 제재를 가능하게 하는 방안을 밝혔어요. 징벌적 손해배상제도에 대해서는 논란이 많은데, 저는 원칙적으론 필요하다고 봅니다. 나쁜 언론에 대한 법률적 제재는 꼭 필요하며, 과거에 비해 잘못된 정보가 확산되는 속도가 훨씬 빠르고, 그 방법도 다양하고, 피해도 심각하기 때문에 허위 인지 등 실질적 악의가 확인되면 엄중한 처벌이 필요하다고 생각합니다. 다만 전제가 하나 필요한데, 우리나라에만 있는 명예훼손에 대한 형사처벌을 없애야 한다고 봅니다. 또 징벌적 손해배상제도를 적용할 때, 보도의 공공성이나 수사 권한이 없는 언론의 한계 같은 예외적인 경우를 고려해야 한다고 생각합니다. 규제는 한번 만들면 없애기 힘들다는 점에서 내용적인 측면에 대한 충분한 논의와 고려가 필요하겠죠.

 | 권수정 | 지난 대선을 치르면서 독자적 진보 정치의 필요성에 동의하는 노동당, 녹색당, 정의당이 모여서 함께 선거운동을 했어요. 하지만 현행 선거법 등 제도의 변화 없이는 생존도 힘든 상황입니다. 끊임없이 새로운 형태를 모색하는 중이죠. 이 자리에서 함께 이야기 나눴듯 극우의 토양은 더 비옥해지고 있고 이를 막아내지 못한다면 사회가 어디까지 가라앉을지 참으로 걱정이 큽니다. 극우 세력을 주변화, 무력화하기 위해서도 제대로 된 보수 세력의 존재는 필요합니다. 국민의힘이 아니더라도 대안적 보수 세력의 출현은 기대합니다. 또한 이미 민주당은 자신들이 진보가 아니라고 스스로 자임했습니다. 중도 보수 세력으로 자리매김했고, 추진하는 정책이 그렇습니다. 차별금지법과 같은 진보 의제는 외면하고 있죠. 남성들의 역차별을 우선하여 어루만집니다. 재벌들에게 날개를 달아줄 배임죄 폐지, 금융소득에 대한 비과세 한도 상향 등 이미 기득권이 되어버린 지지층들의 기대를 충족시켜 주고 있습니다. 결국 한국의 정치 지형은 진보라는 기치를 내린 민주당과 극우화되고 있는 국민의힘, 보수 양당의 경쟁 구도가 지속될 것입니다. 결국 진보 의제는 실종될 수밖에 없고, 목소리를 잃는 민중들의 삶은 더욱 피폐해질 것입니다.

 우리 사회에서 진보 의제를 꾸준히 내놓는 정치 세력이 더욱 절실한 이유입니다. 제가 속한 정의당도 지역 당원들이 모여 모세혈관처럼 움직이기는 하는데, 결선투표제 도입 같은 것도 중요하지만 현행법상 금지된 지구당 설립이 가능하도록 제도적 보완이 필요하다고 봅니다. 아래로부터, 현장으로부터의 운동을 다시 복원하는 것이, 온라인 환경에 대비하는 것 못지않게 중요합니다. 모든 걸 언론의 책임으로 돌리면 안 되겠지만 극우 세력에게 마이크를 줘서 그들을 키워주거나 진보 세력을 외면하는 행태는 비판받아야 할 대목이라고 봅니다. 언론의 우편향은 대단히 심각합니다.

또 하나, 민주당에 대한 평가를 정확하게 하는 것도 중요합니다. 민주당을 계속 진보 세력으로 호명하는 것을 멈춰야 합니다. 더 나은 삶을 상상하거나 요구할 수 있음에도 민주당이라는 한계를 최선인 양 선전하는 것을 멈춰야 합니다. 특히 지식인 사회에서 정확하게 지금의 지형을 정리하고 알리는 작업도 필요합니다. 물론 진보 정치하는 사람들도 더 노력해야 하겠지만요.

| 김윤철 | 요즘은 초등학교 고학년부터 이른바 '극우 놀이'가 유행이라고 합니다. 개념은 몰라도 놀이는 한다는 건데, 현장에서 아이를 가르치거나 접하는 분들은 굉장히 심각하다며 걱정하고 있습니다. 이 부분에 대해서 어떻게 보고 계시는지요.

청소년 극우 놀이, 온라인과 경쟁 교육 산물

| 손희정 | 그거는 과장을 좀 보태자면 100% 온라인과 경쟁적인

교육 시스템 때문입니다. 앞에서 말씀드렸던 것처럼, 최태섭 작가가 디지털 남성성이라는 개념을 소개한 지 10년 됐습니다. 디지털 남성성을 구성하는 요소에는 일베나 펨코 같은 남초 커뮤니티, 게임, 그리고 포르노그래피가 있습니다. 성인물, AV, 요즘에는 벗방까지 다 같이 엮여 있고요. 여기서 학습되는 것들이 10대 초중반 나이대의 극우화와 연결되어 있어요. 딥페이크 성범죄물 경우도 피해자 연령과 가해자 연령이 10대 초반까지 떨어졌어요. 10대 초반의 남성들이, 그러니까 초등학생들이 자기 옆에 있는 친구의 얼굴을 가지고 딥페이크 성범죄물을 만든다는 얘기인 거죠. 그런데 이렇게 딥페이크 성범죄물을 의뢰받아서 제작하는 10대, 20대 중에는 불법 도박 사이트에 연루되어 있거나, 도박 빚을 갚기 위해 돈을 벌려고 딥페이크를 제작하는 사람들도 있어요. 저에게는 지금 한국의 사이버 스페이스는 극우적 세계관과 온라인 성범죄물의 문제가 얽혀 있는 지형처럼 보입니다.

근데 여기서 또 한 가지 주목해야 할 건 10대 아이들도 이런 짓을 하는 이유가 사채, 도박 빚, 때로는 마약 값을 대기 위해서라는 사실이 언론에도 보도되는 실정이라는 겁니다. 그런데 불법 도박 사이트로 연결되는 경로가 바로 디지털 성범죄물이라든가 소위 몰카, 그리고 디스코드나 트위터 같은 SNS이거든요. 또 불법 도박 사이트는 사채로 연결돼 있고, 도박으로 인해 생긴 사채를 갚으려고 딥페이크를 만들게 되고, 이렇게 연결돼 있어요. 사채 때문에 중고등학생들이 시달리고 있다는 기사는 이미 5년도 더 전에 나왔습니다. 불법 도박 사이트 문제는 제가 말씀드렸던 중독 경제와 다 연결이 돼 있습니다.

| **전홍기혜** | 제가 아들을 키우는 엄마로서 초등학교 때 경험을 말씀드릴게요. 아이가 6학년 1학기까지 한국에서 살다가 미국에서 잠깐 살다 왔어요. 한국에서는 아이들이 일찍부터 성별 분화가 시작되는 것 같았어요. 남자와 여자가 교류 없이 자기네끼리 노는 문화였다는 거죠. 제가 어릴 때보다 더 그런 경향이 강했습니다. 미국에 가서 보니까 인종 간 구분은 강했지만, 그러니까 백인은 백인끼리, 히스패닉은 히스패닉끼리, 아시아 사람은 아시아 사람끼리 어울리지만, 인종 내부의 성별 간의 격차는 좀 덜했고, 소통도 잘 되는 것 같았습니다. 그에 비해 우리나라는 이상하게 더 성별화됐다는 느낌이 강하게 들었는데, 교류가 부족하면 이해하려는 노력보다는 타자로 대상화할 가능성이 더 커지고, 그에 따라 공격하기가 쉬워지는 것 같았어요. 6~7년 전 얘기니까 지금은 더 심해졌을 수도 있겠네요. 정말 일찍부터, 남녀 아이들은 교류가 없는 채로, 다른 세상을 살아가고 있는 거죠.

| **손희정** | 그래서 포괄적 성교육이라고 하는 게, 정자는 어떻고, 난자는 어떻고 하는 것만 가르치는 게 아니라, 성별 이분법을 넘어서 사람과 사람이 어떻게 만나고, 어떤 관계를 맺을 것인가, 그래서 어떻게 함께 이 사회에서 살아 나갈 것인가 하는 문제 전반을 가르치는 과정이 되어야 한다고 생각합니다.

| **전홍기혜** | 남자 애들은 여자 친구를 사귀고 싶은 욕망을 자연스럽게 가지고 있어요. 연애도 일종의 시장이 형성되는 거죠. 인기가 많아야 돼, 멋있어야 돼, 이런 게 없으면 아예 포기해야 돼, 이렇게 생

각하게 됩니다. 패자들이 되는 거죠.

| 김윤철 |　10대 청소년 사이에 SNS를 통해 많이 공유되는 '계집신조'라는 걸 최근에 알게 됐는데, 내용은 여기서 말로 옮기기에 부적절한 것이 많습니다. 여자가 있을 방은 '주방'이라든가, 이런 등속의 내용들입니다. 어린 나이에 이런 것들을 접하고 공유하는 문화가 걱정됩니다.

| 박선경 |　앞서 언급한 도박과 딥페이크로 이어지는 사이클에 올라타 있는 10대 청소년들의 문제가 심각한 것은 맞는데, 얼마나 많은 수의 청소년이 이런 상태에 빠져 있는가 하는 건 다른 문제예요. 그런데 반페미니즘의 내용에는 여러 층위가 있단 말이죠. 말씀하신 '신조' 같은 것은 전형적인 적대적 성차별주의자들의 논리인데, 더 중요한 건 지금 젊은 세대에게 통용되는 반페미니즘의 내용입니다. 그들이 적대적 성차별주의 관점을 가지고 있는 것은 아닙니다. 그들은 구조적인 성차별은 없다, 오히려 남성이 피해자다, 이게 더 심각하다고 보는 거죠. 적대적 성차별주의들이 떠들어대는 여러 가지 선정적인 표현들이 일부에서 유통되고 있지만, 그게 보편적인 청소년들 정서라고 보기에는 무리가 있습니다.

| 전홍기혜 |　아이들은 다양한 계기를 통해 오히려 남자가 피해자라는 생각을 갖게 되는 것 같습니다. 제 아들이 초등학교 5학년 때 일인데요. 급식으로 나온 우유를 교실로 가져오는 일은 언제나 남자들한테만 시킨다는 거예요. "여자애들이 얼마나 힘이 센데, 나보다 키도 더 크

고, 근데 왜 남자만 피해를 봐야 하나.”면서 너무 억울해 하는 겁니다. 제가 그 하소연을 듣고 약간 충격을 받았죠.

| 손희정 | 교육 현장이 너무 중요해요. 전에 들은 얘기 중 아직도 잊히지 않는 게 있어요. 초등학교 때 어떤 선생님께서 자신은 절대로 남자, 여자가 함께 앉는 짝꿍을 안 만든다는 거예요. 그 이유는 남자애들한테 여자애들을, 말하자면 선물처럼 붙여주는 게 남녀 짝꿍이라는 겁니다. 그래서 자기는 교실을 반으로 나눠서 남자 따로, 여자 따로 앉힌다는 거예요. 그 말 듣고 좀 놀랐어요. 오히려 이런 태도가 어른이 가지고 있는 편견을 아이들에게 그대로 전수하게 되는 건 아닌가. 학생들을 남자와 여자로 갈라서 분리할 것이 아니라, 오히려 성별이 그렇게 중요하고 절대적인 식별의 기준이 아니라는 걸 함께 나눠가야 하는 거 아닌가 싶었습니다. 교육 현장에서 ‘남자라면’, ‘여자라면’ 이런 기준부터 사라지기를 바랍니다.

| 김윤철 | 말씀 감사드리며, 좌담을 마무리하는 말씀 한 마디씩 해 주시죠.

| 손희정 | 오늘 이야기를 많이 하지는 못했는데, 우리 시대 극우화의 핵심에는 ‘외로움’의 문제가 있다는 진단이 계속 나오고 있죠. 외로움을 어떻게 다룰 것인가에 대해서도 고민을 해봐야 할 것 같아요. 그리고 한편으로는 그런 생각을 합니다. 아직 가야 할 길이 멀구나. 그렇다면 눈앞에서 벌어지는 하나하나의 사건들에 일희일비하기보다는

길게 보고 천천히, 함께 가야 하겠구나. 이렇게 이야기 나눌 수 있는 자리에 불러 주셔서 감사합니다.

| 전홍기혜 | 앞에서 매체 독해력을 뜻하는 미디어 리터러시에 대해 회의적인 말씀을 드리긴 했지만, AI 등 디지털 기술의 발전으로 허위 조작 정보가 넘쳐나는 사회에서 공론장을 지키기 위해선 일차적으론 언론의 역할이 중요하지만, 이를 취사선택하고 소비하는 시민들의 역할도 중요합니다. 더군다나 유튜브, 소셜미디어 등 새로운 플랫폼을 통해서도 뉴스 콘텐츠가 생산, 유통되기 때문에 규제만으로 다 막는 것은 불가능합니다. 그리고 서로 다른 정치적 입장이 존재하는 건 필연적인데, 대화와 타협을 통해 합의를 도출하는 것이 아니라 상대편을 적으로 간주해 무슨 수를 쓰더라도 이겨야 한다는 태도를 보이는 사람들이 늘어가는 현상은 한국만의 문제가 아닙니다. 최근에는 미국 트럼프 지지자들과 한국 윤석열 지지자들이 국제적으로 연대하는 모습도 봤습니다.

미디어 리터러시는 전달된 정보를 논리적으로 분석하고, 다양한 관점에서 해석하고 맥락을 이해해 진실을 찾아내는 역량으로, 지속적인 훈련과 교육이 필요합니다. 우리 정부도 공교육 과정이나 언론재단 등을 통한 정책 차원에서 접근하고 있지만, 문제의 심각성에 비해 턱없이 부족한 수준입니다. 당연히 늘려야 합니다. 무엇보다 시민들의 자각이 중요하다고 생각합니다. 공론장에서 시민은 단순히 보호받아야 하는 대상이 아니라 주체적으로 판단하고 사고하는 민주적 역량을 지닌 구성원입니다. 그런 면에서 자신이 보는 뉴스가 사실인지, 거짓인지 따져보고, 그 사회적 맥락을 파악하려는 의식적 노력이 필요하다고 생각합니다.

이 웃 집 극 우

| **권수정** | '함께 맞는 비'라는 말을 좋아합니다. 인간 기본의 다른 표현으로 저는 이해하고 있습니다. 더욱 심화되고 있는 극우의 준동에 맞서 '함께 비를 맞을 수 있는 우리'의 회복은 선택이 아니라 무조건 가야 할 길입니다. 힘들어도 지치지 말고 각자의 현장에서 길을 만들어 갑시다.

이웃집 극우

초판 1쇄 펴낸 날 2026년 4월 30일

지은이 권수정, 김민하, 김윤철, 김현준, 박선경, 손희정, 장석준, 전홍기혜
펴낸이 이광호
펴낸곳 도서출판 레디앙
디자인 Annd

등록 2014년 6월 2일 제25100-2022-000017
주소 서울특별시 구로구 구로중앙로 19길 28 3층
전화 02-3663-1521   팩스 02-6442-1524
전자우편 redianbook@gmail.com

ⓒ 장석준 외 2026

ISBN 979-11-87650-11-9 03300